U0128611

本书出版受河南大学历史文化学院学科建设经费资助

河南大学中国古代史研究丛书

《商君书》讲论

徐莹 著

Introduction to
The Book of Shang Jun

中国社会科学出版社

图书在版编目（CIP）数据

《商君书》讲论／徐莹著 . —北京：中国社会科学出版社，2023. 12

（河南大学中国古代史研究丛书）

ISBN 978 – 7 – 5227 – 3376 – 0

Ⅰ . ①商… Ⅱ . ①徐… Ⅲ . ①《商君书》—研究 Ⅳ . ①B226. 22

中国国家版本馆 CIP 数据核字（2024）第 065867 号

出 版 人	赵剑英
责任编辑	宋燕鹏
责任校对	李 硕
责任印制	李寡寡

出 版	中国社会科学出版社
社 址	北京鼓楼西大街甲 158 号
邮 编	100720
网 址	http://www.csspw.cn
发 行 部	010 – 84083685
门 市 部	010 – 84029450
经 销	新华书店及其他书店

印刷装订	三河市华骏印务包装有限公司
版 次	2023 年 12 月第 1 版
印 次	2023 年 12 月第 1 次印刷

开 本	710 × 1000 1/16
印 张	16. 5
插 页	2
字 数	246 千字
定 价	98.00 元

目　录

> ## 上　编
> ## 《商君书》通说

下　编
《商君书》注释

上 编

《商君书》通说

第 一 章

商鞅和他的时代

　　春秋战国是一个大动荡、大变革的时代，在这幅波澜壮阔的历史画卷中，思想文化领域的百家争鸣无疑是一笔浓墨重彩的瑰丽亮色。诸子百家之言，多是以"治世"为中心的激辩和论说，从这个意义上讲，商鞅和《商君书》无疑是其中最幸运和最成功的。公元前4世纪，远离中原政治、文化中心的秦国开展了一场轰轰烈烈的变法运动，即史上著名的"商鞅变法"。通过这场变法，商鞅将自己的思想学说几乎全部付诸政治实践，不仅为秦国开启了百年帝业，更一举奠定了秦之后两千年君主专制政治格局的基本形态。"二千年来之政，秦政也"[①]，作为秦政的总设计师和秦国的首席执行官，商鞅其人其学对中国历史的影响可谓至深、至巨、至远。

第一节　时代背景

　　从公元前770年周平王东迁洛邑（今河南省洛阳市）到公元前221年秦始皇统一中国，在中国历史上，这一时段被称作"东周"。不过，对于这烽火连天的五百多年，其实还有一个更响亮、更为人们所熟知的

---

　　① 谭嗣同著，加润国选注：《仁学》，张岱年编：《中国启蒙思想文库》，辽宁人民出版社1994年版，第70页。

名字——春秋战国时代①。春秋时期，由于周天子王权的衰落，各国诸侯竞相崛起、图谋争霸，国家由统一走向分裂。战国时代，经过诸侯割据和连年的兼并战争，历史的潮流又从分裂逐渐趋向统一，商鞅就活跃在这一时期的历史舞台上。

当我们今天回望历史，那无疑是一个最坏的年代。

随着西周统治秩序的式微，没落的周天子傀儡般顶着天下共主的虚名，日益丧失了实际的政治权力和权威。在这个礼崩乐坏的过程中，旧的社会秩序土崩瓦解，王朝的统治支离破碎，随之而起的，是诸侯国内部的卿大夫专权与下层民众的反抗，各国政权在剧烈的内部斗争中陆续更迭。与此同时，在各诸侯国之间，相互的征伐更是紧锣密鼓、接连不断。从繻葛之战的郑庄公一度"小霸"，到齐桓公尊王攘夷，霸业初成，中原地区晋、楚对峙，南方则是吴、越争霸，各诸侯国都想趁此重新洗牌之机独占鳌头、称雄天下。西周建国之时，为了拱卫王朝而分封的数百个诸侯国，经过这三百年的扫荡，绝大多数已是山河破碎，到战国时，只剩下韩、赵、魏、齐、楚、秦、燕七个大国以及若干依存于他们的小国附庸。

"战国"一词原指连年进行兼并战争的韩、赵、魏、齐、楚、秦、燕七大强国，其作为时代之称，是始于西汉末年刘向编汇的《战国策》②。这个名称十分准确地总结、概括了七大强国攻城略地、相互兼并的时代特征，而此时，战争的目的和性质也从春秋时代的争夺霸权转变为兼并土地。

春秋时代虽然战事频繁，但其兵戎相见的方式，北方主要以车战为主，南方主要为舟船战，军队也多由贵族及低级贵族"国人"组成。车

---

① 对于春秋、战国的断限，学术界的说法不一：或以《春秋》绝笔之鲁哀公十四年，即公元前481年为春秋下限；或据《史记·六国年表》所载周元王元年，即公元前475年为战国始年；或依《左传》所言的晋国智氏之亡，即公元前453年为春秋、战国的分界线；还有以《左传》的纪事终结年，即公元前468年作为战国的开始。一般来讲，史学界认为"三家分晋"标志着春秋时代的结束。

② 杨宽：《战国史》，上海人民出版社2003年版，第1—2页。

阵会战时，一旦被敌方战车攻破战阵，军队便很难重整旗鼓，因此，这种贵族战争卷入的国家虽多，但规模相对较小，持续时间也比较短。进入战国时代，随着生产技术的进步，不但制造出了锋利的铁质兵器，还发明了远程射杀武器——杀人于百步之外的弩，而政治、经济制度的革新又使各国兵员大增，如郡县征兵制度的实行使普通农民成为战争的主力军，军队人数动辄几十万，甚至达百万之多，战争方式也由原来的车阵战转变为大规模的步兵野战和包围战。于是，战争的时间旷日持久，战争的规模和剧烈程度日益加剧，直至达到空前惨烈的地步："争地以战，杀人盈野；争城以战，杀人盈城……率土地而食人肉"。① 华阳之战、伊阙之战、马陵之战、函谷关之战，一场战役的死伤人数就多达惊人的数字。当战争的滔滔巨浪席卷而来，强权遮蔽了人类善性的光辉，生命卑贱得如同草芥，脆弱得如同枯枝，轻飘得如同风中飞絮，"福轻乎羽"而"祸重乎地"，危险得像是时刻行走于神箭手"羿"的弓箭射程之内②。"篡盗之人，列为侯王；诈谲之国，兴立为强。是以传相放效，后生师之，遂相吞灭，并大兼小，暴师经岁，流血满野，父子不相亲，兄弟不相安，夫妇离散，莫保其命"③，良知、正义，甚至是骨肉之间的血脉亲情，无不被唯利是图的强权政治肆意践踏，经年累月，无休无止地进行着惨无人道的杀戮和劫掠。战火纷飞、生灵涂炭，这是一个何等残酷、血腥的乱世人间。

但与此同时，凝眸历史，我们却不得不说，那无疑也是一个最好的时代。

首先，社会的巨大动荡带来了思想的极大解放。

春秋以前，上天决定人事的神本思想笼罩着整个社会。当周人在殷商故地建立起自己的统治，反思殷人对上天的虔诚供奉和上天最终对殷人的抛弃，周人已经得出"天命靡常"的理性之思。西周后期，周人的

---

① 《孟子正义·离娄上》，中华书局1987年版，新编诸子集成本，第516页。
② 《庄子集释》，中华书局1961年版，新编诸子集成本，第183、199页。
③ 《战国策·刘向书录》，上海古籍出版社1985年版，第1196页。

血缘宗法制度在天灾人祸的交加中行将崩溃，人间的社会秩序再次陷入极度的纷争和紊乱：早在春秋初年，郑庄公就出兵大败周天子，周王室的权力已为诸侯国所颠覆；春秋末期，三家分晋、田氏代齐，诸侯的大权又接二连三地被卿大夫篡夺。而此间，下层民众推翻执政官的统治，驱逐甚至弑杀国君的事件时有发生。"社稷无常奉，君臣无常位"①，往昔不可一世的旧贵族纷纷衰败、消失，被出身贫贱者替代；昨日的一国之君今天则被迫逃奔异国，江山社稷顷刻间就换了主人。当时的人们这样描述他们的时代："百川沸腾，山冢崒崩。高岸为谷，深谷为陵。"②百川都沸腾了，山峰也崩塌了，高耸的堤岸变成了山谷，幽深的山谷瞬间成为崛起的山陵。在血与火的洗礼中，天翻地覆的现实世界动摇了上天的权威，人们质疑、进而是产生了对天道绝对神圣性的否定，不再把自身的命运归结为鬼神的意志，而是在天人关系中凸显人的力量。

据《左传》记载，昭公十八年，即公元前524年，夏五月，大火星在黄昏时出现。按照当时的传统观念，"天事恒象"③，天上发生的事昭示着人间的吉凶，鲁国的大夫梓慎说，七天之内也许就要发生火灾了。果然，风越来越大，宋、卫、陈、郑四国都起了火，大火给国家造成了严重的损失。其实，四国将发生火灾这件事，郑国的大夫裨灶在上一年就根据天象做出了预言，并说用宝物祭祀即可免除灾难，但他的建议被郑卿子产拒绝了。火灾过后，裨灶又站出来声称，如果不听从他的话向上天祈祷，郑国将再次发生灭顶的大火。当郑国人纷纷请求用玉瓒祭天时，子产断然拒绝道："天道远，人道迩，非所及也，何以知之？"④ 天道远，人道近，这两者并不相关，怎么能从天道而知人道？子产在关乎国家命运的紧要关头毅然抛弃传统观念，坚持不行祭祀，此后，郑国也并未再次起火。

在子产之前，周内史叔兴曾在与宋襄公的问答中简明扼要地说：

<hr />

① 李梦生：《左传译注·昭公三十二年》，上海古籍出版社2004年版，第1205页。

② 程俊英：《诗经译注·小雅·十月之交》，上海古籍出版社2004年版，第315页。

③ 李梦生：《左传译注·昭公十七年》，第1081页。

④ 李梦生：《左传译注·昭公十八年》，第1087页。

"吉凶由人。"① 挣脱了天命鬼神的束缚，神在暮色中沉沦，人的意志与力量随之积蓄、迸发。这一思想的极大解放、人性与理性的张扬辉映于历史，最终孕育出士人崛起和百家争鸣的恢宏篇章。

其次，政局的大重组为个人发展开辟了广阔的空间。

无论是争霸还是兼并，无论是内政还是外交，"夫争天下者，必先争人"②。要想在政治格局的重组中脱颖而出、力克群雄，延揽人才对于各国来说，无疑都是最重要的。因为一切竞争，说到底都是人才、智力和谋略的角逐。定公曾经问孔子："一言而可以兴邦，有诸?""一言而丧邦，有诸?"③ 那时候，得一人、失一言确实常常足以或兴邦救国，或丧权辱国。

春秋末年，晋卿智伯联合韩、魏的军队一起攻打赵襄子。智伯联军围困晋阳城，久攻而不克，便掘开晋水灌城。晋阳城内"巢居而处，悬釜而炊，财食将尽，士卒病羸"，人们只能在高处搭巢居住，悬挂着锅做饭，粮食紧缺，士兵病弱不堪。赵襄子迫于无奈，准备投降。此时，他的谋臣张孟谈挺身而出，用离间计策反韩、魏两国。智伯的谋士智过对此有所察觉，提醒智伯注意防范，智伯却不以为然。结果，张孟谈的离间计致使韩、魏的军队阵前倒戈，赵襄子反败为胜；智伯则因错失智过的良言而身死、国亡、地分，被天下人耻笑④。

"六国之时，贤才之臣，入楚楚重，出齐齐轻，为赵赵完，畔魏魏丧"⑤，所以，能臣贤士被各国视为最宝贵的财富：楚国的王孙围说，观射父、左史倚相等大臣比稀世美玉"白珩"还要珍贵，是真正的"国之宝也"⑥；齐威王说："吾臣有檀子者，使守南城，则楚人不敢为寇东取，泗上十二诸侯皆来朝。吾臣有盼子者，使守高唐，则赵人不敢东渔于

---

① 李梦生：《左传译注·僖公十六年》，第 247 页。
② 《管子·霸言第二十三》，中华书局 2004 年版，新编诸子集成本，第 465 页。
③ 《论语集释·子路》，中华书局 1990 年版，新编诸子集成本，第 916、919 页。
④ 《战国策·赵策一》，第 590—593 页。
⑤ 《论衡校释·效力篇第三十七》，中华书局 1990 年版，新编诸子集成本，第 586 页。
⑥ 徐元诰：《国语集解·楚语下》，中华书局 2002 年版，第 526—527 页。

河。吾吏有黔夫者，使守徐州，则燕人祭北门，赵人祭西门，徙而从者七千余家。吾臣有种首者，使备盗贼，则道不拾遗。将以照千里，岂特十二乘哉！"① 檀子、肹子、黔夫、种首这些人才，才是齐国光照千里的明珠珍宝。

一方面，较之于和平时期，在多元竞争的动荡年代里，国家和统治者对人才和智力的需求更为迫切，各诸侯国招贤纳士、豢养门客成风，如齐国的孟尝君、魏国的信陵君、楚国的春申君以及赵国的平原君，战国四公子的门客均超过千人。另一方面，西秦东齐、南楚北燕，众多的诸侯国林立，也使得士人可以纵横驰骋于列国之间合纵连横，游说诸侯，朝秦而暮楚，拥有宽裕的选择余地和生存空间。所以，春秋战国时期，士人，即知识阶层，突破了殷周世族世官制的限制，突破了世袭制对血统的要求，"朝为布衣，夕为卿相"，以贫贱的出身，凭借自身的知识和才能，在广阔的个人发展空间和开放的上升通道中大展身手，不仅拥有车马衣食的优厚待遇、位极人臣的政治地位，而且还保有与君主分庭抗争的独立人格。《战国策·齐策四》记载：

> 齐宣王见颜斶，曰："斶前！"斶亦曰："王前！"宣王不悦。左右曰："王，人君也。斶，人臣也。王曰'斶前'，亦曰'王前'，可乎？"斶对曰："夫斶前为慕势，王前为趋士。与使斶为趋势，不如使王为趋士。"王忿然作色曰："王者贵乎？士贵乎？"对曰："士贵耳，王者不贵。"王曰："有说乎？"斶曰："有。昔者秦攻齐，令曰：'有敢去柳下季垄五十步而樵采者，死不赦。'令曰：'有能得齐王头者，封万户侯，赐金千镒。'由是观之，生王之头，曾不若死士之垄也。"宣王默然不悦。

一次，齐宣王召见隐士颜斶。当齐王令颜斶走上前来时，颜斶却直截了当地让齐王到他的跟前来，齐宣王很不高兴，齐王左右的人指责颜

髑，颜髑说，大王上前是亲近贤士，颜髑上前是趋炎附势；与其我趋炎附势，不如大王你亲近贤士啊。齐宣王怒，忿然地质问道，大王和士人谁尊贵？颜髑毫不含糊地回答："士贵耳，王者不贵。"像颜髑这样傲视王权、屹然自立的士人风骨和气概，在先秦典籍中可谓屡见不鲜。自从秦军的铁骑踏碎了六国的夕阳，始皇帝振长策而一统宇内，在中国大一统历史的专制统治中，便再也没有几个人能直面皇权，将大丈夫的腰杆，如此这般，笔直地挺起。

最后，动荡不安的时代在充斥着血腥和暴力的同时，也为各诸侯国的奋起，提供了前所未有的历史机遇。

当西周的王朝统治轰然崩塌，辽阔的大地上群雄逐鹿，最终必然矗立起另一座更加雄伟的帝国大厦。此时，旧的统治秩序、思想观念和生活状态统统被打破，现实向何处去，家国向何处去，士人探讨着理论，政治家则进行着实践、从事着建设。不是生存、强大，就是衰落、灭亡，历史行至此处，摆在人们面前的既是你死我活的挑战，也是千载难逢的发展机遇。面对严峻的形势和尖锐的斗争，僵化的旧制度已经无法适应时代的新要求。为了富国强兵，在竞争中克敌制胜，各国陆续拉开了变法图强的改革大幕。春秋战国之交，韩、赵、魏三家经过田亩制度的改革发展壮大，进而瓜分了晋国；李悝变法又使魏国一跃成为当时战国七雄中最强的国家。随后，楚国任用吴起、齐国重用邹忌、韩国起用申不害，改革大潮一浪高过一浪，摧枯拉朽，裹挟着历史向前发展。

所谓乱世出英雄，春秋战国是一个需要英雄豪杰，也的确产生了英雄豪杰的时代。公元前361年，21岁的秦孝公继承了君位。其时正值战国中期，在战争中脱颖而出的韩、赵、魏、齐、楚、秦、燕七大强国马不停蹄地进行着愈演愈烈地攻伐和兼并。韩、赵、魏先是共同伐齐，之后又陷入相互之间的混战，并与秦、楚你争我夺，展开逐鹿中原的较量。残酷的战争急需强大的国力支持，眼见已经变法的国家纷纷走强，尚未变法者更加迫不及待。登基伊始，秦孝公便颁布"招贤令"，招募能使秦国迅速强大的贤人和良策。一个士人从东方应征而来，他，就是和秦王同样年轻的商鞅。也许当初，君臣二人都没有明确意识到这场相遇对于各自的人生、对于秦国的未来、对于中国历史的重大意义。

第二节 商鞅的身世

商鞅原名卫鞅、公孙鞅，是卫国国君的后代，姬姓①。"卫鞅"之称是以国名为氏。因其祖辈为卫君，按照礼制的规定，"诸侯之子曰公子，诸侯之孙曰公孙，公孙之子以王父之字为氏"，故称"公孙鞅"②。其后，他在秦国的变法运动中建功立业，带兵大破魏国军队，获封於、商之地，号为商君，所以，后人便称呼他为"商鞅"。

商鞅生于战国初年，具体年份史书没有明确记载，据钱穆推测，应为公元前 390 年③。商鞅的故国——卫国是周王朝的同姓诸侯国之一。周公的弟弟康叔被分封在殷商故都朝歌建国立家之时，"卫"原本也是一个泱泱大国。但是，经历一系列的内忧外患之后，到了商鞅的时代，卫国早已沦为一个弱小的附庸国。因此，尽管身为卫君之后，《盐铁论·非鞅》篇依然说商鞅"起布衣"。

布衣商鞅年少之时就喜欢刑名之学。所谓"刑名之学"，也叫"刑名之言"④，又叫"刑名法术"或"刑名法术之学"⑤。《史记·太史公自序》记载司马谈的评论说，"法家不别亲疏，不殊贵贱，一断于法，则亲亲尊尊之恩绝矣""名家苛察缴绕……专决于名而失人情"。可见，"刑名"有《汉书·元帝纪》所言的"以名责实，尊君卑臣，崇上抑

---

① 先秦时期姓、氏有别：姓表示的是血缘种族之所出；氏是姓的分支，氏名多取自国、封地、官职以及行业等之名。自秦汉之时，姓、氏才逐渐融合为一。姬是商鞅的姓，他的氏为公孙。

② 陈世崇：《随隐漫录》卷四，转引自林剑鸣《秦史稿》，中国人民大学出版社 2009 年版，第 163 页注 11。

③ 钱穆：《先秦诸子系年》，中华书局 1985 年版，第 617 页。

④ 《史记·儒林列传》，第 3117 页。

⑤ 《史记·老子韩非列传》，第 2146 页。

下"的意思①。概括起来讲，刑名即法术，刑名之学就是法制权谋之学，核心在于刑法律令②。至于商鞅跟随谁研习一干学问，据《汉书·艺文志》说，是一个叫尸子的鲁国人③。

尸子，名佼，其学说"非先王之法也，皆不循孔氏之术"④，似有法家之风，又"兼儒、墨，合名、法"⑤，总体而言，属于先秦时代的杂家，著有《尸子》二十篇。尸子杂家偏法家的思想特征比较符合商鞅入秦后的行为，即熟悉诸子各家之言，能分别以帝道、王道、霸道游说秦孝公，而其行事则任法重刑。但他究竟是不是商鞅的老师，也还不能完全确定。《史记·孟子荀卿列传》曾言："楚有尸子长卢"，若依裴骃在《史记集解》中引刘向《别录》之说，这个"尸子长卢"就是"尸佼"，乃"秦相卫鞅客也"。那么，尸子便只是商鞅的一个门客而已了。

除此之外，商鞅少年时在卫国的成长经历也因为史料的缺乏，早已不得而知。《史记·商君列传》的记载，是起笔于商鞅入魏。

第三节　商鞅入魏

商鞅来到魏国后，在相国公叔痤那里做"中庶子"，即侍从之臣。公叔痤是魏国的公室贵族，出将入相，在魏国执掌权柄多年。他深知商鞅的才能，但却直到临终之时，才向魏君举荐了商鞅：

---

① 《汉书·元帝纪》，中华书局1962年版，第278页。刘向解释说："申子之书言人主当执术无刑，因循以督责臣下，其责深刻，故号曰'术'。商鞅所为书号曰'法'。皆曰'刑名'，故号曰'刑名法术之书'。"（《史记·老子韩非列传》，第2146—2147页）所以，汉代人多把刑名之学同申不害、商鞅二人等同起来，将申不害和商鞅看成刑名之学的代表人物。比如，晁错到张恢家里学习"申商刑名"（《史记·袁盎晁错列传》）。

② 正因如此，一般人习惯上便把法家视作"刑名家"，把法家学说称作刑名之学，把法家书籍叫作"刑名之书"（《史记·万石张叔列传》）。

③ 《汉书·艺文志》谓："《尸子》二十篇。名佼，鲁人，秦相商君师之。鞅死，佼逃入蜀。"

④ 《荀子集解》，中华书局1988年版，新编诸子集成本，第559页。

⑤ 《汉书·艺文志》，第1742页。

会座病，魏惠王亲往问病，曰："公叔病有如不可讳，将奈社稷何？"公叔曰："座之中庶子公孙鞅，年虽少，有奇才，愿王举国而听之。"王嘿然。王且去，座屏人言曰："王即不听用鞅，必杀之，无令出境。"王许诺而去。公叔座召鞅谢曰："今者王问可以为相者，我言若，王色不许我。我方先君后臣，因谓王即弗用鞅，当杀之。王许我。汝可疾去矣，且见禽。"鞅曰："彼王不能用君之言任臣，又安能用君之言杀臣乎？"卒不去。惠王既去，而谓左右曰："公叔病甚，悲乎，欲令寡人以国听公孙鞅也，岂不悖哉！"①

公叔座病重，魏惠王亲自前往探望。眼见相国一病不起，惠王不由得问起他对身后之事的安排，说："公叔啊，您的病要是有个三长两短，国家社稷该怎么办呢？"作为执政多年的老臣，此时的公叔座对于继任者的人选应该已经有所考虑，他未做犹豫地直接回答道："我的中庶子公孙鞅年纪虽轻但却身怀奇才，希望大王把全部国政交付给他。"

魏惠王听闻此言，沉默不语。

过了一会，魏惠王起身，准备离去。这时，公叔座屏退旁边的人说道："大王如果不起用公孙鞅，就一定要杀掉他，绝不能让他出境。"惠王应承了一声，就回去了。

魏惠王走后，公叔座把商鞅招来，告诉他说："今天大王询问我可以担任相国的人选，我推荐了你，看大王的表情，并不赞成我的意见。我对大王说如果不准备任用，就一定要杀掉你。大王答应了我。你赶紧离开，不然将要被逮捕。"商鞅说："大王既然不采纳您的话任用我，又怎会按照您的话杀掉我呢？"便没有逃走。

结果，正如商鞅所预料的那样，魏惠王认为公叔座是病糊涂了，才会说出这样荒唐的话，对老相国之言完全没有放在心上。在司马迁笔下，年轻的商鞅这时已经表现出敏捷的反应力、过人的判断力、处变不惊的从容气度和强大的自信心，令平步政坛多年、圆滑老到的公叔座也

---

① 《史记·商君列传》，第 2227 页。

相形见绌。此时的魏惠王万万想不到，不采纳公叔痤之言而错失商鞅，又令其为他人所用，是一个多么愚蠢和巨大的错误。为了这个错误，魏国此后将要付出何等巨大、惨痛的代价。

虽然在政途上遭遇冷落，但是，商鞅在魏国却也是很有收获的。

距商鞅入魏三十多年之前，魏国处于魏文侯的统治之下。魏文侯是一个雄才大略的政治家，他在战国初期首先实施变法，先后任用魏成、翟璜和李悝为相，改革政治。特别是李悝执政期间，针对魏国地少人多的状况，主张"尽地利之教"的改革，对魏国的崛起起到了重要作用。李悝变法改革的内容，首先是从估算耕地的面积和收成入手，提倡举国竭尽全力耕作土地，以充分利用土地资源，大力发展农业生产，具体措施有奖励垦荒、交杂种植农作物以防灾、住宅周围及田间地头都要种植瓜果蔬菜并迅速收割成熟的农作物等。其次，推行"平籴法"平抑粮价，打击商人的投机行为，保护农民的生产和生活。再次，大力推行法治建设，编制了我国第一部较为系统的法典——《法经》，维护和巩固国家的统治秩序。在军事方面，魏文侯任用吴起治军，改革征兵制度，通过一整套筛选、考核、奖惩机制，为魏国训练出一支骁勇善战的精锐部队，即著名的魏武卒，驰骋纵横于南北东西，所向披靡。从后来吴起在楚国的变法可知，他变革政治的主导思想也是开人力、尽地利，奖励耕战及削弱贵族势力。在文化方面，魏文侯拜孔子的弟子子夏为师，聘请他在西河讲学。子夏开坛不仅吸引了大批士人涌入，形成盛极一时的西河学派，使魏国成为当时中原地区的文化中心，而且，子夏的弟子段干木和公羊高、子贡的弟子田子方等人，还为魏国培养了大批经世致用的平民政治人才以及公叔痤等一批本国的贵族政治精英。这一系列的综合举措，使魏国在战国初年跃升为中原地区的霸主。

李悝与吴起的时代距离商鞅入魏相去不远。斯人已逝，但余绪犹存。从《商君书》中不难看出，二人奖励耕战、实行法制、打击商业投机、削弱贵族势力等一系列富国强兵的措施，曾经深刻地影响了商鞅。而商鞅西行入秦随身携带的，正是李悝所作的那部《法经》。

第四节 商鞅入秦

商鞅到达秦国后，托宠臣景监求见秦孝公，但是，君臣二人的会面一开始进行得并不顺利。

> 孝公既见卫鞅，语事良久，孝公时时睡，弗听。罢而孝公怒景监曰："子之客妄人耳，安足用邪！"景监以让卫鞅。卫鞅曰："吾说公以帝道，其志不开悟矣。"后五日，复求见鞅。鞅复见孝公，益愈，然而未中旨。罢而孝公复让景监，景监亦让鞅。鞅曰："吾说公以王道而未入也。请复见鞅。"鞅复见孝公，孝公善之而未用也。罢而去。孝公谓景监曰："汝客善，可与语矣。"鞅曰："吾说公以霸道，其意欲用之矣。诚复见我，我知之矣。"卫鞅复见孝公。公与语，不自知跀之前于席也。语数日不厌①。

初次会见时，商鞅的高谈阔论听得秦孝公常常打瞌睡，谈完后，孝公怒斥景监推荐了一个根本不配任用的无知狂妄之徒。第二次觐见，商鞅谈得比前次更多，然而还是不中孝公的意。谈话结束后，孝公又责备景监，景监也再次责备商鞅。两次碰壁之后，在商鞅的请求下，秦孝公再次接见他。第三次谈话，孝公觉得商鞅言之有理，不过还是没有采纳。商鞅离开后，秦孝公对景监说："你的那位客人很好，我可以同他交谈了。"第四次，商鞅又进见秦孝公。孝公与他交谈时，不知不觉将膝盖在座席上往前挪动，向商鞅越靠越近，谈了好几天还不满足。

这一幕与商鞅此前在魏惠王处的消极姿态形成了鲜明对比：在魏国，公叔痤的临终保举不可谓不重，虚位而待的相国之职不可谓不高，但是，在这么好的机会面前，商鞅甚至都没有想过去求见魏惠王，求取

---

① 《史记·商君列传》，第 2228 页。

任用；而在秦国，人地两生的商鞅托门路、找关系才得到觐见孝公的机会，几度遭遇秦孝公的冷淡、不满甚至是厌烦之后依然锲而不舍，再三再四地恳请接见，积极主动地竭力兜售自己。这其中的原因，除了孝公在主观上具有急于富强秦国的强烈愿望外，在客观形势上，主要是由于秦国的国情与魏国大有不同。

传说秦人是颛顼的后裔，女修吃了玄鸟的卵生下大业，大业之子大费因跟随大禹治水有功，又帮助舜驯养鸟兽，被赐为嬴姓。周孝王时，秦人祖先中的一支非子在渭水边掌管畜牧养马，牲畜繁衍得十分兴旺，因此获封于秦地，号秦嬴，成为周朝的附庸国。此后，秦人在今陕西省西部的土地上披荆斩棘、奋力开拓，实力逐渐增强。秦襄公七年（771），周幽王被犬戎所杀，秦襄公带兵救援周王室；次年，周平王为躲避犬戎的侵犯东迁洛邑，秦襄公又带兵护送，平王便封其为诸侯，从此正式建立国家。平王封赐秦襄公时曾说：“戎无道，侵夺我岐、丰之地，秦能攻逐戎，即有其地。”① 以周王室的衰微，周平王开出的本是一张遥遥无期的空头支票，但襄公及其子文公在此后二十年的时间里几度征战戎人，终于夺得岐山之地，自行将其兑现，秦国从此日渐强盛。公元前 659 年，秦穆公继位，他是秦国历史上一位大有作为的君主。秦穆公用五张黑羊皮赎买百里傒，又任用由余、孟明视等人，东面击败晋国，西边称霸戎夷，开拓千里的土地，兼并十二个国家，真正实现了秦国的强大。

秦国长期偏居西陲，即今天甘肃省东部和陕西省中西部地区，与夷狄杂居。在中原文化“郁郁乎文哉”的繁盛时期，秦行“戎翟之教，父子无别，同室而居”②。政治上没有严格的宗法继承制度，君位继承人的选拔几无章法，时常陷入混乱；社会风俗方面，在秦献公之前，秦国还一直延用以活人殉葬的陋俗，如秦穆公死时，殉葬者竟多达一百七十余人；与此同时，在日常生活中，父子无别、男女无别，父母、兄弟、妯

---

① 《史记·秦本纪》，第 179 页。
② 《史记·商君列传》，第 2234 页。

娌之间毫无避讳地同室而居，毫无礼义廉耻的观念①。因此，秦被中原地区的国家视为野蛮民族，与夷狄无异。但是，与制度成熟且生长着儒家文化的魏国相比，秦国这片没有传统负累、未经深耕细作的生地恰恰是一个改革者的最好选择。而事实上，商鞅变法的巨大成功，也证明了他弃魏入秦这一选择的正确性。

秦国自穆公之后内乱不断，国势渐微。公元前 362 年，秦孝公继位时面对的是实力不济的江山社稷和东方六国对自己的轻蔑与鄙夷："秦僻在雍州，不与中国诸侯之会盟，夷翟遇之……诸侯卑秦。"② 六国将秦排除在"中国"之外，当作夷狄看待，不准其参加会盟，这让初登君位的少年君主感到无比的痛心、耻辱和愤慨。他立志重振秦国，恢复秦穆公的霸业："寡人思念先君之意，常痛于心。宾客群臣有能出奇计强秦者，吾且尊官，与之分土。"秦孝公发出的这道"招贤令"，同时也是一篇"强秦"的誓言，立志要让自己的国家迅速地强盛、壮大起来。

虽然商鞅"霸道"的强国之术正中秦孝公从速富强秦国的心意，但是，想要顺利推行改革也并非易事，其阻力首先来自秦国的贵族。为此，秦孝公召开御前会议进行"廷议"，这种国君与大臣在朝堂上共商国是的制度颇有一些原始民主集中制的味道，是秦国一项历史悠久的祖制。会议上，商鞅与保守派的代表——大臣甘龙、杜挚展开了针锋相对的激烈辩论，辩论的焦点主要在于是否应该改变现行的制度：

　　孝公既用卫鞅，鞅欲变法，恐天下议己。卫鞅曰："疑行无名，疑事无功。且夫有高人之行者，固见非于世；有独知之虑者，必见敖于民。愚者暗于成事，知者见于未萌。民不可与虑始而可与乐成。论至德者不和于俗，成大功者不谋于众。是以圣人苟可以强

---

　　① 据《史记·匈奴列传》，秦昭王之母宣太后在丈夫死后，与义渠戎王淫乱，生了两个儿子。她还曾与魏丑夫长期保持两性关系，并令其为自己殉葬。宣太后对这些事并不避讳，时人也并未责难，这是发生在商鞅变法移风易俗半个世纪之后。由此可以推知，变法之前的秦国更无中原地区的礼教观。

　　② 《史记·秦本纪》，第 202 页。

国，不法其故；苟可以利民，不循其礼。"孝公曰："善。"甘龙曰："不然。圣人不易民而教，知者不变法而治。因民而教，不劳而成功；缘法而治者，吏习而民安之。"卫鞅曰："龙之所言，世俗之言也。常人安于故俗，学者溺于所闻。以此两者居官守法可也，非所与论于法之外也。三代不同礼而王，五伯不同法而霸。智者作法，愚者制焉；贤者更礼，不肖者拘焉。"杜挚曰："利不百，不变法；功不十，不易器。法古无过，循礼无邪。"卫鞅曰："治世不一道，便国不法古。故汤武不循古而王，夏殷不易礼而亡。反古者不可非，而循礼者不足多。"孝公曰："善。"①

甘龙反对变法的理由是：圣人施教不改变民俗，智者治国不变更法度。因为顺应民俗施教不费力气便可成功；依照成法治国则官吏习惯而百姓安适。杜挚也说，没有百倍的利益不要改变法度；没有十倍的功效不要更换器具。效法古代的法制不会有过失，遵循旧礼没有偏差。

对此，商鞅反驳道，这些话都是凡夫俗子之论。平庸的人苟安于旧俗，死板的学者局限于所见所闻；智慧的人创制法律，愚蠢的人只能受此制约；贤能的人变革礼教，无能的人拘泥旧礼。三代礼制不同而成就王业，五伯法度不同而建立霸业。治理国家不止一条道路。如果可以强国，就不必沿袭旧法；如果可以利民，便不必遵循旧礼。只要对国家有利，则不必效法古代。这番话表达出一种宏大的、足以推动历史前行的进步历史观，与此同时，它也是一种极具实践性与创造力的成熟的政治观。"论至德者不和于俗，成大功者不谋于众"，商鞅所言最终彻底打消了秦孝公的疑虑，不再担心变法会引起天下人非议自己。

此外，除了公室贵族势力的反对，商鞅认为，如果不能取信于民，做到令行禁止，变法也很难顺利推行下去。于是，便有了那闻名于历史的一幕："南门立木。"

一天，秦国都城市场的南门竖起一根三丈高的木头，百姓对此感到

① 《史记·商君列传》，第 2229 页。

惊奇，不知是何用意，纷纷前来围观。商鞅宣布，谁能把这根木头搬到北门，就赏赐十金。从南门到北门的路程并不远，把木头搬过去也并不是一件困难的事，这样重的赏赐不仅令人惊叹，更令人怀疑。看到人们疑惑不解、迟疑不决，赏赐又从十金被提高到五十金。五十金的重赏实在是太具诱惑力了，终于，有个人按捺不住，决定出来碰碰运气。他轻松地把木头搬到北门，众目睽睽之下，商鞅当场兑现前言，付给他许诺的五十金。一时间，举国轰动，如此匪夷所思的事情，政府都言出必行，没有人再怀疑朝廷的公信力和执行能力。商鞅徙木立信的宣传大获成功。

做好了前期的准备工作，公元前 356 年，商鞅在秦国实行了第一次变法，变法的内容主要有：

1. 颁布法律，实行连坐之法。商鞅在李悝《法经》的基础上，制定了更为严格的《秦律》，并普及至社会的最底层，以保证法令的贯彻实施。商鞅还下令将百姓五家为一伍，十家为一什编在一起，建立相互监视、同罪连坐的机制。一家有罪，其余九家中告发奸人的可以获得与斩获敌人首级相同的赏赐，不告发者处以腰斩，藏匿奸人、恶人的以投敌罪论处。这是一种类似军事组织的编制形式，从出土的云梦秦简可知，其组织结构十分严密。

2. 强制民众分家，实行小家庭制度。百姓家中的成年儿子娶妻与父母分居，另立门户，父母只能与一个儿子拥有共同的户籍。若有两个成年男子不分立门户者，就加倍征收他们的口赋①。

3. 奖励军功，禁止私斗。有战功者，按规定赐予更高的爵位；进行私下斗殴者，按情节轻重给予刑罚。国君宗室中没有军功记录者，不得载入宗室名册。此外，还明确了爵位俸禄的等级。不同的等级各按其班次占有田地、住宅、奴婢，穿不同的衣着服饰。有战功者显赫尊荣，没

① 一些学者认为，按照《史记·秦本纪》的记载，秦国是在秦孝公十四年（前 348）"初为赋"，按照人口、户口征收赋税，也就是云梦秦简中的"户赋"，因此，第一次变法中的"倍其赋"，即加倍征收两个成年男子不分立门户者的口赋这一条，应是商鞅第二次改革的内容，《史记·商君列传》的相关记载不确。参见杨宽《战国史》，第 209 页。

有战功者，尽管富有也无处炫耀。

4. 奖励耕织，重农抑商。鼓励和引导民众努力从事农业生产，免除耕耘纺织送交粮食布帛多者的徭役。对于专门从事工商末业以及因懒惰而贫困者，则全部收捕，没入官府为奴。

第一次变法的效果。据《史记·商君列传》记载："行之十年，秦民大说，道不拾遗，山无盗贼，家给人足。民勇于公战，怯于私斗，乡邑大治。"即新法实行了十年，秦国百姓都极为欢喜，人们路不拾遗，山中也没有盗贼，家家富裕，人人满足。民众勇于为国作战，不敢私自斗殴，城乡各地大治。

于是，秦孝公任命商鞅为大良造。商鞅此后用了三年时间在咸阳大兴土木，建造巍峨的宫殿、冀阙，将秦国的国都迁到这里。迁都之举是具有重要战略意义的：一方面，咸阳的地理位置十分有利于秦国图谋东方，便于秦向东扩展版图；另一方面，迁都脱离了公室贵族的习惯势力范围，可以减轻变法的阻力。公元前350年，商鞅又进行了第二次变法，变法的主要内容为：

1. 废除井田制，开立阡陌封疆①。开立阡陌封疆是将原来的田地边界废除，将田亩面积从百步扩大到二百四十步，重新设置地界，使土地整齐划一，以适应当时生产力水平的提高。

2. 设置县一级政府机构，推行县制。将小都、小乡、小邑、小聚合并为共三十一个县②，县级官僚机构设置县令、县丞等官吏，由国家任命，改变以前的分封世袭制，将地方权力收归中央统一管理。

3. 按照人口征收赋税。秦孝公十四年秦国"初为赋"，即按照人口、户口征收赋税，农户以一夫一妻的小家庭为单位，以利于垦荒和增加税收。

4. 统一度量衡③。统一斗斛、权衡、丈尺的标准。度量衡的统一，

---

① 也有学者认为，如据林剑鸣先生考证，秦国当时并没有井田，因此，商鞅变法并无废井田制之举，只是把阡陌封疆去除。

② 《史记·六国年表》载为设置了三十个县；《史记·秦本纪》载为设置了四十一个县。

③ 现上海博物馆收藏有商鞅方升。

有利于赋税征收、发放俸禄，对发展经济以及促进商业流通，也具有积极的作用。

5. 移风易俗，更制其教。明令禁止父子兄弟同居共室养育后代，革除受夷狄影响的陋俗。

这次变法之后，"居五年，秦人富强，天子致胙于孝公，诸侯毕贺"①。"胙"是祭祀用的肉，周天子把在宗庙供奉过的，祭祀周文王、周武王的祭肉馈赠给了秦孝公，诸侯也都来道贺②。这种礼仪表示天子对诸侯的亲密和尊重，对诸侯来说，是十分尊崇的。从"秦僻在雍州，不与中国诸侯之会盟"到"天子致胙"，从"诸侯卑秦"到"诸侯毕贺"，昔日偏居西隅的夷狄之国，经过商鞅的变法革新而威震诸侯，使中原六国再也不能小觑，秦孝公当初所期待的强国之梦终于变为真真切切的现实。

使秦孝公梦想成真的商鞅不仅具有卓越的政治才能，同时还是一位杰出的军事家和三军统帅。他给秦孝公分析天下大势，建议孝公乘魏国刚在马陵之战被齐军打得大败，处于内忧外患之机，出兵伐魏以逼迫其东迁，从而占据黄河、华山的天险，如此，秦国便可以向东控制诸侯，伺机染指中原，成就千古霸业。

秦孝公以为然，便派商鞅领兵攻打魏国。魏王派公子卬带兵迎击秦军。商鞅在魏国时与公子卬私交甚好，两军相遇，商鞅送信给公子卬说不忍心互相攻伐，希望同公子卬会面，缔结盟约，痛饮一番而后撤兵，以安定秦、魏两国。魏公子卬信以为真。但在两人会面订立盟约、设宴对饮时，商鞅用事先埋伏好的戴甲武士袭击并俘虏了公子卬，并乘势攻击魏军，一举将其全部击垮，魏军大败而归。因为屡次战败于齐国和秦国，国内十分空虚，魏惠王恐慌之余，派遣使者请求割让河西之地奉送给秦国，以求和解，为此，自己则不得不离开安邑，迁都到大梁。可以想象，此时的魏惠王想起当初公叔痤的话，是何等追悔不已。但为时已

---

① 《史记·商君列传》，第 2232 页。

② 此事详见《史记·周本纪》。

晚，一切发生过的事情，都没有重新来过的可能。

大败魏军，得胜而归之后，秦孝公将於、商之间的十五个邑封给商鞅。从此，商鞅号称"商君"。

第五节　商鞅之死

商君相秦十年，内富国强兵，外立威于诸侯，亲手打造了一个举世无双的强国，自己也攀上了人生的最高峰。这时，有一个名叫赵良的人与商鞅会面。赵良与商鞅的一席谈话，司马迁在《史记·商君列传》中进行了浓墨重彩的描述：

赵良曰："夫五羖大夫，荆之鄙人也。闻秦缪公之贤而愿望见，行而无资，自粥于秦客，被褐食牛。期年，缪公知之，举之牛口之下，而加之百姓之上，秦国莫敢望焉。相秦六七年，而东伐郑，三置晋国之君，一救荆国之祸。发教封内，而巴人致贡；施德诸侯，而八戎来服。由余闻之，款关请见。五羖大夫之相秦也，劳不坐乘，暑不张盖，行于国中，不从车乘，不操干戈，功名藏于府库，德行施于后世。五羖大夫死，秦国男女流涕，童子不歌谣，舂者不相杵。此五羖大夫之德也。今君之见秦王也，因嬖人景监以为主，非所以为名也。相秦不以百姓为事，而大筑冀阙，非所以为功也。刑黥太子之师傅，残伤民以骏刑，是积怨畜祸也。教之化民也深于命，民之效上也捷于令。今君又左建外易，非所以为教也。君又南面而称寡人，日绳秦之贵公子。诗曰：'相鼠有体，人而无礼，人而无礼，何不遄死。'以诗观之，非所以为寿也。公子虔杜门不出已八年矣，君又杀祝欢而黥公孙贾。诗曰：'得人者兴，失人者崩。'此数事者，非所以得人也。君之出也，后车十数，从车载甲，多力而骈胁者为骖乘，持矛而操阘戟者旁车而趋。此一物不具，君固不出。书曰：'恃德者昌，恃力者亡。'君之危若朝露，尚将欲延年益寿乎？则何不归十五都，灌园于鄙，劝秦王显岩穴之士，养老存孤，敬父兄，序有功，尊有德，可以少安。君尚将贪商於之富，宠秦国之教，畜百姓之怨，秦王一旦捐宾客而不立朝，秦国之所以收君者，岂其微哉？亡可翘足而待。"

早在第一次变法时，实行新法一年后，太子就触犯了法令。商鞅说："法之不行，自上犯之。"准备依法惩处太子。但太子是国君的继承人，不能施刑，于是便对太子傅公子虔行刑，并对太子师公孙贾处以黥刑。第二次变法实行四年后，公子虔再次违法犯约，又被处以劓刑。黥刑是在犯罪人的脸上刺字，并涂上墨汁凸显字迹；劓刑是割掉鼻子。这两种刑法都带有极强的侮辱性，以至于被割掉鼻子的太子傅公子虔八年都闭门不出，这就是赵良所说的"刑黥太子之师傅"。此外，赵良所历数的商鞅的无道之举还有：利用宠臣景监作为荐主进见秦王，成名不以正道；不顾及百姓的生活而大建宫殿门阙，立功不以正道；用严刑峻法残害平民百姓；在封邑中自称寡人却用法律严格约束秦国的贵胄子弟等。赵良指出，这些都是极其不得人心的。与商鞅相比，在秦国历史上，秦缪公时被从牛口之下提拔起来的五羖大夫百里傒也曾担任秦相六七年。在任期间，他东面讨伐郑国，挽救楚国北侵的祸乱并三次置立晋君，广施德泽予诸侯，连八方戎狄都前来进贡、臣服。五羖大夫执政疲劳也不坐乘安车，酷暑也不张开伞盖，在国中巡行，既不要随从的车辆，也不携带武器。他去世时，秦国的男女老幼痛哭流涕，小孩子不唱歌谣，舂米的人因为悲哀喊不出号子声。如今，商鞅一出行，后面随从的车子几十辆，车上满是披甲的士兵，肌肉健壮的大力士陪乘，手持矛戟的武士疾走如风，紧紧护卫着车子。这中间有一样不齐备，商鞅就坚决不外出。

商鞅在之前的对话中曾陈述自己治理秦国的功绩，"始秦戎翟之教，父子无别，同室而居。今我更制其教，而为其男女之别，大筑冀阙，营如鲁卫矣。子观我治秦也，孰与五羖大夫贤"，问赵良自己和五羖大夫谁更高明，赵良说出了上面那段话。两相对比，高下自分。

《史记·商君列传》仅三千余字，对赵良与商鞅谈话内容的记载用去近一千字的篇幅，几乎占到全文的三分之一，足见司马迁对赵良之语的重视和认同。概括起来，赵良之言的核心内容，也即司马迁的观点是认为，治理国家应该施以德政，而不可杀伐太重。所谓"教之化民也深于命，民之效上也捷于令"，教化的力量远远超过君主的命令，以德政感化民众，民众服从君上的动作比执行君令迅速。《诗经》有云："得人者兴，失人者崩。"《尚书》上也说："恃德者昌，恃力者亡。"得人心者兴盛，失人心者崩溃；依仗德行者昌盛，依仗武力者灭亡。因此，无论是对贵族公子，还是平民百姓，商鞅依仗政治强权，实行严刑峻法的所作所为不仅使民众对国家积聚了怨恨，也为自身酝酿着祸患。赵良对商鞅说：您的生命危险得像是早晨的露水，太阳一出，马上就会消失，秦王一旦驾崩抛弃宾客而不再临朝，秦国用以收拾您的罪名是不会轻的，到那时，您的死期就指日可待了。他告诫商鞅应劝说秦王行仁政，重用隐居山林的贤能之人，尊崇有德之士，奉养老人，体恤孤儿，敬重父兄，与此同时，自己则应归还获封赐的那十五个都邑，急流勇退，到郊外耕田种菜，只有这样才可以求得平安。但是，商鞅并没有听从。

五个月之后，秦孝公去世，太子驷继位，是为秦惠王。公子虔的徒属告发商鞅将要造反，如赵良所预料的那样，秦惠王准备将商鞅以谋反之名治罪。商鞅出逃。逃至边关想要入住客栈，《史记·商君列传》记载客栈的人对商鞅说："商君的法令规定，留宿没有凭证的人，我们也要被判罪。"商鞅喟然叹息道："法令的害处竟然到了这种地步！"他离开秦国，前往魏国。魏国人怨恨他当初欺骗魏公子卬、大败魏军，拒绝接纳，将商鞅遣送回秦国。穷途末路的商君再次入秦，他直奔封地商邑，调动邑中的军队向北攻郑。秦惠王发兵攻打商鞅，在郑国的黾池杀死了他，车裂其尸体示众，并灭掉了商鞅的家族。

对于商鞅之死，需要说明的是：

其一，商鞅并未真正谋反，公子虔之徒的告发是诬陷。《史记·商鞅列传》的相关原文是"公子虔之徒告商君欲反"，司马迁只是说，公子虔之徒告发商鞅想要谋反，而并非直接记载为"商君欲反"。此外，《战国策·秦策一》对此事的记载，更是完全没有提到有谋反之事。不仅史籍未载，单从简单的逻辑也可以推断，以商鞅的智慧与权谋，若要谋反，必定有周密、可行的计划和方案，即便不是胜券在握、出手必胜，也不至于被追杀得如此狼狈，处处被动，不堪一击。其实，公子虔之徒告发商鞅谋反与秦惠王不加调查、立即批捕，都是有内在原因的：一方面，商鞅变法的宗旨和主要内容是奖励耕战，限制甚至是废除了贵族的世袭特权，这无疑触犯了公室贵族的切身利益，从而引起他们的极大不满与愤恨。从变法前甘龙、杜挚与商鞅的御前大辩论到首次变法时太子的以身试法，再到二次变法后公子虔的"复犯约"，外来客卿商鞅与本国贵族势力的冲突从未停止。在激烈的斗争中，由于秦孝公的支持，商鞅一直占据上风，公室贵戚备受压制，这无疑使贵族们更加团结一心地想要置商鞅于死地。当孝公病逝，商鞅失去靠山，贵族势力反戈一击的时机已经到来。另一方面，对于刚刚继位的新君，当年刑罚太子师、太子傅，敲山震虎的旧恨未灭，眼下又面临"权高压主"的威胁。两方面原因结合在一起，告发者的诬陷正好符合秦惠王忌惮权臣的心思，因此，便不由分说，给商鞅定下了谋反的罪名。

其二，商鞅死亡的具体过程目前尚不明确。史籍对商鞅生命最后时段的记载，除被车裂的结局外，其过程则多有矛盾之处。《史记·商君列传》记为：

> 后五月而秦孝公卒，太子立。公子虔之徒告商君欲反，发吏捕商君。商君亡至关下，欲舍客舍。客人不知其是商君也，曰："商君之法，舍人无验者坐之。"商君喟然叹曰："嗟乎，为法之敝一至此哉！"去之魏。魏人怨其欺公子卬而破魏师，弗受。商君欲之他国。魏人曰："商君，秦之贼。秦强而贼入魏，弗归，不可。"遂内秦。商君既复入秦，走商邑，与其徒属发邑兵北出击郑。秦发兵攻商君，杀之于郑黾池。秦惠王车裂商君以徇，曰："莫如商鞅反者！"遂灭商君之家。

但《战国策·秦策一》却说：

孝公行之八年，疾且不起，欲传商君，辞不受。

孝公已死，惠王代后，莅政有顷，商君告归。人说惠王曰："大臣太重者国危，左右太亲者身危。今秦妇人婴儿，皆言商君之法，莫言大王之法。是商君反为主，大王更为臣也。且夫商君，固大王仇雠也，愿大王图之。"

商君归还，惠王车裂之，而秦人不怜。

司马迁对商鞅逃亡及身死经过的记载前文已经有所论述。《战国策》所记是说，秦孝公病重之际，想要传位于商鞅，商鞅没有接受。秦惠王当政不久，商鞅告归。这时，有人进言说，商君在国内的影响远超君王，大有反客为主之势，而且大王做太子时曾和他有仇恨，应及早铲除。商鞅回来后，秦惠王就车裂了他。此外，关于商鞅死亡的地点，《史记》本身也有自相矛盾之处：《六国年表》秦孝公二十四年说"商君反，死彤地"，彤是秦国邑名，在今陕西华县西南；《商君列传》说"杀之于郑黾池"，黾池是韩国邑名，在今河南渑池西。

其三，商鞅虽然被杀，但其法未败。秦惠王车裂商君示众时所说的话是："莫如商鞅反者！"明确指出，商鞅获罪是因为谋反，并未否定其设立的新法。因为对于秦惠王来说，"大臣太重者国危"，国君新立，要除掉的是权势危及新君的商鞅这个人，而商鞅之法给秦国带来的是国富兵强的兴盛局面，是符合君主自身利益的，所以，不需一并废除。事实上，在商鞅生前，变法已经取得极大成功，并为秦国民众所接受：在首次变法时，"令行于民期年，秦民之国都言初令之不便者以千数"，新法实行一年，有数以千计的人到国都来说新法不好，但新法实行十年后，秦国"道不拾遗，山无盗贼，家给人足"[1]，城乡大治，百姓都皆大欢喜，那些当初说新法不好的人又跑来说新法令很好。据商鞅身后不远，荀子记录了他在秦国的所见所闻："入境，观其风俗，其百姓朴，其声

---

[1] 《史记·商君列传》，第 2231 页。

乐不流污，其服不挑，甚畏有司而顺，古之民也。及都邑官府，其百吏肃然莫不恭俭、敦敬、忠信而不楛，古之吏也。入其国，观其士大夫，出于其门，入于公门，出于公门，归于其家，无有私事也，不比周，不朋党，偶然莫不明通而公也，古之士大夫也。观其朝廷，其闲听决百事不留，恬然如无治者，古之朝也。故四世有胜，非幸也，数也。"① 所谓"四世有胜"，指的就是从秦孝公开始的惠王、武王、昭王，历时四代，秦国一直兴盛。秦国"四世有胜"不是因为偶然的幸运，而是有其深刻的内在原因，即定数。荀子所说的这个"定数"，就是实行商鞅之法。直至秦始皇的时代，无论是对秦国的政治思想产生重要影响的韩非还是主持秦国政事的李斯等人，无不继承、沿袭着商鞅的思想学说和政治制度。

此外，谈到商鞅之死，也不得不提到自从御前辩论之后，在秦国风起云涌的变法运动中，仿佛消失无踪、不显身影的秦孝公。导致商鞅被杀的最直接因素是秦孝公的离世。这个登基伊始便立志奋发图强的君主，在商鞅入秦之前，已经开始着手进行变革："布惠，振孤寡，招战士，明功赏。"② 商鞅入秦、确定了变法大计之后，秦孝公便放手、放权，无论是商鞅刑罚公室贵族，还是出将入相、在封地内南面称君，孝公都不猜疑、不干涉。纵观中国历朝历代的变法，无论是与商鞅同时期的吴起、邹忌、申不害，还是后世的王安石与张居正，多数革新运动都因为君主的猜忌和动摇而未能进行到底。像秦孝公这样用人不疑，二十年一以贯之地给予臣下充分信任和支持的君王确实十分罕见。选择了秦孝公是商鞅的明智和幸运，直至孝公卒而商鞅死，方才显示出隐于幕后的秦孝公的分量和作用。可以说，没有秦孝公便没有商鞅变法的成功，在奠定秦始皇统一中国的六世基业中，孝公在秦国历史上以最无为的方式实现了最有效的大有作为。

司马迁在《商君列传》的最后评论说：商君是天性刻薄的人，他最

---

① 《荀子集解·强国》，第 303 页。
② 《史记·秦本纪》，第 202 页。

初说服秦孝公时使用的帝王之术，只不过是一时的浮夸之言，并非他的本性。况且，他通过宠臣走不正当的门路取得任用，施刑于宗室公子，欺诈魏将公子卬，不听从赵良的良言，也都足以说明商君的寡恩少德。我曾经读过商君的《开塞》《耕战》等著作，同他本人的行事十分相似。他最终在秦国蒙受恶名，是有原因的！

从这段话中不难看出司马迁对商鞅的非议，这既因为商鞅自身的冷峻严苛、重刑重战，也多少与太史公曾被汉武帝施以宫刑，深受政治强权的迫害有关。尽管如此，作为卓越的历史学家，司马迁还是以史家的眼光和洞察力，客观记述并肯定了商鞅变法的历史功绩与影响。如其在《太史公自序》中所说，自己为商鞅做传的原因是："鞅去卫适秦，能明其术，强霸孝公，后世遵其法。"

第 二 章

《商君书》的成书与流传

    《商君书》始称《商君》，又名《商子》，流传至今的本子共计二十六篇，其中两篇有目无书。除了原文亡佚的第十六篇和第二十一篇之外，其余二十四篇的主要内容如下：

    第一篇《更法》，记述了商鞅与保守派代表甘龙、杜挚在秦孝公面前就变法问题进行的激烈论战。更法即变法，论战中，商鞅以进步的历史观雄辩地指出只有变法才能图强。

    第二篇《垦令》，即有关开垦荒地的法令，这篇文字的内容是讲述开垦荒地的具体方案，共计二十条。

    第三篇《农战》，农战指农业和战争，该篇主旨在于强调重农、重战是国家强大的根本。

    第四篇《去强》，旨在论述必须以及如何清除违逆国家政令的强悍之民，篇名取自首句"以强去强者弱"。

    第五篇《说民》，阐述了能使国家富强的治民之法，"说民"即"论民"，意为论述使民之道。

    第六篇《算地》，算地指计算土地，此篇的中心论点是在计算、规整土地的基础上，将人口数量与土地面积进行合理的配置，以竭尽地利、以地养战。

    第七篇《开塞》，此篇指出人类社会是不断变化前进的，现今之世，只有实施法制才是清除政治障碍的途径。开塞的意思是开启被阻塞的治国之道。

第八篇《壹言》，"壹"是统一的意思，这篇的主题是关于国家政务的统一。具体而言，富强国家的根本在于政务统一，即制度适宜、法律明确，将民众的力量集中于农战这一本业。

第九篇《错法》，此篇主要讲利用人性的好恶，以赏罚之法驱使民众为国效死，即可国富兵强。"错法"即"措法"，意为建立法度。

第十篇《战法》，着重论述作战的基本原则和具体方法。

第十一篇《立本》，"立本"指确立强军之本。作者认为，建立法度、实行法治是形成全民皆兵之势的基础和保证，是打造一支天下无敌之军的根本。

第十二篇《兵守》，讨论军队如何从事防御和防守。

第十三篇《靳令》，此篇阐述的观点是要坚定地、严格地执行国家重农重战的政令。

第十四篇《修权》，主旨在于加强君权，具体论述了君主治国的三要素，即实行法治、建立信用和操控权柄。

第十五篇《徕民》，"徕民"是招徕民众的意思，具体指用优惠政策广招韩、赵、魏三国的民众到地广人稀的秦国从事农业生产，以便使秦民全力投入战争。

第十七篇《赏刑》，赏指奖赏，刑指刑罚，文章详细论述壹赏、壹刑、壹教，即统一奖赏、统一刑罚以及统一教育的治国纲要。

第十八篇《画策》，为国君谋划治国之策，其观点为实行法治和重农、重战。

第十九篇《境内》，记述了秦国奖励军功、授爵、户口登记以及军队编制等方面的制度，篇名取自首句"四境之内"。

第二十篇《弱民》，该篇认为民弱则国强、民强则国弱，通过法律制度的奖惩使民众不敢与国家对抗，俯首听命，民众弱小则国家就会强大。

第二十二篇《外内》，"外内"指国家的内外政策，主张对内重视农业生产、压制工商业、打击儒生，对外重视战争，同时，施用重法以保证落实上述内外政策。

第二十三篇《君臣》，从分析君臣关系入手，强调明确法度、实施法治的重要性。

第二十四篇《禁使》，论述了君主驾驭、使用官吏的原则和方法。"禁"是以刑止恶，"使"是以赏劝功，强调通过"势"与"数"的运用加强君权。

第二十五篇《慎法》，慎法意为严格遵守国家法令，作者反对任用所谓的贤人，主张以法治国。

第二十六篇《定分》，主题是通过宣传、普及和贯彻法令，让民众懂得各自的名分，事物的归属权，以制止纷争，由民众的自治达到国家的大治。

此外，《群书治要》中有一段《商君书·六法》篇的佚文，近两百字，内容与审时度势、建立法度有关。

第一节 《商君书》的成书与真伪

传世本《商君书》虽以"商君"命名，但它和与其同时代的大多数子书一样，并非全部为商鞅亲笔著述，也不是一人一时之作，而是商鞅学派的集体作品，是在经历了一段时间和多人之手后，才定形成书的。

首先，《商君书》书中所记内容涉及商鞅死后发生的事。如《更法》篇的首句即说"孝公平画"，"孝"是死后的谥号，《四库全书总目提要》云："《史记》称'秦孝公卒，太子立，公子虔之徒告鞅欲反，惠王乃车裂鞅以徇。'则孝公卒后，鞅即逃死不暇，安得著书？如为平日所著，则必在孝公之世，又安得开卷第一篇即称孝公之谥？"孝公在世时，商鞅著书不可能称呼秦王的谥号；孝公死后，商鞅四处逃亡奔命，也不会有时间和心情著书立说。《错法》篇提到"乌获举千钧之重"，"乌获"是秦孝公的再传继任者秦武王时期的大力士，《史记·秦本纪》对他的记载距离商鞅死去已有 31 年。《徕民》篇中的"华阳之胜""长平之胜"与"自魏襄以来"是指公元前 273 年发生的华阳之战、公元前

260 年进行的长平之战以及公元前 318 年继位的魏襄王，三者均出现在公元前 338 年商鞅被杀之后。《定分》篇说"丞相置一法官"，根据《史记·秦本纪》，秦国初次设置丞相一职是在公元前 309 年，距离商鞅之死已有 29 年之久①。因此，以上各篇显然不是商鞅自撰之文。

其次，《商君书》各篇既多有语句、段落重复之处，又有内容的相互抵触和自相矛盾，这表明其作者并非同一个人。

内容彼此重复在《商君书》各篇之间十分常见，比如：

《去强》："兵行敌所不敢行，强；事兴敌所羞为，利。"
《弱民》："故兵行敌之所不敢行，强；事兴敌所羞为，利。"

《农战》："国好力者以难攻，以难攻者必兴；好辩者以易攻，以易攻者必危。"
《去强》："国好力，日以难攻；国好言，日以易攻。国以难攻者，起一得十；以易攻者，出十亡百。"
《说民》："国以难攻，起一取十；国以易攻，起一亡百。国好力，日以难攻；国好言，日以易攻。民易为言，难为用；国法作民之所难，兵用民之所易，而以力攻者，起一得十；国法作民之所易，兵用民之所难，而以言攻者，出十亡百。"
《靳令》："以力攻者，出一取十；以言攻者，出十亡百。国好力，此谓以难攻；国好言，此谓以易攻。"

《农战》："《诗》、《书》、礼、乐、善、修、仁、廉、辩、慧，国有十者，上无使守战。国以十者治，敌至必削，不至必贫。国去此十者，敌不敢至，虽至必却。兴兵而伐，必取；按兵不伐，必富。"

---

① 详见高亨《商君书注译》，中华书局 1974 年版，第 7—8 页。

《去强》："国有礼、有乐、有《诗》、有《书》、有善、有修、有孝、有弟、有廉、有辩，国有十者，上无使战，必削至亡；国无十者，上有使战，必兴至王。国以善民治奸民者，必乱至削；国以奸民治善民者，必治至强。国用《诗》、《书》、礼、乐、孝、弟、善、修治者，敌至必削，国不至必贫。国不用八者治，敌不敢至，虽至必却。兴兵而伐，必取，取必能有之；按兵而不攻，必富。"

其自相矛盾之处如《商君书》中常常提到的"六虱"，在不同篇章具有不同的内涵：

《去强》："三官者生虱官者六：曰岁、曰食、曰美、曰好、曰志、曰行。六者有朴，必削。"

《弱民》："三官生虱六，曰岁，曰食，曰美，曰好，曰志，曰行。六者有朴，必削。"

《靳令》："六虱：曰礼乐，曰《诗》《书》，曰修善，曰孝弟，曰诚信，曰贞廉，曰仁义，曰非兵，曰羞战。"

《去强》篇与《弱民》篇所言的"六虱"中，"岁"指农民怠惰使年岁歉收；"食"指农民因有余粮而大吃大喝；"美"指商人牟取暴利，推崇华美的东西；"好"指商人贩卖珍奇玩好；"志"指官员意志消沉，不肯为国出力；"行"指官员利用职权胡作非为，这与《靳令》篇"礼乐，《诗》《书》，修善，孝弟，诚信，贞廉，仁义，非兵，羞战"之"六虱"的内容截然不同。虽然，对于任何一个思想家而言，其学说体系的形成和成熟需要经历一定的时间和过程，但在一本著作中有如此众多的语句重复，对于核心概念有如此明显的自相矛盾，用"思想形成的前后过程"来解释是说不通的。因此，《商君书》不可能为个人作品专集，而是成于多人之手。

最后，《商君书》各篇文风不一，也可看出此书并非一时一人之作①。据郑良树研究，《商君书》行文存在"简峻朴质"与"浅白流畅"等不同风格。前者行文尚简朴，以短句为多，文中尽量少用虚字，也极少自问自答，如《去强》篇云：

以强去强者弱，以弱去强者强。

国为善，奸必多。

国富而贫治，曰重富；重富者强。国贫而富治，曰重贫；重贫者弱。

兵行敌所不敢行，强；事兴敌所羞为，利。主贵多变，国贵少变。

国多物，削；主少物，强。千乘之国守千物者削。

后者浅白流畅的文风则句子冗长，善于也喜欢运用虚字助词，并经常自问自答，如《外内》篇曰：

民之外事莫难于战，故轻法不可以使之。奚谓轻法？其赏少而威薄，淫道不塞之谓也。奚谓淫道？为辩知者贵，游宦者任，文学私名显之谓也。三者不塞，则民不战而事失矣。故其赏少则听者无利也，威薄则犯者无害也。故开淫道而以轻法战之，是谓设鼠而饵以狸也，亦不几乎！故欲战其民者必以重法，赏则必多，威则必严，淫道必塞，为辩知者不贵，游宦者不任，文学私名不显。

郑良树对《商君书》中"也""夫""之所以"等字词以及顶真句型的使用次数和运用方式进行了分项讨论与统计，结果表明，这些字词与句型在不同篇章中出现的频次悬殊，且使用方式也颇不一致，显示出

---

① 以下相关内容引自郑良树《商鞅评传》，南京大学出版社 1998 年版，第 195—204 页。

其文风的迥然相异。两种完全不同的文风前后间杂、差别明显，从中可以看出，其书为一部多人著述的集体之作。

那么，具体而言，到底《商君书》中哪些篇章为商鞅所做，哪些是商鞅后学的作品，即关于这二十四篇文章中每一篇的作者问题，学术界的判断多有不同①，如：

陈启天认为，属于商鞅遗著的是第二篇《垦令》和第十九篇《境内》；疑为商鞅所作者是第五篇《说民》、第七篇《开塞》、第十篇《战法》、第十一篇《立本》、第十二篇《兵守》、第十四篇《修权》、第十七篇《赏刑》、第二十三篇《君臣》、第二十四篇《禁使》、第二十五篇《慎法》；非商鞅所作者是第一篇《更法》、第三篇《农战》、第四篇《去强》、第六篇《算地》、第八篇《壹言》、第九篇《错法》、第十三篇《靳令》、第十五篇《徕民》、第十八篇《画策》、第二十篇《弱民》、第二十二篇《外内》、第二十六篇《定分》。

高亨认为，属于商鞅遗著的是第二篇《垦令》和第十三篇《靳令》；疑为商鞅所作者是第三篇《农战》、第七篇《开塞》、第二十二篇《外内》；非商鞅所做者是第一篇《更法》、第九篇《错法》、第十五篇《徕民》、第二十篇《弱民》、第二十六篇《定分》；其余各篇，即第四篇《去强》、第五篇《说民》、第六篇《算地》、第八篇《壹言》、第十篇《战法》、第十一篇《立本》、第十二篇《兵守》、第十四篇《修权》、第十七篇《赏刑》、第十八篇《画策》、第十九篇《境内》、第二十三篇《君臣》、第二十四篇《禁使》、第二十五篇《慎法》则未做结论。

郑良树认为，属于商鞅遗著的是第二篇《垦令》、第十篇《战法》、第十一篇《立本》和第十九篇《境内》；其余各篇均非商鞅所做，即第一篇《更法》、第三篇《农战》、第四篇《去强》、第五篇《说民》、第六篇《算地》、第七篇《开塞》、第八篇《壹言》、第九篇《错法》、第十二篇《兵守》、第十三篇《靳令》、第十四篇《修权》、第十五篇《徕

---

① 以下五家的观点参见张林祥《〈商君书〉的成书与思想研究》，人民出版社 2008 年版，第 107—109 页。

民》、第十七篇《赏刑》、第十八篇《画策》、第二十篇《弱民》、第二十二篇《外内》、第二十三篇《君臣》、第二十四篇《禁使》、第二十五篇《慎法》、第二十六篇《定分》。

曾振宇认为，属于商鞅遗著的是第一篇《更法》、第二篇《垦令》、第三篇《农战》、第六篇《算地》、第七篇《开塞》、第八篇《壹言》、第十篇《战法》、第十一篇《立本》、第十二篇《兵守》、第十三篇《靳令》、第十四篇《修权》、第十七篇《赏刑》、第十九篇《境内》、第二十三篇《君臣》和第二十五篇《慎法》；非商鞅作品的是第四篇《去强》、第五篇《说民》、第九篇《错法》、第十五篇《徕民》、第十八篇《画策》、第二十篇《弱民》、第二十二篇《外内》、第二十四篇《禁使》、第二十六篇《定分》。

张林祥认为，属于商鞅遗著的是第二篇《垦令》和第十九篇《境内》；疑为商鞅所作者是第三篇《农战》、第七篇《开塞》、第十篇《战法》、第十一篇《立本》、第十二篇《兵守》、第十三篇《靳令》；非商鞅所作者是第一篇《更法》、第四篇《去强》、第五篇《说民》、第六篇《算地》、第八篇《壹言》、第九篇《错法》、第十四篇《修权》、第十五篇《徕民》、第十七篇《赏刑》、第十八篇《画策》、第二十篇《弱民》、第二十二篇《外内》、第二十三篇《君臣》、第二十四篇《禁使》、第二十五篇《慎法》、第二十六篇《定分》。

此外，对于《商君书》的成书时间，目前也还只能判定一个大致的年限。

《韩非子·五蠹》说："今境内之民皆言治，藏商、管之法者家有之……境内皆言兵，藏孙、吴之书者家有之。"[1] 韩非将"商、管之法"与"孙、吴之书"对应，即便此"商鞅之法"不是今天传世的"商鞅之书"，几乎可以肯定的是，当时已有商鞅所著述的文章，或为法令或为政令之文，以单篇的形式，在社会上广为流传。20 世纪 70 年代出土于湖北云梦的睡虎地秦简，是早至商鞅变法，晚至秦始皇时期的一批秦

---

[1] 《韩非子集解·五蠹》，中华书局 1998 年版，新编诸子集成本，第 451—452 页。

国法律文书，其中某些律令条文的内容与史载商鞅所制定的秦律不仅精神一致，而且语句措辞也相同，很可能就是商鞅手书的律文①。司马迁在《史记·商君列传》中说曾经读过商鞅所著的《开塞》《耕战》，《淮南子·泰族训》也说到"商鞅之《启塞》"，那么，汉初应该还有《商君书》中的单篇文章流行于世。至于那些单篇文章是何时被整理和编定成册，成为流传至今之定本的，从《商君书》的内容来看，其记载的最晚史事是《徕民》篇说到的"长平之胜"，即公元前 260 年的长平之战，因此，今本《商君书》的成书不会早于这个年份。而其成书的下限，从公元前 233 年直至汉朝初年，学术界有多种不同说法，但都没有确定无疑的史料支持。在证据不足的情况下，我们姑且认为，战国末期或有编辑成册的《商君书》问世，汉初或有商君之书与单篇的商君之文同时流传，但是，至迟在公元前 26 年，汉成帝年间刘向校订群书时，已有经其手编汇的《商君书》定本。因为，反映此次校书成果的《汉书·艺文志》中，已经明确载有"《商君》二十九篇"。

第二节　《商君书》的流传与版本

刘向校订的《商君书》二十九篇，《汉书·艺文志》之后，隋唐时期的史书对其也均有著录，但其间具体的流传情况不明。此后，有关其散佚的明确记载出现在宋代，元代曾有刻本刊行。《商君书》的古本既有各朝代的单行刻本，也有收入各类丛书的本子，但明代以前的刻本目前已经不可见。清代注重考据和整理古书，出现了一定数量的《商君书》校本。近代自戊戌变法以来，在社会发生重大转折和变革之际，商鞅被重新认识与评价，对《商君书》的研究也随之升温，出现了比较多的校本和注释本。关于《商君书》的流传过程，其脉络大致如下：

《汉书·艺文志》著录："《商君》二十九篇。名鞅，姬姓，卫后

---

① 舒之梅：《珍贵的云梦秦简》，中华书局编辑部编：《云梦秦简研究》，中华书局 1981 年版，第 4 页。

也，相秦孝公，有《列传》。"

《隋书·经籍志》《旧唐书·经籍志》和《新唐书·艺文志》都只记载"《商君书》五卷"而未言其篇数，因此，不知其间是否发生过散佚。

《宋史·艺文志》亦载"《商子》五卷"，另有对《商君书》亡佚状况的明确记载：郑樵的《通志·艺文略》云："《商君书》五卷，秦相卫鞅撰。汉有二十九篇，今亡三篇"；晁公武的《郡斋读书志》谓："《商子》五卷，右秦公孙鞅撰……本二十九篇，今亡者三篇"；陈振孙的《直斋书录解题》录有《商子》五卷，并说"《汉志》二十九篇，今二十六篇，又亡其一"。

元代的《商君书》刊本清人严万里曾经见到过，"始《更法》，止《定分》，为篇二十六，中间亡篇二，第十六、第二十一，实二十四篇"①，二十六篇中两篇没有原文，实际只有二十四篇。

明代的《商君书》刻本大致如下：

嘉靖年间范钦的天一阁本；

嘉靖年间冯觐的点评本；

万历年间陈深的《诸子品节》本；

万历年间程荣的《汉魏丛书》本；

万历年间吴勉学的《二十子》本；

万历年间秦四麟本；

万历年间冯梦桢的绵眇阁本，见其所编《先秦诸子合编》；

天启年间杨慎评、顾起元释、朱蔚然所订的《合诸名家批点诸子全书》本；

天启年间归有光的《诸子汇函》本；

天启年间陈仁锡的《诸子其赏》本；

此外，明《商君书》刻本还有王志远的《诸子合雅》本、方疑的《且且庵初笺十六子》本、《诸子褒异》本等。

---

① 参见蒋礼鸿《商君书锥指》附录，第151页。

《商君书》因其反儒的思想基调和商鞅的严刑峻法、刻薄寡恩，在秦以后的历史上一直蒙受恶名，为主流文化所轻忽和排斥，长期无人问津。在漫长的流传过程中，错简、脱文，誊抄之笔误与刻意删改随年代的流转不断累积而未被校注，加之其文字本来就古奥难懂，因此，古本《商君书》几乎不可卒读。到了考据之风大盛的清代，才有学者对其进行了文字的疏通、整理、校勘和释义，这一时期的校释本主要有：

嘉庆年间孙星衍、孙冯翼的《商君书校》，即《问经堂丛书》本；

乾隆年间严万里即严可均的《商君书校》，后收入浙江书局刊印的《二十二子》；

道光年间钱熙祚校刊的《商君书校》，载于《指海》第七集，也称《指海》本；

其后，又有俞樾的《商子平议》、孙诒让的《商子札迻》、于鬯的《香草续校书》（内含《商君书》）、陶鸿庆的《读〈商君书〉札记》。这些版本中，以严万里的校本最获认可，成为当时通行的版本。

20世纪之后，又有一些校注《商君书》的本子问世，其中最早的是王时润的《商君书斠诠》，见1915年长沙宏文图书社刊行的《闻鸡轩丛书》第一集。此后，陆续出版了尹桐阳的《商君书新释》、王时润的《商君书集解》、陈启天的《商君书校释》和简书的《商君书笺正》等注本。此间功力深厚而较有影响的是朱师辙的《商君书解诂》。该书最初在1921年由上海广益书局刊行，其后几经增补修订，在1948年由中山大学出版社出版时定名为《商君书解诂定本》，收入《国立中山大学丛书》，获得了广泛的好评。

而在20世纪四五十年代，真正博采众家之长的巅峰之作当属蒋礼鸿的《商君书锥指》。蒋著以严万里校本为底本，吸取诸家的精华，取其善者、去其谬误，因其书精于校勘训诂且见解独到，被中华书局收入《新编诸子集成》，自1986年出版以来多次重印，至今仍为《商君书》的权威读本。

20世纪70年代出版了一批非学术性的《商君书》注本，对法家学说及商鞅其人其书的刻意拔高偏离了学术研究的正轨。但是，1974年中华书局出版的高亨的《商君书注译》及上海人民出版社的章诗同的《商君书》，是该时期立足于学术本身的研究成果，其著作可资参考。此外，随着国学热的风靡，20 世纪 90 年代至今出现了相当数量的白话本、全译本《商君书》。其中，张觉的《商君书全译》（贵州人民出版社 1993 年版）及石磊的《商君书》（中华书局 2009 年版，《中华经典藏书》丛书），注释简明扼要、翻译明白通畅，为阅读提供了更为便捷的渠道。

第 三 章

《商君书》的主要内容与
思想内涵

　　春秋战国时期，人们在现实生活与思想世界中，都经历着、感受着剧烈的冲击和动荡。诸子百家的思考虽然多以现实政治为立足点，但其著述依然属于思想家、思想界的争鸣。《老子》以超绝的智慧说"道可道，非常道"，《论语》在关于伦常日用的话题中蕴含着深刻的哲理，而《商君书》则既无哲理，又无玄思，是一部不折不扣的政治论文合编。这无疑是与商鞅政治家和改革者的身份相匹配的。该书现存的二十四篇原文，从文体上看，有《更法》篇的对话体，有《垦令》篇的法令体，但多数是《农战》篇之类的政论文，还有《徕民》篇那类献给秦王的奏书；从内容上看，既有对治国理念的宏观论述，也有实施、落实这一为政之道的具体政策和法令法规，涉及国家政治、经济、军事、文化生活等诸多领域。《农战》篇说："圣人明君者，非能尽其万物也，知万物之要也。故其治国也，察要而已矣。"察《商君书》之要①，其治国的指导思想可以概括为重农重战、抑制商业、刑赏驱民、缘法治国这四个方面。

---

① 以下引用《商君书》原文时，只标注篇名。

第一节 《商君书》的主要内容

一 重农重战

所谓"民以食为天",农产品是人类赖以生存的基本生活资料,农业是国家的基础产业。对于古代中国这种以自然经济为主体的农业社会来说,以农为本的思想自是由来已久且源远流长的。西周、春秋时期的统治者已经十分重视农业生产,但先秦时期,从国家生存与发展的战略高度突出强调对农业的重视,并以其为思想核心者,则首推《商君书》。

"国之所以兴者,农战也。"(《农战》)国家要想兴盛,依靠两件事:一是农业,对内发展农业生产才能国富民强;二是战争,对外拥有强大的军事力量就能攻城略地、开疆拓土。战争需要强大的经济实力做支持,在农耕占据主体地位的古代社会,这一实力的获得来源于农业生产,因此,农业的兴盛与衰弱直接关系着兼并战争的胜负,同时也就关系着国家的兴衰。而战国的连绵烽火更加凸显了大力发展农业生产的重要性和紧迫性,没有发达的农业,不仅国家的强大无从谈起,而且或早或晚,终将难以逃脱亡国的厄运。

> 夫农者寡而游食者众,故其国贫危。今夫螟螣蚼蠋,春生秋死,一出而民数年不食。今一人耕而百人食之,此其为螟螣蚼蠋亦大矣。虽有《诗》、《书》,乡一束、家一员,犹无益于治也,非所以反之之术也,故先王反之于农战。故曰:百人农一人居者王,十人农一人居者强。半农半居者危。故治国者欲民之农也。国不农,则与诸侯争权,不能自持也,则众力不足也。故诸侯挠其弱,乘其衰,土地侵削而不振,则无及已。圣人知治国之要,故令民归心于农。归心于农,则民朴而可正也,纷纷则易使也,信可以守战也。壹则少诈而重居,壹则可以赏罚进也,壹则可以外用也。夫民之亲上死制也,以其旦暮从事于农。夫民之不可用也,见言谈游士事君之可以尊身也,商贾之可以富家也,技艺之足以糊口也。民见此三

者之便且利也，则必避农。避农则民轻其居。轻其居，则必不为上守战也。（《农战》）

　　无论在和平年代还是战争时期，农业的重要性都毋庸置疑。"民泽毕农则国富"（《靳令》），国家大力提倡农业，民众倾力从事农耕，收获的粮食多，不仅可以解决温饱问题，还可以发展经济，使国家富裕、兴盛。但与和平年代不同的是，在商鞅所处的战国，"国待农战而安，主待农战而尊"（《农战》），农业不仅是衣食之源，还维系着国家的安全和君主的尊荣。"国不农，则与诸侯争权，不能自持也，则众力不足也。故诸侯挠其弱，乘其衰，土地侵削而不振，则无及已"，国家不重视农业，没有足够强大的民力和国力，其他诸侯国就会乘机前来侵扰、进犯。当土地被侵占，国家被削弱，在诸侯争霸的战争中何以自保？到那时，国家一蹶不振而日益衰落，一切都来不及挽回了。《农战》篇还用螟、螣、蚼蠋等害虫做比喻：这些小虫子虽然春生秋死，但它们出现一次，就会使人们好多年吃不上饭，这是因为土地歉收而人们对粮食的需要并没有减少，从而造成了供需的矛盾。如果农民少而不从事生产的游食者众多，一人耕种去供应百人的衣食，其危害性比那些害虫还要大得多。螟、螣、蚼蠋造成的自然灾害并非年年都有，但社会一旦形成"农者寡而游食者众"的风气，就会成为一种常态和积习，甚至还有愈演愈烈的可能。这样的国家收入少、支出多，必然导致贫弱，在群雄逐鹿的激烈竞争中，不要说图谋霸权，就连保存自己都很困难。还有什么比亡国更危险的呢？因此，《商君书》在开篇记录了商鞅如何与保守派进行论辩，最终坚定了秦孝公变法的决心之后，第二篇文章《垦令》便是强制民众开垦荒地的法令，并将重农的精神贯穿全书。从头到尾，《商君书》都不遗余力地反复论述重视农业生产的迫切和急需，"善为国者，仓廪虽满，不偷于农"（《农战》），即使全国的粮仓都已装满，依然不能对农耕有丝毫懈怠。

　　在《商君书》中，农业与战争总是紧密相连，作者甚至将二者连缀成词，曰"农战"。《算地》篇说："垦田足以食其民，都邑遂路足以处其民；山林薮泽谿谷足以供其利，薮泽堤防足以畜，故兵出粮给而财有余，兵休民作而畜长足。此所谓任地待役之律也。"国家令民众全力耕作、竭尽地利的目的不是为了别的，就是为出征杀敌做准备的"任地待役"。战争需要消耗巨大的财力和物力，"兵休民作""兵出粮给"，国内民众努力垦荒、种地，积累下充足的财富，才能供应战时之需；与此同时，农业还为战争提供了人力支持，即优质的兵源。如前段引文所言，圣人治理国家的要领是"令民归心于农"。从早到晚劳作在各自的田间地头，一心一意从事耕种的农民质朴、贫穷、胆怯。质朴也指没有智识，不知道自己的劳动价值，因而不吝惜力气，甚至可以不惜生命；贫穷易于利诱；胆怯则害怕刑罚、听从召唤，因此，分散的、贫穷的、胆小怕事而又愚昧无知的农民最容易役使，最好管理，正适合造就为"亲上死制"，死心塌地、不怕牺牲的战士①，此即"归心于农，则民朴而可正也，纷纷则易使也，信可以守战也"。

在武力决定命运的战乱年代，强者生存、弱者灭亡，战争使人类社会如同自然丛林，一切遵循"弱肉强食，优胜劣汰"的丛林法则。这是十分残酷的，也是极其现实的。倾举国之力从事农耕，以农养战，从而缔造一支天下无敌的强大军队，才能在社会的丛林中胜出，不被他人践踏和凌辱。《商君书》竭力倡导的重农重战，无疑是其时代最切实可行的国策。

二 抑制商业

《农战》篇在论述农民纷纷然易使，可以为国家守城作战之后，紧接着说到与农民相反的另外一批人——游士、商贾和手工业者："夫民之不可用也，见言谈游士事君之可以尊身也，商贾之可以富家也，技艺之足以糊口也。民见此三者之便且利也，则必避农。避农则民轻其居。轻其居，则必不为上守战也。"游士动动口逢迎君主便获得尊荣，商人做买卖发家致富，就是手艺人也可以凭一技之长养家糊口。《史记·货

---

① 刘泽华：《论〈商君书〉的耕战与法治思想》，《山东师范大学学报》1983 年第 4 期。

殖列传》说，"用贫求富，农不如工，工不如商"，和务农相比，工商业者的生活既轻松自由，又有利可图。人们看到这种情况，当然就不会甘心守着尺寸土地、安心务农，而是向往着外面的世界。这正是君主的忧患所在："凡治国者，患民之散而不可抟也。"（《农战》）但凡治理国家的人，都害怕民心涣散，不能聚集民力为国所用。

如《老子》所言，"天下皆知美之为美，斯恶已；皆知善之为善，斯不善已"，现实世界的任何事物都有自己的对立面。要想树立起正面的东西，就要对其相反的那一面进行打击，通过压倒对方来发展、壮大自己。《商君书》认为，商业和商人对农战的冲击和破坏力是十分严重的，因此，国家重农重战的同时，必须抑制商业和手工业的发展。

> 金生而粟死，粟死而金生。本物贱，事者众，买者少，农困而奸劝，其兵弱，国必削至亡。金一两生于竟内，粟十二石死于竟外。粟十二石生于竟内，金一两死于竟外。国好生金于竟内，则金粟两死，仓府两虚，国弱。国好生粟于竟内，则金粟两生，仓府两实，国强。（《去强》）
>
> 农少商多，贵人贫商贫农贫，三官贫必削。（《去强》）
>
> 治国能抟民力壹民务者强，能事本而禁末则富。（《壹言》）
>
> 使商无得籴，农无得粜。农无得粜，则窳惰之农勉疾。商不得籴，则多岁不加乐。多岁不加乐，则饥岁无裕利。无裕利则商怯，商怯则欲农。窳惰之农勉疾，商欲农，则草必垦矣。（《垦令》）

《商君书》将农业称为"本业"，把手工业、商业叫做"末业"。在满足生存需求的历史阶段，生活物资的生产部门占据着绝对优势，农业在国民经济中处于决定性地位，商业确实位于末端。传统观念认为，商人并不从事生产，商业活动并不创造价值，只是起到促进流通的调剂作用，但商品经济的发展在给私人带来丰裕利润的同时，却转移了农业劳动力，侵蚀和威胁着农业生产。对于这一点，《商君书》有着明确的认识。"本物贱，事者众，买者少，农困而奸劝"，粮食的价格低，生产粮食的人多而收买粮食的人少，农民生活贫困就会弃农经商。国家推崇商业，农民纷纷投身商业而无人耕田，本国农业衰落，消费者多而生产者少，只能花钱从别国进口粮食，此为"金生而粟死"，赚到了金钱就失去了粮食。长此以往，在粮食短缺的状况下，不断花钱购买这些生活必需品，则"金粟两死，仓府两虚"，金钱和粮食都失去了，粮库与金库都空虚了。此外，与重土难迁、易于役使的农民不同，商人为追逐利益四处游走，见多识广、四海为家，不仅难以统治，而且更难于让他们为国效死，奋勇杀敌。国家府库空虚，民心涣散，既无钱粮，又无拼死作战的将士，强国、大国会变得贫困、弱小；弱国、小国会变得更加贫弱，直至消亡。

反过来讲，"国好生粟于竟内，则金粟两生，仓府两实，国强"。如果国家重视农业，百姓都从事农耕，生产的粮食多，在满足本国需要的同时还可以出口赚取钱财，是为"金粟两生，仓府两实"，金钱和粮食都获得了，粮库与金库都充实了。在这种情况下，一方面，民力被集聚于耕作，大力从事生产，国家的财力雄厚；另一方面，民众放下农具，冲上战场就是拼死效命的战士，国家的军队也很强大。按照这样的路子发展下去，即使原本弱小的国家，也必然走向富强。

所以，"治国能抟民力壹民务者强，能事本而禁末则富"，强国之道在于事本禁末，一手抓紧农业生产，一手遏制工商业的发展。《商君书》所主张的对工商业的遏制，是直接以国家机器强大的行政手段进行的，如强令"商不得籴，则多岁不加乐。多岁不加乐，则饥岁无裕利。无裕利则商怯，商怯则欲农，则草必垦矣"。商人不得贩卖粮食，遇到丰收的年份，不能获得更多的收入，而荒年也无法借机牟取暴利。政治的高压迫使商人无利可图并因此而胆怯、害怕，不得不放弃经商、从事垦荒，商人也就变成了农民，成为国家最需要的那种人。在商业和农业的矛盾对立中，压制商业不仅为农战的发展扫清了障碍，还为农业和战争增加了力量，重农与抑商其实是二位一体的。

三　刑赏驱民

"入使民尽力，则草不荒；出使民致死，则胜敌。胜敌而草不荒，富强之功可坐而致也。"（《算地》）国君对内使民众尽力耕作，则国无荒田；对外令百姓拼命作战，则克敌制胜。但是，在现实政治中，这一富强的局面却也并非像作者所说的那么容易就可以达到：安坐于榻上便唾手可得。问题的核心在于，民众愿意这样干吗？

轻松安逸且有利可图的事情谁都愿意做，但很显然，无论是"农"还是"战"，都不属于这一类美差。《商君书》对此有着深刻的认知，《慎法》篇说："使民之所苦者无耕，危者无战。"世上最劳苦的事情莫过于耕田，最危险的事情无非是战争，"二者，孝子难以为其亲，忠臣难以为其君"，就算是孝子、忠臣，都难以为他们的父亲和君主去做这两件事。忠臣孝子都不想去耕田、打仗，普通民众当然更不愿意为国君卖这样的命。对于这个棘手的问题，《商君书》的作者们胸有成竹，自有其解决的办法。《慎法》篇接着前面的话继续说道："今欲驱其众民，与之孝子忠臣之所难，臣以为非劫以刑而驱以赏莫可。"要想驱使民众甘愿做最困难、最危险的农战，办法只有一个，就是施以刑赏。

> 圣君知物之要，故其治民有至要，故执赏罚以壹辅。（《靳令》）
> 民之外事莫难于战，故轻法不可以使之。奚谓轻法？其赏少而威薄，淫道不塞之谓也。奚谓淫道？为辩知者贵，游宦者任，文学私名显之谓也。三者不塞，则民不战而事失矣。故其赏少则听者无利也，威薄则犯者无害也。故开淫道而以轻法战之，是谓设鼠而饵以狸也，亦不几乎！故欲战其民者必以重法，赏则必多，威则必严，淫道必塞，为辩知者不贵，游宦者不任，文学私名不显。赏多威严，民见战赏之多则忘死，见不战之辱则苦生。赏使之忘死而威使之苦生，而淫道又塞，以此遇敌，是以百石之弩射飘叶也，何不陷之有哉？（《外内》）
> 民勇，则赏之以其所欲；民怯，则杀之以其所恶。故怯民使之

以刑则勇，勇民使之以赏则死，怯民勇，勇民死，国无敌者，必王。（《说民》）

圣人明君总是知道事物的要害所在，对于治理民众的"至要"，即令民众专心从事农战的关键，就是手执赏罚，实施刑赏。

刑是刑罚，赏是赏赐。"劫以刑而驱以赏"的意思十分明白，就是用刑罚，并且是用重刑逼迫民众，用赏赐驱使民众，将其驱赶到国家既定的战略轨道上来。在刑的方面，《慎法》篇说道："先王能令其民蹈白刃，被矢石，其民之欲为之，非如学之，所以避害。"古代的帝王能够让他的人民迎着白刃和箭雨向前，不是因为人们喜好这样，而是为了免于受到刑罚。这句话暗藏的思维路线是：农战虽然是苦事、难事，但如果不从事农战就要受到刑罚，而且其刑罚比从事农战更为痛苦、恐怖，那么，两害相权取其轻，人们便倾向于选择痛苦较轻一些的农战了。此时再施以赏，对从事农战者给予爵位、利禄的赏赐，那人们简直就会奋不顾身地作战杀敌，这也就是《农战》篇所说的"凡人主之所以劝民者，官爵也"。

无论是"劝民"之勉励，还是"劫民"之逼迫，都是驱赶民众为国家所用。要想达到这一目的，还必须刑重而赏厚。如果刑不重，违反法令的成本很低，"威薄则犯者无害也"，根本不足以对其构成伤害，那么，农战依然是最苦的事，谁还愿意去从事；如果赏不厚，听从法令从事农战的人得不到像样的好处，而游学之士可以轻松地求得官位和任用，那么，人们便会转而追求那些能够轻松获利的事情。和农战相比，游学、经商和手工业劳动都是"显荣佚乐"之事。"羞辱劳苦者，民之所恶也。显荣佚乐者，民之所务也。故其国刑不可恶，而爵禄不足务也，此亡国之兆也"（《算地》），如果刑罚达不到令人惧怕的程度，赏赐达不到令人渴望的地步，便不足以抗衡人类好逸恶劳的天性，使民众趋利避害地从事农战。农战政策不能全面实施，那是要亡国的。因此，"民勇，则赏之以其所欲；民怯，则杀之以其所恶"，民众勇敢杀敌，就用他们向往的东西进行赏赐；民众胆小懦弱，就用他们憎恶的东西惩罚他们。"赏使之忘死而威使之苦生",奖赏丰厚得足以使人舍生忘死,刑罚严酷到足以令人痛不欲生,那么,在刑赏的驱动下,民众的力量被全部调动起来,怯懦者变得勇敢,勇敢者则更加拼命地为国出力。"知愚、贵贱、勇怯、贤不肖皆尽其胸臆之知,竭其股肱之力,出死而为上用也。天下豪杰贤良从之如流水,是故兵无敌而令行于天下"(《赏刑》),那些聪明的或愚昧的人、富贵的或贫贱的人、勇敢的或胆怯的人以及贤德者和宵小之辈都付出自己全部的智慧和力量,拼死效命于君主,努力耕战。用这样的军队迎击敌人,如同拿百石的强弩去射轻飘的树叶,不费吹灰之力,便可攻无不克、战无不胜,国家也就可以独步天下,所向披靡了。

四 缘法治国

国家的任何一项措施,无论决策自身多么强大,如果没有相关的配套制度做保证,令其能够不走样地顺利实施下去,那么,便很难达到预期的效果。对于以刑赏驱使民众从事耕战的这一提案来说,如何保证刑赏的公正无私,让受罚者、受赏者以及围观群众都没有疑议、心服口服,是一个至关重要的问题。

> 夫民之从事死制也,以上之设荣名、置赏罚之明也。(《壹言》)
>
> 凡赏者,文也;刑者,武也;文武者,法之约也。故明主任法。(《修权》)
>
> 世之为治者多释法而任私议,此国之所以乱也。先王县权衡立尺寸而至今法之,其分明也。夫释权衡而断轻重,废尺寸而意长短,虽察,商贾不用,为其不必也。夫倍法度而任私议,皆不类者也。不以法论知、能、贤、不肖者惟尧,而世不尽为尧。是故先王知自议私誉之不可任也,故立法明分,中程者赏之,毁公者诛之。赏诛之法不失其议,故民不争。授官予爵不以其劳,则忠臣不进;行赏赋禄不称其功,则战士不用。(《修权》)
>
> 今当世之用事者,皆欲为上圣,举法之谓也。背法而治,此任

重道远而无马牛，济大川而无舡楫也。今夫人众兵强，此帝王之大资也；苟非明法以守之也，与危亡为邻。故明主察法，境内之民无辟淫之心，游处之壬（士）迫于战阵，万民疾于耕战。（《弱民》）

秉权而立，垂法而法治，以得奸于上而官无不，赏罚断而器用有度。若此，则国制明而民力竭，上爵尊而伦徒举。（《壹言》）

民众之所以"从事死制"，拼了命为国家出力，一来是因为君主拿出了实实在在的利禄和荣耀的名誉做奖赏，设置了重刑做惩罚，有利益和刑罚的双重驱动力；二来还是因为这些奖惩的制度十分明确，凡事都以客观的标准作为判断依据，奖得公、罚得明，而不是出于执政者的私意。这个客观的判断标准就是法度，这项明确的制度就是缘法治国。

法律作为一种准则和尺度，由国家强制力做后盾，用于规范人们的个体行为和保障整个社会秩序的有序运行。"先王县权衡立尺寸而至今法之，其分明也"，自从古代的帝王创立了权衡和尺寸，因为其度量标准的明确，所以，一直沿用至今。如果抛开秤和尺子：不用权衡，以臆测去判断轻重；不用尺寸，以肉眼去观测长短，即使是估计得很准的人，也不会有秤和尺子的度量结果精确，所以，商人是不会用这种"释权衡而断轻重，废尺寸而意长短"的方法做生意的。治理国家也是一样。虽然，法度是由人制订的，也要由人来执行，但是，有法可依、有法必依才是消除私人意志、取信于民的法宝。如果执政者"释法而任私议"，不用法度而任凭私人的意志盛行，朝廷不按功劳授予官爵，不按战功给予赏禄，那么，人们就热衷于托门路投靠私门大户、宠臣权贵，无论战士还是忠臣，都不会尽力为朝廷办事，为国家卖力作战。舍弃法度治理国家，就好比"任重道远而无马牛，济大川而无舡楫"，没有有效的途径，根本无法达成驱民于农战的目的。一旦形成这样的局面，即使对于那些人口众多、兵强马壮的国家，也会趋近于危亡，《弱民》篇所说的楚国即是一例。楚国"地非不大也，民非不众也，甲兵财用非不多也，战不胜，守不固，此无法之所生也"。地大物博的楚国，其人民手持利刃，身披铠甲，作战骁勇，迅如疾风，就是因为舍弃法度，终将大好河山付之东流。与此相反，"立法明分，中程者赏之，毁公者诛之。赏诛之法不失其议，故民不争"。设立法度并严格依法行事，符合规定的就奖赏，损害国家利益的就惩罚，奖赏和惩罚既不错误地施加于和自己关系疏远的人，也不回避那些和自己关系亲近的人，民众对此没有争议，争相从事农战以立功受赏，于是，"境内之民无辟淫之心，游处之壬（士）迫于战阵，万民疾于耕战"。所以，《去强》篇曰："以治法者强，以治政者削。"

法治是治理国家的头等大事，以法度治国，国家就强大；以政教治国，国家就削弱，这是以法家著称的商鞅学派的基本观点。在《商君书》中，对法度的起源、功能和缘法治国的重要性与必要性，都有详细的阐述：

> 古者未有君臣上下之时，民乱而不治。是以圣人列贵贱，制爵位，立名号，以别君臣上下之义。地广民众万物多，故分五官而守之。民众而奸邪生，故立法制为度量以禁之。（《君臣》）

> 凡人主德行非出人也，知非出人也，勇力非过人也；然民虽有圣知，弗敢我谋；勇力，弗敢我杀；虽众，不敢胜其主；虽民至亿万之数，县重赏而民不敢争，行罚而民不敢怨者，法也。国乱者，民多私义；兵弱者，民多私勇。则削国之所以取爵禄者多涂；亡国之欲，贱爵轻禄，不作而食，不战而荣，无爵而尊，无禄而富，无官而长。此之谓奸民。所谓治主，无忠臣；慈父，无孝子；欲无善言，皆以法相司也，命相正也，不能独为非，而莫与人为非。（《画策》）

> 明主忠臣产于今世而散领其国者，不可以须臾忘于法。破胜党任，节去言谈，任法而治矣。使吏非法无以守，则虽巧不得为奸。使民非战无以効其能，则虽险不得为诈。夫以法相治，以数相举者不能相益，訾言者不能相损；民见相誉无益，相管附恶。见訾言无损，习相憎不相害也。夫爱人者不阿，憎人者不害，爱恶各以其正，治之至也。臣故曰：法任而国治矣。（《慎法》）

古代没有君臣上下的等级制度时，"民乱而不治"，所以，法度被制定出来，用来限制奸人坏事的产生。法度之所以具有制止奸邪的功能，是因为它确定了事物的名分，因此，人们便不再进行无序的争夺。"一兔走，百人逐之，非以兔为可分为百，由名分之未定也。夫卖者满市而盗不敢取，由名分已定也。"（《定分》）一兔走而百人追，并不是因为追到兔子的人都能各自分到兔子的百分之一，而是因为这只兔子没名分，即兔子的所有权没有确定下来，谁抢到就可以归谁所有。市场上到处都是卖兔子的，但没有一个人敢上去夺取，就是因为有法度规定了兔子的所属，并保护其所有者的权利，即使贪婪的盗贼也不敢抢夺。

当然，也有人不需要法令的规范便行事正确，不过，这样高尚的人凤毛麟角，或许在一千万人中能有一个，"夫不待法令绳墨而无不正者，千万之一也"（《定分》）。但是，治理天下所面对的是千千万万的普通民众，不能寄希望于人们都具备高度的道德自律，只有依靠法度才能使政治清明：按照法度的成规任用官吏，私人的赞扬或诽谤不起作用，人们就不再结党营私；官吏除了法度没有可以依仗的东西，即使其人奸巧，也不能胡作非为；民众除了作战无处施展能力，即使人心险恶，也不能为非作歹。因此，忠臣明主治理国家，一刻也不能忘记缘法而治。

绝大多数民众不是道德完美的圣人，同样，绝大多数君主也并非卓尔不凡的圣君。上古传说中有垂拱而治的先王，但《错法》篇明确指出："夫离朱见秋豪百步之外，而不能以明目易人；乌获举千钧之重，不能以多力易人。夫圣人之存体性，不可以易人，然而功可得者，法之谓也。"离朱能在百步之外看见鸟兽秋天新长出的细毛，却并不能把好视力交换给别人；大力士乌获能举千钧之重，但也不能将自己的千钧之力交换给别人。同理，圣人也不能把自己杰出的才能给予他人。普通的君主"德行非出人也，知非出人也，勇力非过人"，德行、智识和勇力都不出乎常人之上，并没有圣人的体性。正是因为有了法度，制止了人们斗勇谋私、不劳而获，那些勇武、智慧的人才不敢犯上作乱，并且服从政令、甘愿为国出力。所以，"以法相司也，命相正也，不能独为非，而莫与人为非"，缘法治国，使人们相互监督、相互纠正，不能单独做坏事，也不能伙同他人做坏事，国君即使没有圣人的才能，也能成就伟大的功业，达到圣人般治国的至高境界。法度无论是对于民众，还是对于君主自身，都是至关重要的。

重农重战、抑制商业、刑赏驱民、缘法治国是《商君书》提出的治国之道，这四个方面并非相互孤立，而是环环相扣，形成了一个有机的整体，即以法治为保障，以刑赏为手段，在抑制商业的同时，达到农战的战略目的。与此同时，这套以农养战、以战强国，全民皆兵、图谋霸权的国家战略体系也并非只停留在理论层面，而是有一系列详细的政策、法令，落实在国家政治、经济、军事、文化等领域。

1. 政治方面

《商君书》国家战略体系的实施办法。在政治方面，首先是打破西周以来的世卿世禄制，实行军功爵制，粟爵粟任、武爵武任，建立新的官僚体系。

西周以来的世卿世禄制，是在"亲亲尊尊"的宗法原则下，以血缘关系作为封官授爵的依据和标准，任命贵族担任中央与地方的各级官吏，其官爵食禄世代相传，享有神圣不可侵犯的权利。简言之，就是由血统决定个人的社会地位和政治权利。人们的荣耀和富贵自从他们一出生，就已经被规定好了，和自身的才能、对国家的贡献无关，如此，谁还会努力为国效命？战国时期，各国都对西周以来这项日益僵化的任官制度进行了改革。在变法运动的推动下，魏、楚、燕、赵等国都先后废除了宗法制度亲亲旧故的世袭特权，实行以功劳任官食禄的政策。其中，商鞅对秦国贵族政治的改革，较之山东六国更为彻底，《史记·商君列传》对此的说明是："宗室非有军功论，不得为属籍。明尊卑爵秩等级，各以差次名田宅，臣妾衣服以家次。有功者显荣，无功者虽富无所芬华。"宗室贵族中没有军功记录者，不得载入宗族名册。不同等级的爵位，只能享受国家规定的、相应的土地田宅等待遇。有战功者显赫荣光，没有战功者，尽管富有也无处炫耀。这种按功行赏任用官吏的军功爵制，在《商君书》中也表述得十分清楚。

《商君书》提出"壹赏"概念，"所谓壹赏者，利禄官爵抟出于兵，无有异施也"(《赏刑》)。国家赏赐出于"壹",利禄官爵都源自作战中的表现,除了英勇杀敌,军功显赫之外"无有异施",没有任何渠道可以获得利禄官爵的赏赐。当然,国家并不是每日每时都处于战事之中,在非战争状态下,也要贯彻"壹赏"的原则,那就是把赏赐的理由从军功的"武任"转为农耕的"粟任",即纳粟拜爵,将利禄官爵出于"兵"换做利禄官爵出于"粟"。《去强》篇说:"兴兵而伐,则武爵武任,必胜;按兵而农,粟爵粟任,则国富。兵起而胜敌,按兵而国富者王。"《靳令》篇说:"民有余粮,使民以粟出官爵。官爵必以其力。"战时利禄官爵出于"兵"是谓"武爵武任","按兵而农"的和平时期则"粟爵粟任","使民以粟出官爵"。二者是"壹赏"原则的具体表现,其目的都在于调动民力。战时利禄官爵出于兵,调动的是兵之勇力,勇力出则战必胜;利禄官爵出于粟,调动的是民之劳力,劳力勤"则农不怠",财富足。贯彻"壹赏"原则的爵禄制度,不仅体现了官吏任用选拔的公平原则,而且也是《商君书》设计的造就国家富强的根本途径。

"壹赏"的效果如此,于是《商君书》就不厌其烦地告诫国君,要务必贯彻论功行赏的原则:

> 明主之使其臣也,用必加于功,赏必尽其劳。(《弱民》)
> 举荣任功曰强。(《去强》)
> 效功而取官爵,虽有辩言,不能以相先也;此谓以数治。(《靳令》)
> 君子操权一正以立术,立官贵爵以称之,论荣举功以任之,则是上下之称平。上下之称平,则臣得尽其力,而主得专其柄。(《算地》)

"用必加于功,赏必尽其劳"是个根本的原则,只有贯彻这个原则"举荣任功",才能造就强盛的国力。与此同时,"效功而取官爵"也是授赐利禄官爵的一个客观公平的原则,坚持这一原则可以避免任人取官中的许多矛盾，使一些人"虽有辩言，不能以相先也"，找不到越次晋级的理由。因为军功的大小是客观的、明显的，企图无功而受禄的人就无隙可乘。国君只要牢牢把握住这个"立官贵爵""论荣举功"的原则，以此为治，就可以造就政通人和的政治局面，上下称平，臣尽其力，而君主独操权柄。

《商君书》主张的军功爵制，粟爵粟任、武爵武任，不仅是对西周以来世卿世禄制度的根本改造，而且还是国家强盛的根本途径。这种以军功拜官任爵而造就的官僚制度，以它对所有人开放的公平性，可以最广泛地调动所有社会阶层的人的力量，最大限度地挖掘人的创造力，将举国民众的力量都凝聚到耕战这个唯一的目标之上，人人以此为奋发进取之动力，国君以此为大权独揽之术，国家以此为昌盛富强之途。秦国自商鞅变法之后百余年间的日益强盛，并最终完成统一中国的霸业，与这一政治制度之变革，有着根本的联系，或者说即拜此所赐。

其次，是依法选官、整顿吏治。关于依法选官，《商君书》曰：

> 任举，奸之鼠也。（《说民》）
> 善为国者，官法明，故不任知虑。（《农战》）
> 四寸之管无当，必不满也。授官予爵出禄不以功，是无当也。（《靳令》）
> 国以功授官予爵，则治省言寡；此谓以治去治，以言去言。国以六虱授官予爵，则治烦言生，此谓以治致治，以言致言。则君务于说言，官乱于治邪。邪臣有得志，有功者日退，此谓失。（《靳令》）

"善为国者，官法明，故不任知虑"，善于治理国家的人，任用官吏的法令十分严明，即只按照功劳授官予爵。如果不依法选用官吏，而是用保举之类的荐官制度，人们便致力于"仁义"之类的空谈去博取好名声、迷惑君主，这就为奸邪提供了藏身之处，所以《商君书》作者愤怒地指斥，"任举，奸之鼠也"。君主被空谈迷惑，官场盛行歪风邪气，奸臣得志，在农战中立功，靠实力晋升的功臣逐渐被排挤出去，这不能不说是治国的重大失误。以竹管为喻，四寸长的小管子若是没有底，也一定装不满，如果不用以功授官的法令任用官吏，那么，国家耗费的赏赐再多，也和装不满的竹管一样，没有穷尽，但政事却依然陷入纷繁的混乱之中。所以，法令一旦确定了，就必须严格执行，"国以功授官予爵"，用"治省言寡"的法治去除"治烦言生"的礼治，用法治的言论去除"仁义"之类的空谈。

在整顿吏治方面，《商君书》提出的主要措施是统一政令，提高行政效率，减少官吏人数，使官民互相监督，制止官吏牟取私利。

《商君书》的作者深通官场之道，知道贪官污吏的存在是历代都有的普遍现象，问题在于，如何有效地治理这种乱象。《农战》篇曰：

> 进则曲主，退则虑私所以实其私，然则下卖权矣。夫曲主虑私，非国利也，而为之者，以其爵禄也；下卖权，非忠臣也，而为之者，以末货也。然则下官之冀迁者皆曰："多货，则上官可得而欲也。"

这里所说，确为官场中的顽疾。一些官员上朝觐见国君极尽曲意奉承之能，以此博取君上的欢心，换得对权力的把持；下朝即卖弄权势，营私舞弊以满足其无厌之贪欲。"曲主"与"虑私"，都是为了一个"贪"字，为了达到一个"多货"的目的。这样的官吏，实在是祸国殃民的奸贼。如何治理贪官的腐败，杜绝这类现象的频繁发生，《商君书》的作者把目光聚焦到政令一统和提高行政效率方面。《垦令》篇曰：

> 百县之治一形，则迁徙者不饰，代者不敢更其制，过而废者不能匿其举。过举不匿，则官无邪人；迁者不饰，代者不更，则官属少而民不劳。官无邪则民不敖，民不敖则业不败，官属少则征不烦。

制止官吏谋私，建设清明吏治的办法，最重要的一点是国家统一政令，"百县之治一形"，各地的官吏不能各自为政，乱立名目，这就可以减少或堵塞官吏营私舞弊的机会和空隙。在官员迁徙、变动的过程中，"迁徙者不饰，代者不敢更其制，过而废者不能匿其举"，使离任的官吏不能文过饰非、粉饰政绩，接任的官吏也不能擅自改制，这样，就算是有私心杂念的人，也不敢玩弄花样。"迁者不饰，代者不更，则官属少而民不劳"，也就不会因为改变制度、增设吏员而增加人民的负担，不会因此给新旧官吏造成贪污腐败的可乘之机。

在提高行政效率方面，《商君书》提出了一个非常严格的要求："无宿治。"就是说，任何官吏都不能有隔夜未处理的公务，一切事宜都要在当天办好。这一方面是提高行政效率的问题，另一方面也是杜绝官员腐败、减少官员腐败机会的问题。因为在《商君书》的作者看来，"无宿治，则邪官不及为私利于民，而百官之情不相稽……邪官不及为私利于民，则农不败"（《垦令》）。及时处理公务，官吏便"不及为私利"，来不及谋私，也就不会给贪官留下更多的贪腐机会。当然，这样的要求主要还是为了使"百官之情不相稽"，各种政务不至于积压或滞留。

为了制止官吏牟取私利，《商君书》还提出了使官民互相监督的思想。《禁使》篇说：

> 吏虽众，同体一也。夫同体一者相不可。且夫利异而害不同者，先王所以为保也。故至治，夫妻交友不能相为弃恶盖非而不害于亲，民人不能相为隐。上与吏也，事合而利异者也。今夫骊、虞以相监，不可，事合而利异（同）者也。□□□□□□□□□□□□□□□□□若使马马能焉（言），则骊、虞无所逃其恶矣，利异也。

《禁使》篇认为，各级官吏虽然官位大小、高低有所不同，但究其实际，"同体一也"，他们的根本利益是一致的；而对于利益一致的群体，让他们之间相互监督是不可能的。但是，民众与官员则是两个相互关联但利益不同的群体，利用民众监督官吏，就可以在官员的行政效率和吏治建设方面发挥良好的作用。它以驭夫与马的关系为喻，生动形象地说明了这个道理："驺、虞以相监，不可，事合而利异（同）者也。"养马、驾车与养鸟的官，虽然他们做的事情不一样，但都是官吏，利益一致，是无法相互监督的。而马与养马人之间就不一样了，如果马能言，可以说话，那些驾驭它们的驭夫就"无所逃其恶矣"，马是会揭发他们的罪恶和不道的，其根源就在于马与驭夫是不同的利益群体。《商君书》的这一观点是很有见地的，发挥民众的监督作用，使官民相互制约，的确可以在很大程度上堵塞官吏谋私的通路。

再次，是将民众什伍编户，实行连坐制度，鼓励告奸。《商君书》中说：

> 重刑而连其罪，则褊急之民不斗，很刚之民不讼，怠惰之民不游，费资之民不作，巧谀恶心之民无变也。（《垦令》）
>
> 用善，则民亲其亲；任奸，则民亲其制。合而复者，善也；别而规者，奸也。章善则过匿，任奸则罪诛。过匿则民胜法，罪诛则法胜民。民胜法，国乱；法胜民，兵强。故曰：以良民治，必乱至削；以奸民治，必治至强。（《说民》）

秦国早在秦献公时期，就实行过"户籍相伍"[①]，商鞅变法时，再次进行什伍编户，实行什伍连坐。什伍、连坐的制度是将民众按照军事组织的结构进行编户，五家为伍，十家为什，什伍中有一人犯法，其余的人如果不告发，就连带一同治罪，也就是《史记·商君列传》所说的"令民为什伍，而相牧司连坐。不告奸者腰斩，告奸者与斩敌首同赏，匿奸者与降敌同罚"。这种制度下，一人犯罪，不仅其父母、兄弟、妻子会受到诛罚，就连他的邻居也要为此被惩治。它令民众人人自危，在战栗中相互监督，具有极强的人身控制效力。实施这一制度的理论基

---

① 《史记·秦始皇本纪》，第289页。

础，《说民》篇说是"合而复者，善也"。儒家学说提倡"父为子隐，子为父隐"相互隐瞒过失的孝道，并以血缘亲情为基础，用仁者爱人的仁道、善政治理社会。但法家却并不这么认为。"章善则过匿，任奸则罪诛"，民众相互友爱，讲究人情、伦理就会包庇他人的过错；人们彼此疏远，相互监督，罪过就不会被掩盖。罪过被掩盖，民众便凌驾于法度之上，国家就陷入混乱。实施重罚和连坐制度，"则褊急之民不斗，很刚之民不讼，怠惰之民不游，费资之民不作，巧谀恶心之民无变也"，暴戾、急躁的人也不敢斗勇逞强，侈靡、怠惰的人也不敢游手好闲，而花言巧语、居心叵测的人也不敢兴风作浪，这就是法度战胜了民众。法度战胜了民众，"法胜民，兵强"，军队和国家就强大。

正像《史记·商君列传》中所说的"告奸者与斩敌首同赏"一样，《商君书》中也明确鼓励告奸。《赏刑》篇曰："守法守职之吏有不行王法者，罪死不赦，刑及三族。周官之人知而讦之上者，自免于罪，无贵贱尸袭其官长之官爵田禄。"同朝为官的官员之间要积极相互揭发，犯罪者有告奸行为的可以赦免其罪；揭发官长罪行的人，无论其身份贵贱、官职高低，都可以在被揭发者伏法之后，继承犯罪官长的爵禄、官位和封地。这种大幅度的激励措施，无疑可以对揭发和告奸行为起到鼓励和奖劝的作用。有了告奸、揭发，什伍编户与连坐制度就可以落到实处了。

最后，《商君书》主张登记人口，建立严格的户籍档案，加强人口管理。《去强》篇说："强国知十三数：竟内仓口之数，壮男壮女之数，老弱之数，官士之数，以言说取食者之数，利民之数，马牛刍藁之数，欲强国，不知国十三数，地虽利，民虽众，国愈弱至削。"要建设一个强势的国家，应该掌握十三个方面的数目：仓库和人口的数目、男女壮年劳动力数目、老弱病残者的数目、官员数目、游说之士的数目、经营商业和手工业者的数目、马牛及其草禾饲料的数目等等。通过建立户籍及各项数目档案，掌握这些具体数字，将举凡人口、土地、自然资源、民众个人财产和国家财务状况等方面的情况都了然于胸，才可能为农战战略制订各项切合实际的具体措施。

十三项数目中，最重要的是人口数目。因为人口户籍信息是国家行政管理所需掌握的基本数据，也是征收赋税的主要依据，所以，关于人口档案的规定就特别具体。从"老弱之数""壮男壮女之数""官士之数，以言说取食者之数，利民之数"看，人口档案应该包括个人的姓名、性别、年龄、职业等内容，也包括家庭的财产状况，即"马牛刍藁之数"。《境内》篇说："四境之内，丈夫女子皆有名于上，生者著，死者削。"《去强》篇说："举民众口数，生者著，死者削。民无逃粟，野无荒草，则国富。"如有人口逃亡、死亡等情况发生，须随时在户籍上添加和删改①。"生者著，死者削"，要求极其严格。

2. 经济制度方面

在经济制度方面，首先是改革赋税制度，调控税收和物价，以奖励耕战、抑制工商。由于《商君书》所确立的国家发展战略中，核心思想是重农重战，抑制工商，所以，在制定经济方面的政策时，非常重视利用税收杠杆来调控农业和工商业的关系，通过加重工商业的税收，引导人们向农业方面转移。《商君书》中说：

> 为国者，边利尽归于兵，市利尽归于农。（《外内》）
>
> 农之用力最苦，而赢利少，不如商贾技巧之人。苟能令商贾技巧之人无繁，则欲国之无富不可得也。故曰：欲农富其国者，境内之食必贵，而不农之征必多，市利之租必重。则民不得无田。无田，不得不易其食。食贵则田者利，田者利则事者众。食贵，籴食不利，而又加重征，则民不得无去其商贾技巧而事地利矣。（《外内》）
>
> 贵酒肉之价，重其租，令十倍其朴。然则商贾少，农不能喜酣奭，大臣不为荒饱。（《垦令》）
>
> 以商之口数使商，令之厮舆徒重者必当名。（《垦令》）
>
> 壹山泽，则恶农、慢惰、倍欲之民无所于食。（《垦令》）

---

① 张金光：《秦制研究》，上海古籍出版社 2004 年版，第 801—804 页。

关于税收调节，其总的指导思想是"边利尽归于兵，市利尽归于农"，把守卫边境得到的利益都给予战士，把从市场上得到的利益都给予农民。这样，就要贯彻打击商贸的原则。具体来讲，其对财税杠杆的运用，一方面是提高粮价、增加农民收入；另一方面是加重对商业的税收和徭役，增加商人的经营成本，迫使其放弃经商。"欲农富其国者，境内之食必贵"，如果粮食的价格低，农民即便辛苦耕作却依然会生活贫困，因此，国家必须提高粮食价格，让农民种田获得高额的利润，以实际的利益鼓励民众积极从事农业生产。在抑制商业方面，"重关市之赋"，加重收取集市中的商品税，"贵酒肉之价，重其租，令十倍其朴"，使酒肉之税的税额重达其成本的十倍；同时，增加商人的徭役，"以商之口数使商，令之厮舆徒重者必当名"，按照商人之家的人口数目摊派徭役，其家中的奴仆也必须按官府登记的名册服役。即使对于贵族和卿大夫之家，除嫡长子之外，其他弟子也要按照相关法令服徭役，并提高他们免除徭役的条件。此外，《垦令》篇还明确提出"壹山泽"，由国家管理山林湖泊等自然资源，山泽之利统一收归国有。这样一来，"壹山泽"使商人无法涉足利润丰厚的资源类经营，提高税收和加重徭役又大大增加了经商的成本和负担，挤压了商人的获利空间，其经营活动便难以为计，不得不另谋出路。对商业的抑制不仅打击了商业经营活动，通过迫使工商业者向农业的转移，这一政策本身其实也是对农耕生产的支援。

就农业本身而言，《商君书》提出了"訾粟而税，则上壹而民平"（《垦令》）的主张。春秋战国时期，在各诸侯国中，齐国和鲁国率先进行了赋税制度改革。齐国"相地而衰征"，根据土地的多少和好坏来征收赋税；鲁国推行"初税亩"，赋税按照土地的实有数目征收，这两国的改革，都将土地作为课税的基础。《商君书》提出"訾粟而税"，即国家根据粮食的产量征税，与前两者相比，这一政策显然更为公平合理：古代的农业生产很大程度上靠天吃饭，丰年、灾年和一般年景的粮食产量大有不同，如果只以土地面积为税收基数，那么，年景不好时，国家一样收税，灾荒年的风险全部由耕种土地的农民承担；而按照粮食产量征税的政策，国家丰年收得多、灾年收得少，政府的总体赋税收入不会缩水太多，但农民遭遇自然灾害时交税少，自身承担的风险却降低了，所以说，"訾粟而税，则上壹而民平"。这项令百姓感到公平的政策，无疑会在很大程度上保护农民种田的积极性。

其次，招徕民众垦荒，以竭尽地力。《商君书》曰：

> 夫秦之所患者，兴兵而伐则国家贫，安居而农则敌得休息。此王所不能两成也。（《徕民》）
>
> 有地狭而民众者，民胜其地；地广而民少者，地胜其民。民胜其地，务开；地胜其民者，事徕。开则行倍。民过地则国功寡而兵力少，地过民则山泽财物不为用。（《算地》）
>
> 今王发明惠，诸侯之士来归义者，今使复之，三世无知军事，秦四竟之内陵阪丘隰不起十年征者，于律也足以造作夫百万。（《徕民》）
>
> 以故秦事敌，而使新民事本，兵虽百宿于外，竟内不失须臾之时，此富强两成之效也。（《徕民》）

在《徕民》篇，作者分析了秦国当时的人口和土地状况："今秦之地，方千里者五，而谷土不能处二，田数不满百万，其薮泽、溪谷、名山、大川之材物货宝又不尽为用，此人不称土也。"秦国土地的利用率非常低，主要原因在于人口不足。由于人口的不足，不仅造成大量的土地落荒，更使秦国在农垦和战争两方面显得捉襟见肘、顾此失彼："兴兵而伐则国家贫，安居而农则敌得休息"，将人力投入战争，则后方空虚，无力从事耕种，反之亦然。

"夫地大而不垦者，与无地同；民众而不用者，与无民同。故为国之数，务在垦草"（《算地》），有土地不去开垦，放弃自然资源不去开采、利用，是国君的失误。与秦国的地大人稀相比，其相邻的韩、赵、魏三国却人口拥挤、地少人多。因此，"地胜其民者，事徕"，对于土地面积大于人口数量的秦国，就要招徕韩、赵、魏三国的民众到本国来垦荒。招徕外民的方法是制订优惠政策："今使复之，三世无知军事，秦四竟之内陵阪丘隰不起十年征。"凡是前来归附的各诸侯国之民，免除他们三代的赋税和徭役，也不用参战；对于坡地、丘陵，十年不收取赋税。赐予外民想要得到的田宅、土地，又不让他们从事不愿干的事情（即征战），这样就可以有效地招徕三晋之民。"以故秦事敌，而使新民事本"，让招徕的外民在国内垦荒耕种，秦国固有的民众对敌作战，不仅壮大了自己，还夺取了别国的劳动力；不仅保证了农业生产，还充实了军队，实在是一举两得、两全其美之策。

"凡世主之患，用兵者不量力，治草莱者不度地"（《算地》），有了充足的劳动力，垦荒之前，还要丈量、计算好土地的面积，将人力和土地进行合理的配置。分配耕地时要使耕田的人数小于土地所能供给的人数，此即"分田数小"。耕田的人数少是秉承李悝的尽地力之教，将有限的农业劳动力分配到尽可能多的土地上，以便充分开发、利用土地资源，竭尽地力。

最后，为了达到重农固本的目的，《商君书》主张限制人口流动，限制消费和佣工。书中说：

> 废逆旅则奸伪、躁心、私交、疑农之民不行，逆旅之民无所于食，则必农，农则草必垦矣。（《垦令》）
>
> 使民无得擅徙，则诛愚乱农之民无所于食而必农；愚心躁欲之民壹意，则农民必静。农静，诛愚，则草必垦矣。（《垦令》）
>
> 无得取庸，则大夫家长不建缮，爱子不惰食，惰民不窳而庸。（《垦令》）

"废逆旅"的意思是取缔旅店。战国时期，随着城市的兴起和交通的发达，迎来送往的旅店在各诸侯国的市镇并不少见。从《史记·商君列传》商鞅逃至关下，想要住店，因没有证件而被拒之门外的记载看，《商君书》所谓的取缔旅馆并不现实，也并未完全实现，应该只是对旅馆业的经营活动进行了严格的限制。旅店的经营被限制，心性灵活、不安分守己的"躁心、私交、疑农之民"出行不便，就不能四处周游，而只能固守在土地上。"无得取庸"的意思是不准许雇用佣工。明令高门大户不准雇用佣工，关闭劳动力市场，那些做雇工的民众便无法再以此谋食，只能安心于农业生产了。

"废逆旅"和"无得取庸"的规定，都是为了限制人口流动，从而避免农业人口的流失："使民无得擅徙，则诛愚乱农之民无所于食而必农"，民众长期被固定在土地上，面朝黄土背朝天的安心于春种秋收，就变得安静而愚昧。而商旅、游学之人无法外出从事商业和交游活动，旅馆生意不好也难以维持经营，这些人便只能转而务农，则更是利用经济政策的导向，增加了国家农业方面的力量。

3. 法治方面

在法治方面，《商君书》首先强调依法治国的严格性。国君的所作所为，必须以法律为准绳。书中说：

> 故明主慎法制，言不中法者不听也，行不中法者不高也，事不中法者不为也。言中法，则辩之；行中法，则高之；事中法，则为之。（《君臣》）
>
> 法之不明者，君长乱也。（《壹言》）
>
> 一曰辅法而法行，二曰举必得而法立。（《立本》）

国君必须慎重地对待法律，一切以法为准。言语不符合法律的不听，行为不符合法律的不予赞赏，事情不符合法律的不去做。"法之不明者，君长乱也"，法度不明，或者不严格地执行法律，就会滋生、助长混乱的现象。法度明，则国治而君安，因此，国君要把握的最重要的事情，就是"辅法而法行"，一切依法行事而使法令得以推行；要"举必得而法立"，使人们的行为符合法度，以使法令得以确立。

在此基础上，《商君书》特别强调刑无等级，不赦不宥，严格执法。关于刑无等级，它说：

所谓壹刑者，刑无等级，自卿相、将军以至大夫、庶人，有不从王令，犯国禁，乱上制者，罪死不赦。有功于前，有败于后，不为损刑；有善于前，有过于后，不为亏法。忠臣孝子有过，必以其数断。（《赏刑》）

在《商君书》的作者看来，要建立完善的法制，这个"壹刑"非常重要，具有根本性的意义。所谓壹刑，就是刑无等级，从大臣到庶民，从卿相、将军以至大夫、庶人，"有不从王令，犯国禁，乱上制者，罪死不赦"，无论等级，统一实施刑罚，不赦不宥。"有功于前，有败于后，不为损刑"，过去立过战功、后来打了败仗的，不因其以前的功劳减轻对他的刑罚；"有善于前，有过于后，不为亏法"，以前做过善事而后来犯了大错的，也不因为其做过善事而减轻处罚；即使忠臣孝子犯了罪，也必须按其情节轻重定罪。这是一个关于执法的彻底性和严格性的要求：人不分贵贱，官不分高低，都必须遵守国家法律；无论那些为人称道的忠臣孝子此前有过多大的功勋善行，一切身份、地位都不能成为破坏法律或逃脱法律制裁的根据。只有做到了这一点，法律才能得到有效的、彻底的贯彻和执行。

在此需要特别指出的一点是，《商君书》所强调的法的公正性、法的彻底性，在法律面前人人平等，是不包括国君在内的。国君是一个高于法律的特殊存在，商鞅学派对刑无等级的规定，在剥夺了贵族阶层政治特权的同时，维护和加强了君主的权力和权威。国君是法的制定者，握有最高执法权，所以，能否严格执法的关键也在于国君，在于国君不以私害法，不随意、滥施赦宥豁免的权力。《修权》篇说："惟明主爱权重信而不以私害法。故多惠言而克其赏，则下不用。数如严令而不致其刑，则民傲死。"国君掌握着执行法律的最高权柄，除他之外，任何人都没有以私害法的权力。与此同时，如果国君以私害法，其他人也没有制衡的力量。国君以私害法"数如（加）严令而不致其刑"，多次强调法令而不施行，就会使法律失去尊严，最后导致"民傲死"，即老百姓不再惧怕犯罪的局面，其后果是极其严重的。因此，《商君书》竭力要求国君不能轻易地滥施恩典、豁免罪行："圣人不宥过，不赦刑，故奸无起。"（《赏刑》）只有不赦不宥，严格执法，才能最大限度地杜绝那些作奸犯科的行为。

其次，《商君书》的作者主张先刑而后赏，重刑而少赏，重刑轻赏与重刑厚赏并行。他们认为："凡赏者，文也；刑者，武也；文武者，法之约也。"（《修权》）赏刑文武之道，是法的要领，国君应该掌握赏刑这两个法宝，恩威并施，驾驭臣民。但在如何实施赏刑的问题上，《商君书》的作者又认为，赏与刑二者应该是有所侧重的，要先刑而后赏，重刑而少赏。

> 善治者刑不善而不赏善，故不刑而民善。不刑而民善，刑重也。刑重者，民不敢犯，故无刑也。而民莫敢为非，是一国皆善也；故不赏善而民善。赏善之不可也，犹赏不盗。（《画策》）
>
> 罚重，爵尊；赏轻，刑威。爵尊，上爱民；刑威，民死上。故兴国行罚则民利，用赏则上重。民之情也治，其事也乱。故行刑重其轻者，轻者不生，则重者无从至矣。此谓治之于其治也。行刑重其重者，轻其轻者，轻者不止，则重者无从止矣。此谓治之于其乱也。故重轻，则刑去事成，国强；重重而轻轻，则刑至而事生，国削。（《说民》）
>
> 重刑少赏，上爱民，民死赏；重赏轻刑，上不爱民，民不死赏。（《靳令》）

治理国家的法则，不是"赏善"，而是罚恶，即"刑不善"。"刑不善"人们就不敢为非作歹，于是就达到了"不刑而民善"，"不赏善而民善"的效果。所以，在赏与刑的比较中，只要抓住"刑"就可以解决问题了。在刑与赏并用的情况下，也应该先刑而后赏，重刑而少赏。这些重刑主义者有自己的特殊逻辑："行刑重其轻者，轻者不生，则重者无从至矣。"使用刑罚时，对犯轻罪者处以重刑，轻微的犯罪不会发生，那么，严重的犯罪便不会出现。他们还把这种重刑主义解释为国君对民众的关爱。"重刑少赏，上爱民，民死赏"，实行重刑，老百姓便不敢犯法；百姓不敢犯法，就不会获刑，所以重刑即"上爱民"的体现。与此同时，由于"少赏"，奖赏稀有而宝贵，民众就会竭尽全力去争取获得赏赐，从而调动起拼死投身耕战的积极性，是谓"民死赏"。总之，重刑主义者从各方面为他们主张的"重刑少赏"寻找论据。

对于先刑后赏，刑罚在前，以罚为主，《商君书》中还谈到了其他方面的原因："古之民朴以厚，今之民巧以伪"（《开塞》），"以夫上设刑而民不服，赏匮而奸益多，故民之于上也先刑而后赏"（《壹言》）。古代的百姓性情淳朴、忠厚，现在的民众奸巧、虚伪，对于现今这些奸巧之民，君主设立普通的刑罚，他们并不服从；用尽了财物进行奖赏，坏事却越来越多，因此，只能先施以重刑震慑、制服他们，才能有效地进行统治。

"刑者所以禁邪也，而赏者所以助禁也"（《算地》），作为刑罚的辅助，在赏赐方面，《商君书》一则主张少赏，一则主张重赏。少赏是指"利出一空"，即赏赐只施加于农战这一个方面，除此之外，民众再没有其他任何获取利禄的渠道，也即《画策》篇的"明主不滥富贵其臣"，《农战》篇所说的"善为国者，其教民也，皆作壹而得官爵"。同时，"利出一空者，其国无敌"（《靳令》），在这唯一的赏赐上，商鞅学派则力主"赏厚而信"（《修权》），即赏赐优厚而有信用。同样，厚赏也有厚赏的理由。他们写道：

> 战必覆人之军，攻必凌人之城，尽城而有之，尽宾而致，虽厚庆赏，何费匮之有矣？昔汤封于赞茅，文王封于岐周，方百里。汤与桀战于鸣条之野，武王与纣战于牧野之中，大破九军，卒裂土封诸侯，士卒坐陈者里有书社，车休息不乘，从马华山之阳，从牛于农泽，从之老而不收。此汤、武之赏也。故曰：赞茅、岐周之粟，以赏天下之人，不人得一升；以其钱赏天下之人，不人得一钱。故曰：百里之君而封侯，其臣大其旧，自士卒坐陈者里有书社，赏之

所加宽于牛马者，何也？善因天下之货，以赏天下之人。故曰：明
赏不费。（《赏刑》）

《赏刑》篇的作者给国君算了一笔账：从前，商汤的封地在赞茅，
周文王的封地在岐周，都不过是方圆百里的小地方；但他们率领的军队
奋勇作战，打败了强敌，建立起大一统的王朝，将普天之下的臣民、土
地和财富都尽数收归己有。以重刑配合重赏，刑罚极尽严苛而赏赐足够
丰厚才能驱使民众奋不顾身的杀敌、耕作，为国立功。"战必覆人之军，
攻必凌人之城"，自己的军队所到之处攻城略地、战无不胜，那么，和
收获整个天下相比，给予民众的赏赐再多，也不过是九牛一毛。君主厚
赏臣民，只不过是利用天下的财物赏赐天下人而已，但自己却能从中收
获万里江山，这就叫做"明赏不费"——优厚的赏赐是高明的赏赐，高
明的赏赐其实并不耗费钱财。

再次，《商君书》在法令的推广、普及和典藏制度以及法官、法吏
的设置方面，也有不少具体设计。春秋晚期，郑国铸刑书，将法令条文
铸在金属鼎上，第一次公布了成文法。而此前，在"刑不上大夫，礼不
下庶人"的礼制社会里，礼乐征伐自天子出，法令秘而不宣，为统治阶
层独自占有以显示其威严和神秘，任一己之意去处置、处罚百姓。战国
时期，各国的变革朝着废除领主司法专断的方向发展，在《商君书》的
法治体系中，除国君之外，上至公卿、下至庶民，不分等级、统一刑
罚，为此，对法律的推广和普及也给予了较多关注。《说民》篇曰：

国治：断家王，断官强，断君弱。重轻去刑，常官则治。省刑
要保，赏不可倍也。有奸必告之，则民断于心。上令而民知所以
应，器成于家而行于官，则事断于家。故王者刑赏断于民心，器用
断于家。治明则同，治暗则异。同则行，异则止。行则治，止则
乱。治则家断，乱则君断。治国者贵下断，故以十里断者弱，以五
里断者强。家断则有余，故曰："日治者王。"官断则不足，故曰：
"夜治者强。"君断则乱，故曰："宿治者削。"故有道之国，治不听

君，民不从官。

"断"是指明辨是非，判断对错。《商君书》认为，明辨是非的准绳是法，而这个"法"必须普及到最基层的民众之中。民众懂法，是治国的根本。所谓"治国者贵下断，故以十里断者弱，以五里断者强"，是说治理国家贵在下层民众都能明辨是非、决断对错。政事如果在百姓家中就能做出决断，那么，官吏便不能以非法的手段浑水摸鱼、以权谋私，也不用再疲于应对繁忙的公务，这样一来，国家的行政运作不仅清明、公正，而且富于效率，其政权自然受到民众的拥护。而要达到治国者所希望的"下断"，其基础和前提就是百姓必须知法、明法。百姓知道哪些是国法所提倡的，哪些是国法所禁止的，知晓法令条文的具体内容，才能依照法规去判断是非对错。因此，国家一定要将各项法令深入、普及到民众中间，做到家喻户晓、妇孺皆知。

要想让国家的法令深入民间并且切实可行，在制定法令时，必须"观俗立法"，使法令明白易行。如《壹言》篇所言："因世而为之治，度俗而为之法。故法不察民之情而立之，则不成；治宜于时而行之，则不干。"国家的法令虽然具有强制力，但如果不考虑社会形势和民间长久形成的风俗习惯，也会遭到民众本能的抵触和抗拒。这样一来，法令虽然制定出来，但这样不合实际的法令不仅不能加强统治秩序，反而会令政务更加繁忙、社会更加混乱。"圣人之为国也，观俗立法则治，察国事本则宜"（《算地》），要想把国家治理好，在最初的立法阶段，一定要考察民风、民俗，以保证这些政令法规能够被民众接受。除此之外，民众只有理解了法令，才能够进一步遵守法令，因此"圣人为法，必使之明白易知，愚知遍能知之"（《定分》），国家制定法令时，还要使其明白易懂，让愚笨的和聪明的人都能知晓。

为了更好地普及法令，《商君书》提出国家要设立"主法令之吏"：

为置法官，置主法之吏以为天下师，令万民无陷于险危。（《定分》）

天子置三法官；殿中置一法官，御史置一法官及吏，丞相置一法官。诸侯郡县皆各为置一法官及吏，皆此秦一法官。郡县诸侯一受宝来之法令，学问并所谓。吏民知法令者，皆问法官。故天下之吏民无不知法者。吏明知民知法令也，故吏不敢以非法遇民，民不敢犯法以干法官也。遇民不修法，则问法官，法官即以法之罪告之。民即以法官之言正告之吏，吏知其如此，故吏不敢以非法遇民，民又不敢犯法。如此，天下之吏民虽有贤良辩慧，不能开一言以枉法。虽有千金，不能以用一铢。故知诈贤能者皆作而为善，皆务自治奉公。(《定分》)

主法令之吏有迁徒物故，辄使学读法令所谓。为之程式，使日数而知法令之所谓。不中程，为法令以罪之。有敢剟定法令一字以上，罪死不赦。诸官吏及民有问法令之所谓也于主法令之吏，皆各以其故所欲问之法令明告之，各为尺六寸之符，明书年、月、日、时，所问法令之名以告吏民。主法令之吏不告及之罪而法令之所谓也，皆以吏民之所问法令之罪各罪主法令之吏。即以左券予吏之问法令者，主法令之吏谨藏其右券，木押以室藏之，封以法令之长印。即后有物故，以券书从事。(《定分》)

天子在天子殿、御史衙门和丞相衙门各设置一名法官，也给诸侯和郡县各设置一名法官和法吏。各级法官明晓国家的各项法令条文，负责宣告法令，解答官吏和民众对法令的询问。法官的每次解答都有备案，"各为尺六寸之符，明书年、月、日、时，所问法令之名以告吏民"，以供日后查询。如果法官没有回答吏民的询问，等到询问者犯了罪，所犯罪行正好是他曾经询问的那一条时，就用这条法令惩罚主管法令的法官和法吏。而如果执行和主管法令的官吏不执行君主的法令，则判处死刑，绝不赦免。

在法令的典藏方面，《商君书》也有严格的制度设计：

法令皆副置。一副天子之殿中。为法令为禁室，有铤钥为禁而以封之。内藏法令。一副禁室中，封以禁印。有擅发禁室印，及入禁室视禁法令，及禁剟一字以上，罪皆死不赦。一岁受法令以禁令。（《定分》）

今先圣人为书传之后世，必师受之，乃知所谓之名。不师受之，而人以其心意议之，至死不能知其名与其意。故圣人必为法令置官也置吏也为天下师，所以定名分也。名分定，则大诈贞信，民皆愿悫而各自治也。夫名分定，势治之道也；名分不定，势乱之道也。（《定分》）

"法令皆副置"，即国家颁布的法令都设置副本，放在天子殿中专用的禁室里，并用封印封存。有擅自开启封印偷看或删改一个字的，都是绝不赦免的死罪。

"一岁受法令以禁令"，每年一次，按照禁室所藏，把法令颁发给官吏。主管法令的法官作为老师，将国法传授给天下的黎民百姓。"行法令明白易知，为置法官吏为之师以道之，知万民皆知所避就，避祸就福而皆以自治也。故明主因治而终治之，故天下大治也"（《定分》）。国家的法令明白易知，再通过法官、法吏的宣讲普及，被广大民众理解和接受。民众的心里有了行为准则和判断标准，知道该躲避什么以及如何躲避祸害；知道该靠近什么以及如何靠近福禄，就可以天下大治了。

最后，《商君书》主张预防犯罪，"刑用于将过"。书中说：

刑加于罪所终，则奸不去……刑不能去奸……必乱。故王者刑用于将过，则大邪不生。（《开塞》）

刑不能去奸、而赏不能止过者，必乱。故王者刑用于将过，则大邪不生；赏施于告奸，则细过不失。（《开塞》）

这两句话的意思是说，犯罪发生之后，用刑罚进行打击固然能起到惩治的作用，但这已是事后的控制和处理。"刑加于罪所终，则奸不去"，刑罚在民众犯罪之后使用，奸邪就不会断绝，就起不到刑罚的作用。要想杜绝犯罪，关键的一点是防患于未然，要对其进行事前的干预和防范。而预防犯罪的主要措施，除了轻罪重罚与什伍连坐，就是实施"刑用于将过"的政策，即在人们将要犯罪的时候就施之以刑。

前文所说的轻罪重罚之所以能达到"刑去事成"的效果，不仅在于用严刑、酷刑沉重打击了犯罪行为，还在于重刑的震慑力在人们内心形成了预防犯罪的心理干预。荀子说："不积跬步，无以至千里；不积小流，无以成江海。"① 对犯罪而言，一般也是从"小过"这样的轻微犯罪开始的。大量的轻微犯罪并没有造成多么严重的社会危害，犯罪者自身也多为初犯，并非顽固的大奸大恶。对轻罪施以重刑，犯罪者付出了与其行为过失不相称的巨大代价，伴随着肉体和精神的极度痛苦，人们心中油然而生的是强烈的惊恐和畏惧。这种畏惧感在相当程度上，可以打消普通民众的犯罪念头。

连坐制度和吏治中的监察制度，都是对人们日常生活的监督和管理。居于家中，自己的一言一行都被置于亲人和周围邻居的监视之中；工作时，同事、上下级以及官民之间也无时无刻不进行着相互的监管和督察，稍有不慎，就会遭到他人的检举揭发。在如此严密的监察系统中，人们时刻被他人窥探，也时刻窥探着他人，彼此互为监视者和被监视对象，任何犯罪都是难以侥幸逃脱的。这也在一定程度上，遏制了人们的犯罪动机。而《开塞》篇提出的"刑用于将过"则更进了一步，要将刑罚施用在那些"将要犯罪"的人身上。"将过"实际上是"未过"，即人们只是想要犯罪，但并未真正予以实施。这其实是将人们头脑中的犯罪念头也规定为惩罚对象，是将打击范围扩大到思想意识领域，以对思想犯罪的惩罚，从源头处制止犯罪，从而预防实际犯罪行为的发生。

综上所述，以法家著称的商鞅学派缘法治国，其刑无等级、违法必究的诸项政策虽然以客观的制度为保障，在一定程度上实现了部分的公平和公正，但《商君书》的法治政策力主"重刑连其罪，则民不敢试。民不敢试，故无刑也"（《赏刑》）。从本质上讲，这种以恐吓和重刑为

---

① 《荀子集解·劝学》，第 8 页。

根本的法治绝非现代意义上的法制，它既不保护人们应有的权利，也不鼓励人心向善，而是一种纯粹的刑罚，是以暴制暴的国家恐怖主义。

4. 军事方面

在军事方面，《商君书》首先强调战争以政治为本，将战争的胜利建立在国内政治的基础上，并重视对战争的全局性部署。书中说：

> 凡战法必本于政，政胜则其民不争，不争则无以私意，以上为意。（《战法》）
>
> 治行则货积，货积则赏能重矣。赏壹则爵尊，爵尊则赏能利矣。故曰：兵生于治而异。（《立本》）
>
> 兵起而程敌，政不若者勿与战，食不若者勿与久，敌众勿为客。敌尽不如，击之勿疑。故兵大律在谨论敌察众，则胜负可先知也。（《战法》）

据《汉书·艺文志》记载，作为一名杰出的军事家，商鞅曾著有一部兵书："《公孙鞅》二十七篇。"该书虽然早已散佚，不过，从传世的《商君书》中，还是可以略微探知商鞅学派卓越的军事思想和用兵之法。其兵法的首要之处是深刻洞悉了战争与政治的关系，从而站在全局的高度，对战争进行整体的战略部署。表面看来，战争是一个军事问题，但从本质上讲，战争就是一种政治活动，是国内政治的继续，是国家实现其总体政治目标的手段，因此，战争总是要受到交战国自身政治路线和政治实力的支配。两千多年前的商鞅学派对此已经有所洞察，如《战法》篇的"战法必本于政"，《立本》篇所说的"兵生于治而异"。军队生于政治，兵力出自政治，政治的强盛是战争胜利的根本保证。"恃其众者谓之葺，恃其备饰者谓之巧"（《立本》），如同茅草盖成的房子不可能坚固，仅仅依仗人多，乌合之众组成的军队是不可能取胜的，而依仗装备的精美，其军队更是华而不实，徒有其表。政治上占优势，国力强盛，军民一心，奋勇杀敌，方能无往不胜。因此，在兴兵之前，首先要考虑敌我双方的政治形势，"政不若者勿与战，食不若者勿与久"，政治赶不上敌国，就不要和它交战，国内的粮食不如敌国多，就不要和它相持。

在战争问题上，《商君书》还重视对战争的全局性部署。《左传·成公十三年》说"国之大事，在祀与戎"，国家的两件大事，一是祭祀，一是战争。战争以政治为根基，而在政治上，国家也是高度重视战争的，要在战前对其进行全局性的战略部署。这一点在《商君书》中的反映就是重视"庙算"。《战法》篇曰："若兵敌强弱，将贤则胜，将不如则败。若其政出庙算者，将贤亦胜，将不如亦胜。"庙算即庙堂之算，是战前在庙堂或朝廷上进行的重要筹谋。《孙子兵法·计》篇曰："夫未战而庙算胜者，得算多也；未战而庙算不胜者，得算少也。"① 朝廷是否在出兵之前做出了谨慎的权衡、周密的部署，是决定战争胜负的重要因素。"若兵敌强弱，将贤则胜，将不如则败"，在敌我双方兵力相当的情况下，哪一方将领的才能更胜一筹，哪方取胜。"若其政出庙算者，将贤亦胜，将不如亦胜"，如果战役的决策和部署是国家站在全局高度的精心策划，那么，即使统兵将领的才能不济，也一样能打败敌人。

其次，《商君书》在军事上也主张以法治军，实行连坐、重赏。书中说：

> 凡用兵，胜有三等。若兵未起则错法，错法而俗成，而用具，此三者行于境内，而后兵可出也。（《立本》）
>
> 乡治之行间无所逃，迁徙无所入。入行间之治，连以五，辨之以章，束之以令；拙无所处，罢无所生。是以三军之士，从令如流，死而不旋踵。（《画策》）

"凡用兵，胜有三等"，取得战争胜利的这三个步骤是：用兵之前就制定法度；法度建立并形成风俗；在军队的军事编制之中也建立相应的

---

① 《十一家注孙子校理》，中华书局1999年版，新编诸子集成本，第20页。

法度，依法治军。这是商鞅学派缘法治国之道在军事方面的具体表现。《商君书》建立法度、依法治军包含两方面内容：一是建立军队之前，国内施行法治，并使君主颁布的法令深入人心，在民间形成重农重战的风气，全国民众都遵纪守法、一心向战。二是制定军事法令，并严格按照法令治理军队。这两方面相互关联：兵员来自普通民众，民众在平时的法治生活中已经养成遵章守纪的习惯，参军入伍后违反军队法令的可能性就会比较小；而依法治军本来也是国家法治建设的一个组成部分。《商君书》的作者在《境内》篇，集中阐述了军队法令的具体制度，如军队的建制、立功的标准及其核定程序和奖惩办法等。其中，如同对民众的管理方法一样，在军队中也实行连坐制度，即《画策》篇的"入行间之治，连以五，辨之以章，束之以令"，将战士五人编成一伍，做上标记令其无处可逃，从而迫使三军将士如流水一般服从军令，即便战死，也绝不后退。

在对军队的治理上，《商君书》特别重视奖赏，所谓"用兵之道，务在壹赏"（《算地》）。军队中的奖赏，仅仅针对军功。《君臣》篇说："明君之治国也，士有斩首捕虏之功，必其爵足荣也，禄足食也。农不离廛者，足以养二亲，治军事，故军士死节而农民不偷也。"只要有斩首捕虏之功，就一定要给予爵禄之赏。重赏之下必有勇夫，《君臣》篇的作者相信，只要有重赏，就可以调动起士兵为国尽忠效死的志节和勇气。

5. 文化方面

在文化方面，《商君书》首先是主张以法制手段移风易俗，树立去私斗、好公战的新风尚。《壹言》篇说："制度时则国俗可化而民从制。"符合时宜的国家制度、政治制度具有强大的力量，可以强制性地驱使民众改变生活习俗。这里，《壹言》的作者既注意到了国家政治的决定性作用，也注意到了改变民风民俗应该因地、因时而制宜的问题，即重视其客观方面的可能性。同时，《商君书》还强调民风民俗的改变，也应该与立法相结合，所谓"俗生于法而万转"（《立本》），反映的即看重"立法化俗"的效用。

《商君书》之所以在化民风俗方面重视政治的、立法的作用，是与它的历史观相互关联的。在历史观方面，商君是个历史进步论者，相信历史发展的客观趋势。这种历史观转化到社会改造问题上，也是强调"势"的作用和力量。不过，这里他所谓的"势"已不是一种客观的历史趋势，而是要通过政治和法治的力量，人为地造就一种趋势来迫使民风民俗的改变。《画策》篇说："势不能为奸，虽跖可信也；势得为奸，虽伯夷可疑也。"如果客观形势使人们不能做坏事，即使盗跖那样的奸人也是可以信赖的；如果在客观形势下，人们都可以做坏事，即使伯夷那样的高洁之士，也不可信任了。所以，在文化建设方面，国家要致力于移风易俗，通过政治和法治的力量造就一种强大的社会形势，使民众去顺从它、适应它。

《商君书》所要造就的新的民风民俗是什么呢？无他，仍然是围绕耕战政策的要求，使老百姓勇于耕战，而怯于私斗。《壹言》篇说："圣人之立法化俗而使民朝夕从事于农也。"圣人改变民俗的目的是让老百姓从早到晚都从事农业生产；"王者之政，使民怯于邑斗而勇于寇战"（《战法》），王者的政策，是使民众不敢和本乡人私斗而勇于对敌作战。强国的战士个个意志坚定、作风顽强，敢打敌人不敢打的硬仗，敢做别人以为羞耻的事。老百姓一旦形成了勇于耕战、怯于私斗的社会风气，再将他们捆绑到耕战政策的战车之上，就会造成一种"父兄、昆弟、知识、婚姻、合同者"都致力于农战，并且"死者不悔，生者务劝"的局面（《赏刑》），耕战立国则大功可成。

其次，《商君书》的文化政策主张去诗书、除儒术。书中说：

> 《诗》、《书》、礼、乐、善、修、仁、廉、辩、慧，国有十者，上无使守战。国以十者治，敌至必削，不至必贫。国去此十者，敌不敢至，虽至必却。兴兵而伐，必取；按兵不伐，必富。国好力者以难攻，以难攻者必兴；好辩者以易攻，以易攻者必危。（《农战》）
> 事《诗》、《书》谈说之士，则民游而轻其君。（《算地》）
> 农战之民千人，而有《诗》、《书》辩慧者一人焉，千人者皆怠

于农战矣。农战之民百人，而有技艺者一人焉，百人者皆怠于农战矣。(《农战》)

农战之道，在经济领域的对立面是工商业，重农则须抑商；在文化领域，重农尚战的对立面是《诗》、《书》、辩、慧的儒家学说，因此，树立新风尚要去除儒术。与此同时，去诗书、除儒术也是缘法治国、一任法度的需要。在《商君书》中，儒家的知识和修为被称作"六虱"。

"虱"者，乃如虱子般寄生于主体的害国害民的弊病。《靳令》篇说："六虱：曰礼乐，曰《诗》《书》，曰修善，曰孝弟，曰诚信，曰贞廉，曰仁义，曰非兵，曰羞战。"礼乐仁义的儒家学说倡导孝敬父母、友爱兄弟，在孝悌的基础上升华出仁爱的情感本体，以这一温暖的人伦之爱化育人间，在社会关系和政治领域里建立类似家庭伦理的情感联系，构建仁爱为本的政治伦理①，因此，儒家反对战争，以战为耻。《商君书》对此的评论是："仁者能仁于人，而不能使人仁；义者能爱于人，而不能使人爱；是以知仁义之不足以治天下也。"那些讲求仁爱的人对他人仁慈，但不能使他人自生仁慈之心；那些讲求义的人能够爱别人，但不能使别人有爱心；由此可知，仁义是不能治理好天下的。基于这种理论和认识，《商君书》将儒家学说称作"巧言辩说"的空谈。华美的言辞和辩说不仅毫无实际用处，而且，这些人"曲主虑私，非国利也，而为之者，以其爵禄也；下卖权，非忠臣也，而为之者，以末货也"(《农战》)，对上曲意逢迎君主、对下弄权谋私并结交国外势力，从而加官晋爵、中饱私囊。这样的人有一个，"千人者皆怠于农战矣"，就会有一千个人放弃农战而从事空谈以轻松谋利。"学者成俗，则民舍农从事于谈说，高言伪议，舍农游食而以言相高也。故民离上而不臣者成群。此贫国弱兵之教也"，儒家学说在社会上蔚然成风，是贫国弱兵之教。"六虱不用，则兵民毕竞劝而乐为主用"，只有去除诗书礼义，军民才会竞相为君主效命，以耕战为荣，国家才能威武强大到"敌不敢至，虽至必却"。

---

① 具体论证详见徐莹《孔学情本体之蠡测》，《国学学刊》2011 年第 1 期。

　　《商君书》对儒家学说的敌视和排斥是显而易见的，它主张坚决打击、铲除儒术、儒生。据《韩非子·和氏》记载："商君教秦孝公……燔《诗》、《书》而明法令……孝公行之。"商鞅就做过焚烧《诗》《书》之事。又过了一百多年，秦始皇依例而行，便发生了那次更大规模、更为著名的焚书事件。

　　最后，《商君书》还主张限制文化的交流和传播。

　　　　国之大臣诸大夫，博闻、辩慧、游居之事皆无得为，无得居游于百县，则农民无所闻变见方。农民无所闻变见方，则知农无从离其故事，而愚农不知，不好学问。愚农不知，不好学问，则务疾农。知农不离其故事，则草必垦矣。（《垦令》）

　　　　声服无通于百县，则民行作不顾，休居不听。休居不听，则气不淫；行作不顾，则意必壹。意壹而气不淫，则草必垦矣。（《垦令》）

　　通常情况下，获取文化知识的途径主要有两条，一是学习书本知识，二是进行文化交流，也就是人们常说的读万卷书、行千里路。《商君书》反对文化的政策措施，也是主要针对这两者制定的。除了去除《诗》《书》等文化典籍、不准学习书本知识之外，《商君书》还明令限制文化的交流与传播，以之作为树立重农尚战之风的法制手段。

　　在《垦令》篇所建议的二十条垦荒法令中，有两条内容是关于"游居"和"声服"的："国之大臣诸大夫，博闻、辩慧、游居之事皆无得为，无得居游于百县。"大臣和大夫们不得四处游学，不准做有利于增长见闻和辩慧的事情，更不能到下面的郡县去居住游说；"声服无通于百县"，也不准许音乐和装饰品在各县流通。

　　古代的农业劳动主要依赖实践经验，农民自身是没有什么文化的。禁止知识、信息、信仰以及情感在交流中传播，无论是田间劳作还是居家休息，农民都听不到本村之外的任何事情、耕田之外的知识和信息，也没有音乐对心灵的启迪和滋润，那么，"愚农"和"知农"，没头脑的和有头脑的农民都只能在封闭的环境中，无知无识地专心务农。而对于原本就有文化的士大夫阶层，一方面禁止他们继续增长见识；另一方面，也严格禁止他们游居、游学，将知识和文化传播出去。

总体而言，《商君书》的文化政策其实就是反文化的愚民政策。《说民》篇立场鲜明地说："辩慧，乱之赞也。礼乐，淫佚之征也。"从知识的学习和积累中，人们获得智慧。有智慧的头脑具有独立的分析和判断能力，凡事不会盲从，不容易被愚弄。当知识和智慧在人们心中累积并最终沉淀成为文化，人们便获得了丰富的精神生活。"指穷于为薪，火传也，不知其尽也。"① 这一薪火相传所高举的，正是以精神生活为主体的生命旗帜，它生生不息、无穷无尽。古往今来，知识分子往往要求人格的独立，追求精神的自由和思想的解放，并以其独立、自由的思想和人格，作为"社会的良心"，自觉或不自觉地执行批判现实的历史使命，制衡和抵抗着政治强权。因此，对于专制君主来说，智慧和文化是一股强大的异己力量，滋生并助长叛乱。"民不贵学则愚"（《垦令》），"民愚则易治也"（《定分》），不学习知识的民众愚昧无知，愚昧无知的民众安分守己，易于驱使和统治。《商君书》政治经济政策上的重农抑商法令，迫使人们的身体从事农业劳动；文化政策上的愚民法令，将人们的心智也封闭在土地上。《诗》《书》被焚毁，文化的交流和传播被法令严格限制，于是，秦国民众别无选择，平时做愚昧的农民，一旦战争启动，便成为孔武的战士。此间，无论是战士还是农民，都一心一意按照国家的意愿行事，拼死效命于君主，臣服并积极投身于耕战。

第二节 《商君书》的思想内涵

一 历史观

在先秦诸子中，《论语》简短、生动的对话是仁者的叮咛与嘱托；《庄子》汪洋恣肆的文字上天入地，鬼斧神工般化境无穷；即便是在冷

---

① 《庄子集释》，第129页。

峻的法家学派中，韩非子也写得一手好文章。相比之下，《商君书》文字枯燥、思想严苛，其阅读体验很难给人带来些许的快意。但是，其在《开塞》等篇纵论历史的部分，读来颇有壮阔之感。

> 天地设而民生之。当此之时也，民知其母而不知其父，其道亲亲而爱私。亲亲则别，爱私则险，民众而以别险为务，则民乱。当此之时，民务胜而力征。务胜则争，力征则讼。讼而无正，则莫得其性也。故贤者立中正，设无私，而民说仁。当此时也，亲亲废，上贤立矣。凡仁者以爱利为务，而贤者以相出为道。民众而无制，久而相出为道，则有乱。故圣人承之，作为土地货财男女之分。分定而无制，不可，故立禁。禁立而莫之司，不可，故立官。官设而莫之一，不可，故立君。既立君，则上贤废而贵贵立矣。然则上世亲亲而爱私，中世上贤而说仁，下世贵贵而尊官。（《开塞》）

自从天地开辟之后，就有了人类。最初，在原始发展阶段，"民知其母而不知其父"。其后，随着民众的日益增多、物资的日渐丰富，人们便起了相互争夺、争斗之心。"务胜则争，力征则讼。讼而无正，则莫得其性也。"这时，为了公正地解决纠纷，贤人被推举出来，"立中正，设无私"。当人类社会继续向前行进，久而久之，人民众多，但没有一定之规作为约束力和行为准则，只靠贤者的个人力量，社会管理就又陷入混乱。于是，圣人应运而生，对土地、财物、男女等的归属做出规定，并以法令的形式将其确定下来，又设置了掌管法令的官吏和管理官吏的国君。自从有了国君、有了法令，贤人就不再有用，社会树立起尊重权贵的思想。

《商君书》的作者总括他之前的人类历史，从大的跨度上，将其划分为上世、中世、下世三个阶段，并以宏大的视角和高度的概括能力，总结了各个阶段人类社会的主要特征："上世亲亲而爱私，中世上贤而说仁，下世贵贵而尊官。"而其宏观思维下的远见卓识并非仅限于此。这一历史观的进步性在于，作者高屋建瓴地指出人类社会是不断向前发展变化的，伴随着历史永不停歇的前进脚步，现实社会的实际情况也不断改变。对于后代来说，总是以其对前代的超越，即对原有制度的破坏和对新原则的确立，来实现自身的发展，从而也完成了自身所肩负的历史使命。

中世废弃了上世爱亲的私道，改行尚贤的仁道；下世又废弃了中世的仁道，只崇尚权贵、尊重官吏。在同属下世的夏商周三代，也是"周不法商，夏不法虞"（《开塞》）。三代异势而皆可以称王，是因为"民道弊而所重易也，世事变而行道异也"（《开塞》），时代的变迁引起了社会形势的变化，从而，治理国家的政策也跟着改变。所以，"圣人知必然之理，必为之时势"（《画策》）。知道了这一不以个人意志为转移的历史必然，当然就不会再一味沉湎于过去、效法古代；也不会墨守成规、拘泥于现状。"法古则后于时，修今者塞于势"，法古就会落后于时代，最终被时代抛弃；修今只是囿于现状，不能获得长足的发展。只有勇于突破现有的体制，顺应时代的发展，才能制定适时的政策，有效地治理好国家。与因循守旧的复古政治和小国寡民的保守思想相比，《商君书》的历史观新锐且昂扬有力。这一进步的历史观正是商鞅变法的理论基础，也为其在秦孝公面前战胜保守派大臣甘龙、杜挚提供了强有力的思想武器，最终促使秦孝公下定决心，实施变法。

二 人性论

夫民之情，朴则生劳而易力，穷则生知而权利。易力则轻死而乐用，权利则畏法而易苦。易苦则地力尽，乐用则兵力尽。夫治国者能尽地力而致民死者，名与利交至。民之性，饥而求食，劳而求佚，苦则索乐，辱则求荣，此民之情也。民之求利，失礼之法；求名，失性之常。奚以论其然也？今夫盗贼上犯君上之所禁，而下失臣子之礼，故名辱而身危，犹不止者，利也。其上世之士，衣不暖肤，食不满肠，苦其志意，劳其四肢，伤其五脏，而益裕广耳，非生之常也，而为之者，名也。故曰：名利之所凑，则民道之。主操名利之柄而能致功名者，数也。圣人审权以操柄，审数以使民。数者，臣主之术而国之要也。故万乘失数而不危、臣主失术而不乱者，未之有也。今世主欲辟地治民而不审数，臣欲尽其事而不立术，故国有不服之民，生有不令之臣。故圣人之为国也，入令民以属农，出令民以计战。夫农，民之所苦；而战，民之所危也。犯其所苦，行其所危者，计也。故民生则计利，死则虑名，名利之所出，不可不审也。利出于地，则民尽力；名出于战，则民致死。入使民尽力，则草不荒；出使民致死，则胜敌。胜敌而草不荒，富强之功可坐而致也。（《算地》）

人性是善还是恶，抑或是不善不恶、亦善亦恶，几千年来，这是人类反观自身时，一直为之纠结并争论不已的问题。《商君书》对人性十分关注，但这种关注既非基于哲学的思考，也非出自人文的关怀，而是本着客观冷静的态度进行剖析、研究，目的是加以利用，为实现国家的农战政策服务。

"民之性，饥而求食，劳而求佚，苦则索乐，辱则求荣"，对此，《商君书》无意于从学理的角度论证人性中含有多少纯良的成分和险恶的居心，而是落脚在"人生而有好恶，故民可治也"（《错法》）。"民之生，度而取长，称而取重，权而索利。明君慎观三者，则国治可立而民能可得"，度量过之后就会舍短而取长，称量过之后就会舍轻而取重，权衡过之后就会趋利而避害，国君仔细观察人心，利用这三点就可以制定法度以获取民力了。具体而言，其刑赏驱民的政策就是根据人们趋利避害的天性设计的。"好恶者，赏罚之本也。夫人情好爵禄而恶刑罚，人君设二者以御民之志而立所欲焉"（《错法》）。人们喜好爵禄，就可以利用这点，以奖赏诱使贫苦民众从事农耕；人们厌恶刑罚，就将刑罚设置得比耕战还要残酷、痛苦，权衡利弊之后，人们就会害怕刑罚而以艰苦的农战为易。"朴则生劳而易力，穷则生知而权利。易力则轻死而乐用，权利则畏法而易苦。易苦则地力尽，乐用则兵力尽。"农民性情朴实不吝惜力气，肯下劲干活。不吝惜力气的穷苦农民也不懂得生命的价值和尊严，他们轻视死亡，为了蝇头小利，便乐于为君主役使。

虽然，《商君书》对人性的善恶没有做出直接的论断，但无须深入分析也可以看出，它是更倾向于性恶论的。除了肯定农民的朴实之外，且不论这朴实还与愚昧无知密切相连，《商君书》在不同的篇章里，都充满了对人性的不信任。

> 民之于利也若水之于下也，四旁无择也。（《君臣》）
>
> 凡民之所疾战不避死者，以求爵禄也。（《君臣》）
>
> 民之求利，失礼之法；求名，失性之常。奚以论其然也？今夫盗贼上犯君上之所禁，而下失臣子之礼，故名辱而身危，犹不止者，利也。其上世之士，衣不暖肤，食不满肠，苦其志意，劳其四肢，伤其五脏，而益裕广耳，非生之常也，而为之者，名也。故曰：名利之所凑，则民道之。（《算地》）
>
> 世之所谓贤者，言正也；所以为善正也，党也。（《慎法》）

"民之于利也若水之于下也，四旁无择也"，民众追逐利益就像水往低处流一样，自然而且必然。逐利的确是人们的天性之一，只要君子爱财、取之有道，本也无可厚非。但在《商君书》中，这个"若水"的比喻所暗含着的险恶，在于"四旁无择"几个字。"四旁无择"即流水不选择方向，哪里地势低，就流向哪里。用在民众逐利的天性上，是说人们追逐利益也毫不顾忌其他，比如礼义与廉耻、比如情感和道德、比如正义及良知，只要能获得利益，什么都可以不顾，什么事都干得出来。出于这样一种认识，《商君书》说，人们不畏死亡地投入战斗，只是为了求取爵禄，而非关保卫家园的爱国之心；人们衣不蔽体、食不果腹地遗世独立，只是为了博取名声，而非关拒绝流俗的高洁品德。因此，那些举世瞩目的贤人，其良善的名声并非因为心地纯正，不过是出自同党之间的相互吹捧。其相互吹捧的目的，当然也是为了博取功名利禄。也是基于对人性的这种基本认识，《商君书》摒弃德治和礼制，坚决主张实行法治，并崇尚以刑去刑、重罚连坐。

三　价值观

"民之于利"的"四旁无择"虽然说的是民性、人性，但其中也反映出《商君书》的价值观。肆无忌惮地追逐利益说白了就是唯利是图，这是一种极端现实功利主义的价值观。

这种极端现实主义的价值观首先来自秦君，在商鞅西行入秦之初，就已端倪毕露。商鞅入秦拜见秦孝公的四次交谈中，前两次所谈论的帝道和王道都未中秦孝公的意，第三次谈起称霸天下的强国之术时，孝公大悦。秦孝公无法忍耐花费几十年、几百年的时间修仁政德治去成就千古帝王之业，而是急不可待，一心只想使秦国迅速富强。速成的强国之道急功近利，为达目的而不择手段，《商君书》中现实功利主义的价值观与此高度契合。

《开塞》篇说："以知王天下者并刑，力征诸侯者退德。"以智慧称王于天下的人摒弃刑罚，靠力量征服诸侯的人抛弃德政。修德政、行仁治不仅需要超绝的智慧和深沉的人文情怀，而且需要长久的休养生息，才能培育、建立起一个文明的社会。与此相比，在诸侯争霸的战争环境中，靠强有力的刀剑拳头说话却能在短期内见到效果。所以，《商君书》在不同篇章里，多次强调实力的极端重要性。《慎法》篇说："千乘能以守者自存也，万乘能以战者自完也，虽桀为主，不肯诎半辞以下其敌。外不能战，内不能守，虽尧为主，不能以不臣谐所谓不若之国。自此观之，国之所以重，主之所以尊者，力也。"国家和国君受到尊重的原因，提高国家和国君地位的根本，都在于而且只在于自身的实力。只要拥有足够强大的力量，就能压倒、制服自己的人民和其他国家，就算是荒淫无道的夏桀做君主，也可以江山稳固。

基于这种极端功利主义的价值观，《商君书》肆无忌惮地贬低、排斥人伦、道义，轻视人们精神生活的正当和必须，无视民众个体生命的价值和尊严，一味驱民于农战，以获取国家实力。"力多而不用则志穷，志穷则有私，有私则有弱。故能生力不能杀力，曰自攻之国，必削。故曰：'王者国不蓄力，家不积粟。'国不蓄力，下用也；家不积粟，上藏也。"（《说民》）国家通过各种政策驱使民众，收集、调动民力，但是，却并不积蓄力量，而要马上投入战争以收获利益。并且，为了达到自己的目的，从来都是不择手段的，对内是所谓的"以刑去刑，虽重刑可也"；对外是"以战去战，虽战可也；以杀去杀，虽杀可也"（《画策》）。这一套重刑连坐、严刑峻法的政策和说辞，赤裸裸地鼓吹刑杀和战争，把自己的人民当作耕地的工具和战争的机器，使"每个民众都变为国家机器上的一颗螺丝钉"①，被秦国的战车挟持着，在阵阵狼烟中，碾过六国的土地，杀人无数。

只重视直接的结果，完全不在意其手段的正义性，统治者还将这种价值观灌输给民众，即不顾礼义廉耻地一味追求个人利益。在日常生活中，连坐制度奖励人们泯灭良知，去告密、去揭发。在战争中，军功爵制联手壹赏壹刑的制度，使"民之见战也，如饿狼之见肉……父遗其子，兄遗其弟，妻遗其夫，皆曰：'不得，无返。'"（《画策》）。民众见到要打仗，父送子、兄送弟、妻送夫，像饿狼看到肉一样扑上前去。《弱民》篇说："兵至强，威；事无羞，利。"如果人类堕落到不知羞耻的地步，无论取得什么样的功业，其实都已经丧失了人性，与禽兽无异。

战国时代，《商君书》基于极端功利主义价值观所制定的农战政策取得了极佳的短期效应，但是，这种出于国家最高统治层的功利主义不受任何节制，它的极度膨胀，"把秦国这个原本就远离文明沐浴的国家变成了诸侯更加鄙夷的没有人性的禽兽之国"②。如《徕民》篇所言，"秦士戚而民苦也"，秦国民众的内心是痛苦的；"秦能取其地而不能夺其民"，被打败的六国民众也并未真正臣服，而是内心充满悲愤。这种不顾道义的思想、行径就算极具事功，也并不能给人类带来真正的幸福。

---

① 聂作平：《秦国是怎样崛起的？——重读商鞅变法》，《历史学家茶座》2011 年第 1 辑。

② 聂作平：《秦国是怎样崛起的？——重读商鞅变法》，《历史学家茶座》2011 年第 1 辑。

四 专制思想与强权政治观念

西周建国之初实行分封制，周天子将王畿之外的土地，连同这些土地上的人民，一起分封给王族成员和有功之臣，让他们建立各自的诸侯国。周天子作为天下的共主，虽然对诸侯具有统治和支配的权力，但是并不直接管理各诸侯国内部的事务。诸侯们具有较高的自治权，在其诸侯国内拥有独立的政权机构、经济体系和军队武装。这种以宗法血缘关系为基础的政治制度，由于权力的分散，在一定程度上造成了对王权的制衡，不会导致天子的绝对专制。

西周王朝的衰落引发了诸侯列国的相互攻伐与兼并。战争需要强有力的政权统治，战国时期，各诸侯国在改革中，都向着高度的君主专制和中央集权过渡。商鞅实行的什伍编户、郡县制与废井田、开阡陌等改革措施，在王权的专断独裁、中央对地方以及君主对民众的控制方面，做得比其他国家更为彻底和严密。这些政策的理论基础和思想根源，是《商君书》中的专制思想和强权政治观念。

《修权》篇说："权者，君之所独制也。人主失守则危，君臣释法任私必乱。故立法明分而不以私害法则治，权制独断于君则威……明主爱权重信而不以私害法。"权力和权柄，必须由君主独自操控，如果君主不能独断专制，国家就会陷入危机，所以，治理国家的方法就是树立法度，不以个人私意损害法制。从这段话中不难看出《商君书》对君主独尊的维护和崇尚：其一，所谓"人主失守则危，君臣释法任私必乱"，人主失守则国家衰败，很明显，在其思想认识中，君、国一体，君主就是国家、国家就是君主，与后世的"朕即国家"是同一个意思。其二，"不以私害法"的治国之道就是要求人们"任法去私"。在"任法"的方面，《商君书》所论述的以及商鞅在现实政治中所践行的"刑无等级""一任于法"看似实现了法律的公平性，但它在剥夺了贵族阶层政治特权的同时，实际上更加突出了君权的至高无上——整个国家，只有君主一人高高在上，独自凌驾于法度和全体臣民之上；在"去私"方面，私心是与公心相对立的，去除私心所树立的公心貌似是为了实现国家的、集体的利益，其实说到底，也就是为君主一人牟利。

《商君书》中有着十分鲜明的矛盾对立思想和斗争哲学，总以分析事物的矛盾和对抗性作为立论的出发点，并在矛盾运动的过程中，通过压倒对方激发和搜集力量，以强大自身①。比如，农业与工商业是对立的，重农必须抑商；法治与德政是对立的，任法就要释德等。而君主与民众也是对立的，其尊君思想的另一面，就是"弱民"。

"弱民"无疑是商鞅学派的一个重要思想。《商君书》不仅专门以《去强》《弱民》《说民》三篇集中论述"民胜其政，国弱；政胜其民，兵强""民弱，国强；国强，民弱。故有道之国务在弱民"。在其他篇章里，也念念不忘地屡屡提及，如《画策》篇说道："昔之能制天下者，必先制其民者也；能胜强敌者，必先胜其民者也。故胜民之本在制民，若冶于金，陶于土也。本不坚，则如飞鸟禽兽，其孰能制之？"凡是想要战胜强敌、制服天下的君主，一定要先使民众弱小，并制服他们。与儒家提倡的"爱民如子"不同，在商鞅学派看来，民众对于国君，卑贱得如同冶铁工匠和制陶人手中的泥土和金属材料，只是具有利用价值的工具而已，丝毫谈不上人的权利和尊严。

在尊君弱民思想的指导下，包括"政作民之所恶，民弱"（《弱民》）的弱民政策等一系列"恶政"都不得民心，全部是以法令的国家力量强制推行的。与此同时，在《商君书》中，还充斥着崇尚武力的强权思想。

《说民》篇曰："刑生力，力生强，强生威，威生德，德生于刑。"《靳令》篇又说："力生强，强生威，威生德，德生于力。圣君独有之，故能述仁义于天下。"对内，用刑罚督促民众从事农战，才能富国强兵；对外，用战争打垮敌人，才能称霸天下。这其中的思想观念是"民愚则知可以胜之，世知则力可以胜之"（《算地》）。民众愚昧，用智慧便能制服他们，当愚民政策不足以禁绝知识和智慧时，对于国内外的有识之

---

① 刘泽华：《论〈商君书〉的耕战与法治思想》，《山东师范大学学报》1983 年第 4 期。

士，就用武力战胜他们。"所谓明者，使众不得不为……所谓强者，使勇力不得不为己用。"（《画策》）得到天下的"圣明"君主，是以强大的武力胁迫人们为自己效命的。

第 四 章

《商君书》的历史影响

在先秦诸子中，法家晚出，但后来居上，理论和实践结合得最好，推动历史发展的作用最显著。相比管子、子产、吴起、李悝、申不害、慎到、李斯、韩非等其他法家或具有法家思想的诸子，商鞅无疑最为成功。无论是在其生前还是身后，这个一流的学说都取得了超一流的事功。对于商鞅的所作所为，一直以来都存在着难以消除的分歧和争议，古人大多趋向否定，今人一般倾向肯定，其复杂性难以用通常的所谓正反两分法来评价。

第一节 《商君书》在思想领域的影响

具体到《商君书》在思想领域的影响，首先要提到的，当然是法家的集大成者韩非子。

韩非融合商鞅的法、申不害的术和慎到的势，形成了自己独特的思想体系，其中，处于其学说核心位置的法治思想，无疑是承接自商鞅学派的。《商君书·定分》曰："法令者，民之命也，为治之本也，所以备民也。"法令是民众的生命、治国的根本，是用来防备人民的。摒弃德政礼治，以法令为治国、治民之本，用刑赏驱使民众一心从事农战，严刑重罚、赏罚必信等观点，在韩非子的著述中，也屡见不鲜。如《韩非子·定法》篇说："法者，宪令著于官府，刑罚必于民心，赏存乎慎法，而罚加乎奸令者也，此臣之所师也。"所谓法，就是由官府制定、发布，必须坚定执行的、用于治理民众的律令。慎重地行赏，对触犯法令者实施严厉打击，是臣下必须遵循的职责。为了有效地打击犯罪、预防犯罪，必须实行严刑峻法，即《韩非子·六反》篇所说的："所谓重刑者，奸之所利者细，而上之所加焉者大也。民不以小利蒙大罪，故奸必止者也。"对于法令的公正清明，《韩非子·饰邪》篇说道："法明则忠臣劝；罚必则邪臣止。"要严格执法、有罪必罚。而实行法治的目的，一是为了驱民于农战，富国强兵，"官行法则浮萌趋于耕农，而游士危于战陈"（《韩非子·和氏》）；二是用法治来提高君主的权威和实行专制统治。此外，在其著名的《五蠹》篇中，韩非子对农战的倡导、特别是对战争的鼓动更是不遗余力。

《商君书》中"权者，君之所独制""权制独断于君"的君主集权思想，在韩非那里演绎为"能独断者故可以为天下主"（《韩非子·外储说右上》），而其整个思想体系的理论基础，是《商君书》中对人性趋利的极端判断和历史进化学说，即"民者好利禄"（《韩非子·制分》）、"世异则事异……事异则备变"（《韩非子·五蠹》）。

在中国思想史上，韩非不仅是《商君书》"法治"思想的继承者，而且也是第一个对商鞅变法与商鞅学说做出全面评价的人。韩非认为，商鞅变法顺乎时代之潮流，目的是"救群生之乱，去天下之祸"。基于这种认识，韩非将商鞅个人在历史上的贡献高度评价为"功之至厚者"（《韩非子·奸劫弑臣》）。韩非是历史上第一位，同时也是唯一一位把商鞅称作"圣人"的人，可见商学对韩非的影响之巨[①]。

韩非有一个著名的同学，据说也是害死他的人，名叫李斯。李斯的学问远不及韩非，但是行政能力极强，商鞅身死的百年之后，也在秦国做丞相。李斯推崇商鞅，曾激情洋溢地赞美"孝公用商鞅之法，移风易俗，民以殷盛，国以富强，百姓乐用，诸侯亲服，获楚、魏之师，举地千里，至今治强"[②]，同时他也是《商君书》重法、重罚及君主专制精

---

① 曾振宇：《历史的商鞅与符号化的商鞅》，《齐鲁学刊》2003 年第 6 期。

② 《史记·李斯列传》，第 2542 页。

神的继承者和实践者。李斯说："商君之法，刑弃灰于道者。夫弃灰，薄罪也，而被刑，重罚也。彼唯明主为能深督轻罪。夫罪轻且督深，而况有重罪乎？故民不敢犯也。"[1] 李斯所谓的"深督轻罪"，就是用轻罪重罚的酷法震慑、制服民众，实行国家恐怖主义。李斯认为，"明主能……独操主术以制听从之臣，而修其明法，故身尊而势重也"[2]，而贤明君主的作为，就是斩断仁义之路，设立严明的法度，实行集权和专制以驾驭群臣，为所欲为。其在秦国主政期间的作为，如反对分封，主张郡县制；力主焚烧民间收藏的《诗》《书》及百家之语，禁止私学等，也时时秉承《商君书》中商鞅学派的作风和原则。

《商君书》在思想界的影响不仅存在于法家学说内部，也在其对立面——儒家学说中有正反两方面的体现。其正面的影响，可以从荀子身上略见一二。

荀子是韩非和李斯的老师，三晋人士。三晋盛产法家，荀子耳濡目染，受到三晋法文化的熏陶是很自然的事情。在游历秦国期间，荀子应秦相范雎"入秦何见"之问，谈了自己对奉行商学的秦国的观感：

> 入境，观其风俗，其百姓朴，其声乐不流污，其服不挑，甚畏有司而顺，古之民也。及都邑官府，其百吏肃然莫不恭俭、敦敬、忠信而不楛，古之吏也。入其国，观其士大夫，出于其门，入于公门，出于公门，归于其家，无有私事也，不比周，不朋党，偶然莫不明通而公也，古之士大夫也。观其朝廷，其闲听决百事不留，恬然如无治者，古之朝也。（《荀子·强国》）

除地理位置和自然资源的优越之外，荀子盛赞秦国百姓淳朴温顺、官吏节俭忠诚、士大夫廉洁奉公、朝廷高效清明，一切都美好得如同古圣先贤治理之下的理想状态。荀子虽然是儒家，但事实胜于雄辩，亲眼

---

[1] 《史记·李斯列传》，第 2555 页。
[2] 《史记·李斯列传》，第 2557 页。

目睹商鞅变法给秦国带来的富强，其内心不可能不受到冲击和震动。从传世的《荀子》书中可见，受到现实和生活环境的影响，荀子之学带有明显的法家痕迹：

"治之经，礼与刑。"（《成相》）

"《礼》者，法之大分，类之纲纪也。"（《劝学》）

"法者，治之端也。"（《君道》）

"人君者隆礼尊贤而王，重法爱民而霸。"（《强国》）

要法治还是要礼治，是儒、法两家对立、争论的一个关键点。法家坚决反对儒家的仁义道德，在儒家内部，情况则较为复杂。孔子提倡"为政以德"，但他并不排斥刑罚，还在鲁国做过掌管司法的官。孔子只是认为，在礼与法之间，基于"仁者之爱"的礼制更优，即"道之以政，齐之以刑，民免而无耻。道之以德，齐之以礼，有耻且格"（《论语·为政》）。孟子旗帜鲜明地反对法家以力服人的霸道，"以力假仁者霸，霸必有大国。以德行仁者王，王不待大。汤以七十里，文王以百里。以力服人者，非心服也，力不赡也。以德服人者，中心悦而诚服也。如七十子之服孔子也"（《孟子·公孙丑上》）。孟子高举的是礼义的大旗，与之不同，荀子则部分地吸收了商鞅学派的法制学说，礼法兼施、王霸并用，认为"治之经，礼与刑"。

"体恭敬而心忠信，术礼义而情爱人，横行天下，虽困四夷，人莫不贵"（《荀子·修身》），体貌恭敬、内心忠信、性情仁爱，这样就能成为受人尊重的君子。君子用礼义仁爱修养自身，但在治理国家时，则要遵循礼义与刑罚并用的原则。只有在彰明美德的同时，兼用刑罚，才能达到国家安定、天下太平的效果。当然，在隆礼与重法的关系中，二者并不是平分秋色、不分伯仲的，这也显示出荀子的儒家本色，即礼高于法，法从属于礼，仁义礼制是法令条例的总纲和准则。而荀学隆礼重法学说的逻辑起点，则是其对人性恶的客观认识。"今人之性，生而有好利焉……饥而欲饱，寒而欲暖，劳而欲休，此人之情性也。"（《荀子·性恶》）这与《商君书》中对人性好利的表述何其相似。此外，在历史认知方面，荀子反对儒家一贯的祖述尧舜、宪章文武，反对其复古僵化的历史观念，提出了"法后王"之说，也与《商君书》中进步的历史观不无关系。

荀子因博采众家之长，被誉为先秦诸子思想的集大成者。到了汉代，在汉初学者的眼中，《开塞》是《商君书》最具代表性的一篇。陆贾应该仔细读过《开塞》，其中的"武王逆取而贵顺……取之以力，持之以义"无疑给他留下了深刻印象，所以，他才会在反驳刘邦对儒学的轻视时脱口而出"汤武逆取而以顺守之"①。贾谊在总结秦亡的教训时也说过类似的"仁义不施，攻守之势异也"（《新书·过秦》）。可见，汉初士人均直接或间接地受到了《商君书》的影响②。其实，就在朝廷宣布罢黜百家的国策之后，依然有人公开声称自己欣赏和信奉商鞅学说。比如，东方朔曾上书汉武帝，抱怨自己"不得大官"，强烈要求武帝重用他这个饱学之士和武学奇才。他所陈述的"农战强国之计"，就是"专商鞅、韩非之语"③。

但总体来讲，在更长时段的、儒家拥有绝对话语权的历史语境中，《商君书》和商鞅学派都是作为反面典型，作为批判的靶子，起着警戒世人的作用。

比如，汉代的贾谊说"商君遗礼仪、弃仁恩，并心于进取。行之二岁，秦俗日败"④，批评商学的专任刑罚、不行仁爱、背信弃义、刻薄寡恩，导致秦国贫富不均，风俗败坏。大儒董仲舒也批评道："至秦则不然，用商鞅之法，改帝主之制，除井田，民得卖买，富者田连仟伯，贫者亡立锥之地。"⑤ 唐太宗和魏征讨论治国之道时，提及对商鞅之学的看

---

① 《汉书·郦生陆贾列传》，第 2699 页。

② 李存山：《〈商君书〉与汉代尊儒——兼论商鞅及其学派与儒学的冲突》，《中国社会科学院研究生院学报》1998 年第 1 期。

③ 《汉书·东方朔传》，第 2863—2864 页。

④ 《汉书·贾谊传》，第 2244 页。

⑤ 《汉书·食货志》，第 1137 页。

法。唐太宗认为：“周孔儒教非乱代之所行，商韩刑法，实清平之秕政。道既不同，固不可一概也。”魏征则说：“商鞅、韩非、申不害等以战国纵横，间谍交错，祸乱易起，谲诈难防，务深法峻刑以遏其患。所以权救于当时，固非致化之通轨。”①君臣二人的对话看似各持己见，其实只是侧重点不同，都认为《商君书》的刑法之治是猛药，而非良药。既然是猛药，就必须慎用，稍不留神，这剂猛药就会成为毒药了。

宋代经学家张九成写过一本《孟子传》，在阐发孟子学说时，他很自然地将孟子与商鞅做了比较，系统地阐释了扬孟抑商的政治理念，从而确立了“孟子之学”和“商鞅之说”这对核心政治概念。围绕着这对核心概念，张九成反复警告和抨击战国时期君主舍孟子之学而任商鞅之说的愚蠢和拙劣。因为孟子之学是登堂入室的帝王之道，“惟孟子深知天理人情与夫二帝三王之道”②，相反，商鞅之说则是登不了大雅之堂的旁门左道，“商鞅、孙膑、苏秦、张仪、稷下数公之说，皆闾阎、市井、商贾、驵侩之材也”③。

《孟子》言仁政，《商君书》言苛政；《孟子》议井田，《商君书》度地徕民，废除旧的土地制度；《孟子》主张复古，法先王，《商君书》力主改革，不循古修今等，二者在诸多方面都构成了一种罕见的尖锐对比。这使得张九成相信，孟子心中有商鞅。商鞅之于孟子构成了一个难得的客观批判对象，所以张九成认为，孟子书中的议论，许多时候都是针对以商鞅为代表的战国法家学派而发的。如对于《孟子》所说的“天时不如地利，地利不如人和”，张九成解释道：“余观此一章，盖当时商鞅、孙膑、陈轸、苏、张辈，日以杀人为功业，其论天时地利时日支干五行，王相孤虚云陈之术，高城深池，兵革米粟之说熟矣，无一人发明保宗庙，安社稷，以人和为主。所谓人和者，即父子相保，兄弟相扶，室家相好，乡闾族党，亲戚朋友相往来，鸡豚黍稷酒醴牛羊相宴乐者是

---

① 王方庆：《魏郑公谏录及其他二种》，中华书局1985年版，第26页。
② 张九成：《孟子传》卷二，文渊阁四库全书本。
③ 张九成：《孟子传》卷四，文渊阁四库全书本。

也。"① 对于《孟子》所说的"吾身不能居仁由义，谓之自弃也"，张九成又说："此一章指商鞅、驺忌、孙膑、陈轸、苏秦、张仪稷下诸人之所言所为而哀之也……夫商鞅独行于秦，其为酷至汉犹未已，不知斯民为血为肉者几亿万，风俗为鬼为魅者亦几百年，皆鞅之学所至也。孟子知其必然，观天意，考人事，不至于汉不已也。虽欲救之，其将能乎？然仁者之心，亦岂能恝然不动哉？所以为哀痛而不能自已也……胡不体孟子之言，而以商孙诸人为戒乎？"② 类似这样的发挥，在《孟子传》中比比皆是。

在张九成看来，孟子最痛恨的不是暴君、昏君，而是那些助纣为虐、为虎作伥的乱臣贼子——"独逢君之恶，其罪大不可不辨也。以此知孟子不深罪当时之诸侯"③ 而罪商鞅。尽管如此，张九成还异想天开地推测，倘使孟子得志，必会引商鞅之流"以训诲之，使其改过迁善，则将置之于士大夫之列，以为吾用"④，而绝不会轻易放弃对商鞅之辈的思想改造。张氏此言或许有理，但那也不过只是一厢情愿的独断性真理罢了。

第二节 《商君书》在政治领域的影响

汉初，汉武帝采纳董仲舒的建议"罢黜百家，表章《六经》"⑤，确立了儒学的独尊地位，被后世称为"罢黜百家、独尊儒术"。其实，此"儒术"已经远非春秋战国时期儒学的原貌，而是融合了百家学说、适应"大一统"封建专制制度和思想的新意识形态。与此同时，被罢黜的百家也并未真的被废：一来，这种新儒学本身已经杂糅了包括《商君书》法家学说在内的百家之言；二来，对于汉代生成的中国传统文化而

① 张九成：《孟子传》卷八，文渊阁四库全书本。
② 张九成：《孟子传》卷十五，文渊阁四库全书本。
③ 张九成：《孟子传》卷二十八，文渊阁四库全书本。
④ 张九成：《孟子传》卷十八，文渊阁四库全书本。
⑤ 《汉书·武帝纪》，第212页。

言，"独尊儒术"只是一种表象，其表象背后，法家学说则从未片刻停止过暗流涌动——儒学仁爱的伦理教化是旗帜，但举旗的统治者一直实际应用的是法家学说，是集法、术、势为一身的御民之术。这两种貌似对立的思想学说被创造性地纳入专制政治体系内，形成了两相互补的统治术，也就是人们常说的明儒暗法、外儒内法、儒法合流。刘备在遗诏中，叮嘱儿子刘禅说："可读《汉书》《礼记》，闲暇历观诸子及《六韬》《商君书》，益人意智。闻丞相为写申、韩、《管子》、《六韬》一通已毕，未送，道亡，可自更求闻达。"① 刘备的推荐书目有儒有法，正表明了这位老谋深算的政治家对儒法学术的实用性理解。而在现实政治领域里，无论是制度建设方面，还是在施政纲领中，《商君书》等法家学说的影响都远超儒学，以至于有"百代皆秦政"之说。

汉承秦制，秦行商法。据此而言，如何估量商鞅学派的政治影响，都并不过分。

以《商君书》为代表的商鞅学派在政治领域的影响，从时间上可以分成两个阶段：一是对秦国称霸的直接影响。比如，强力推行军功爵制，打破世卿世禄制的铁饭碗，以至于短短二十年的变法运动就使秦国在此后一百年间迅速积累起庞大的战争资源，综合国力空前强大。二是对秦汉之后整个中国古代历史的长远影响。比如，商鞅非常注重制订成文法，使政府成为有法可依、有法必依的高效专制机器。此后，秦、汉、唐、宋、明、清历朝历代，无不高度重视新朝的立法工作，由此形成了一整套独具特色和魅力的专制主义法系。从性质上看，其在政治领域的影响可以分为两个方面：一是在有形的制度层面对君主专制政治实践的深刻影响，如中央集权制和地方郡县制；二是在无形的观念层面对尊君愚民的极端推崇，并由此派生出一系列政治思想共识。比如，以吏为师、诗书有害、强干弱枝、君主至上等等。具体而言，可从以下几方面略作总结。

---

① 《三国志·蜀书·先主传》裴松之注引《诸葛亮集》，中华书局 1959 年版，第 891 页。

其一，废分封，行县制。

春秋战国时期，郡和县的设置最初都是为了巩固边防，大国灭掉小国之后，多将其设立为县，以加强边境的防守，而后，各国又陆续在边地设置郡。战国初年，秦国已在其东部边境一带设县，但是，将县制推行于内地并形成一种地方行政管理制度，则与商鞅密切相关。

商鞅在秦国执政期间，"集小（都）乡邑聚为县，置令、丞"①，设立县级行政单位，每县在县令之下，设置主管民政的县丞和主管军事的县尉。县级长官除了负责管理本地的行政、军事事务之外，"诸侯郡县皆各为置一法官及吏……吏民知法令者，皆问法官"（《定分》），还负有教民习法的职责。"以吏为师"使县官集法官、教官于一身，承担了更多职责，也拥有了更大的权力。在对官员的管理上，《商君书》在《禁使》篇规定"十二月而计书以定事，以一岁别计而主以一听"，实行年终考绩制度。每年年终，地方长官集中上报各自地区的治理情况，包括《去强》篇所说的仓库、人口及垦田等各项具体统计数字。朝廷通过考课和监察，考核并监督地方长官，决定其升迁或任免。

商鞅的县制改革通过变法而强制推行，不仅加强了国君的集权，为秦统一中国奠定了坚实的基础，也直接规范了后世的地方行政管理体制，深刻影响了中国帝制社会管理模式的形成。

春秋时期，"天子建国，诸侯立家，卿置侧室，大夫有贰宗，士有隶子弟"②的分封制是以血缘关系为纽带的宗法制在政治制度上的表达和体现，与郡县制相比，二者最大的不同在于：分封制下，被周天子分封的诸侯在其诸侯国内拥有统治权，且君位世袭；郡县制下，郡守等各级官吏由国君直接任免，且不得世袭。显然，分封制造成了地方与中央的分权，并可能由于诸侯国实力的膨胀造成地方与中央的对抗；郡县制

---

① 《史记·商君列传》，第 2232 页。

② 李梦生：《左传译注·桓公二年》，第 54 页。

则加强了中央对地方的管理和控制，使朝廷的政令直接下达到地方，更加有利于中央集权和国家的统一。

秦始皇统一中国后，就"分封"还是"郡县"的问题，大臣们在朝廷上进行了激烈辩论。辩论中李斯力排众议，秦始皇最终决定废除分封，实行郡县，在全国范围内设立了三十六郡。西汉初年，刘邦为拱卫其政权，又分封同姓王。但随着诸侯王力量的日益壮大，最终却导致了景帝三年（前154）的"七国之乱"。"七国之乱"被平定后，汉景帝趁势取消了诸侯王在其封国内的自治权，规定诸侯不得干政，只能收取国内的租税以为俸禄，并将封国内官吏的任免权力也收归中央，致使各诸侯封国名存实亡，基本等同于中央直辖的郡级地方行政机构。此后，真正意义上的分封制退出历史舞台，郡县制的地方行政制度，在中国历史上一直绵延了两千余年。

其二，官僚制度。

商鞅的县制改革不仅改变了秦国的地方行政制度，也改世官为流官、除世禄为官禄，彻底废除了选官制度上的世卿世禄制，建立了更加高效的、有利于提高官员队伍素质和加强中央集权的官僚制度。

世卿世禄制下，卿大夫等贵族的爵位和官位都实行世袭制，由嫡长子继承，无论其才能如何，都世代享有采邑和封地、特权和财富，以至于有才者无处晋身，无才者却身居高位，无所作为，甚至是胡作非为。这在亟须提高自身国力以自保、以称霸的战国时代，对于最高统治者来说，显然是十分不利的。商鞅"宗室非有军功论，不得为属籍"的规定，标志着秦国世卿世禄制的废除。在《商君书》中，对以事功和军功选拔任用官吏，粟爵粟任、武爵武任的必要性进行了充分的论述，并以法令的形式将其固定为国家制度。与此同时，还建立了一整套对官吏的监察和考核制度，以提高行政绩效，并使君主能够以法治理论充分控制和驾驭这支官僚队伍。

商鞅身后秦始皇的一统天下，在很大程度上就是得益于《商君书》中按军功赏赐爵位、按功劳获得任用的制度。这种"富贵之门必出于兵"（《赏刑》）的奖惩政策在战争中对民众的鼓舞和诱惑，使秦人"闻战，顿足徒裼，犯白刃，蹈炉炭，断死于前者，皆是也……是故秦军战未尝不胜，攻未尝不取，所挡未尝不破"①。据统计，从商鞅变法到秦始皇即位的一百多年间，秦同六国共作战 65 次，获全胜 58 次，斩首 129 万，拔城 147 座，在攻占的土地上共建立了 14 个郡，未获全胜或互有胜负的有 5 次，败北仅 4 次。而商鞅学派为形成集权体制所确立和推行的这一整套官僚制度，也为汉代及后世的统治者所继承和发展，在建立大一统的中央集权国家制度上，发挥着重要的作用。汉文帝的智囊、重臣晁错就曾上疏"纳粟授爵"，"爵者，上之所擅，出于口而亡穷；粟者，民之所种，生于地而不乏"②，并开历代屯田政策的先河。

其三，土地制度和经济政策。

在土地政策方面，首先，商鞅变法废井田，开阡陌，集地权于国家，由国家重新丈量、规划土地，从而铲除了宗法体制所赖以建立的经济基础。其次，通过废除"世卿世禄"制把中间贵族阶层抛开，规定以新的军功"家次""名田宅"，宗室无军功不得属籍，新贵后代无功即无赏，从而排除了封君分享土地所有权的可能性。再次，在村社解体的大潮中，通过"聚邑为县""壹山泽"等措施，完成了对分散的村社土地所有权的集中和垄断。即使秦汉以后出现了土地自由买卖的部分土地转移运动，终究不能超出土地国有制所允许的范围，国家不会因为土地转移而失去租税和力役收入，也丝毫没有改变土地所有权的国有性质。所以秦始皇一统六国后，就立马宣称"六合之内，皇帝之土……人迹所至，无不臣者"③。把人捆绑于土地，把土地统合于国家，从而最终建构起人地合一，受制于皇帝的专制秩序。两汉魏晋隋唐，在全国范围内实行的各类形式的国家授田制，都不过是商鞅这种做法在更大范围内的反复实施。

① 《韩非子集解·初见秦》，第 3—4 页。
② 《汉书·食货志》，第 1134 页。
③ 汪蕾：《〈商君书〉对中央集权制国家的建构思想》，《重庆科技学院学报》2006 年第 6 期。

在经济政策方面，秦国在公元前 378 年"初行为市"，发展工商业，但就在这个起点上，遭到了商鞅变法的严重摧残。《商君书》为强国极力鼓吹重农抑商之政，抬高粮食价格、加重征收非农业人口的徭役赋税、禁止粮食贸易、限制人口流动等措施，在战争时期对迅速提高国力卓有成效，但长期而言，也在巩固农业基础地位的同时，遏制和阻碍了工商业的发展和经济的繁荣。汉唐以来，商鞅学派的"重农抑商"之政，成为中国古代长期奉行的一项基本经济制度和国家战略，虽然历朝历代在具体政策上偶有松动，但以农为本、以商为末的本末意识都毫无二致。这一轻商、贱商的恶劣传统，使得中国在漫长的古代社会中，资本主义的因子虽然屡有萌芽，但终究无力发展、成长起来。

其四，法治体系。

《商君书》强调缘法治国，确立了一整套严格的法制体系，其后，秦国的历代国君继续贯彻和实施商鞅学派的法治精神和律令条文，从 1975 年在湖北省发现的云梦睡虎地秦简中，可以对此有所探知。这批竹简包括战国晚期秦国的法律条文、布告文书、大事记、医书等，涉及秦法部分的篇目主要有《秦律十八种》《效律》《秦律杂抄》《法律答问》《封诊式》，其中《秦律十八种》具体包括《田律》《厩苑律》《仓律》《金布律》《关市律》《工律》《工人程》《均工》《徭律》《司空》《置吏律》《效》《军爵律》《传食律》《行书》《内史杂》《尉杂》《属邦》。从性质上看，这批秦简有当时正在执行的法律原文，也有对律文的司法解释，还有具体的民事、刑事案例以及对诉讼程序、刑狱勘验的说明，其内容之广、执法之严、刑罚之酷，无不体现着《商君书》严刑重罚、刻薄寡恩、一断于法的法治原则。

商鞅的新法不仅彻底改变了秦国，也终止了三代原生的礼治文化。此后，汉代虽然在反省秦亡的教训后，复兴儒学，但商法绝对集权、强权专制的法治精神，却更加符合君主专制的要求，因此被实际地保留下来。由商鞅开启的暴力普法运动，经秦汉皇权的有效实践和缓慢积淀，构成了古代政治最内在、最血腥的一面。如商鞅以法律为借口，将成百上千的民众集中杀戮，在中国历史上制造了非军事目的的大规模屠杀恶行："一日临渭而论囚七百余人，渭水尽赤，号哭之声动于天地，畜怨积仇比于丘山。"[1] 类似的一幕，在焚书坑儒、党锢之祸、方孝孺案、历代文字狱等恐怖事件中，一次又一次地重复上演。再如，商鞅立法中规定的对民众乃至官员之间相互告密的公开纵容和鼓励，都在秦汉以后得到了更加不受节制的恶性发展，汉武帝、武则天、朱元璋，前仆后继，将其推向了一个又一个难以想象的疯狂高潮。

其五，文书与户籍制度。

《商君书》中对保管法令的严格规定、对人口、仓库、财务等数字的登记要求，已经形成了一整套完整的文书档案管理制度。秦国此后一步步走向强大，与商鞅学派较早认识到文书档案的重要性，并对其进行制度化的规范管理不无关系。这对后世的执政者也产生了深远的影响。如刘邦打进关中后，手下的将领纷纷忙着进宫抢夺珠宝、美女，做过帝国基层官员的萧何却直奔皇宫档案馆，把人口户籍、地理形势、国家财政以及各地官员的工作总结和政绩材料等等，全盘接收下来，为刘邦立足关中、争霸天下，奠定了必要的政治经济信息基础。

在《商君书》建立的文书制度中，户籍制度不仅为国家行政管理提供依据，更重要的是起到了实施人身控制的作用。百姓的姓名、年龄、家庭状况必须逐一登记在政府的户籍册上，国家对境内的民众统一实行什伍编户，规定其"无得擅徙"，不准迁徙别处。即便临时外出几日，住店都需要持有官府颁发的证件。与此同时，"什伍"与"告奸"的合并使用，加上军队与普通民众的一体化管理，更使得民众"行间无所逃，迁徙无所入"，在军队中想要逃跑无路可去，在乡间想迁徙别处，也没有地方安身。普天之下，人们无处逃脱君主专制的罗网。通过这一套严密的户籍制度及其相关法规，国家实现了对全体民众的人身控制，以便供国君驱使。因此，国家的意志在民众那里得到了彻底的贯彻和执行：父亲送儿子参军时所说的话是，得不到敌人的首级就不要回来，违反法令我们都无处可逃，你死，我也得死（《画策》）。这种户籍制度延

---

① 《史记·商君列传》，第 2238 页。

续两千多年，始终发挥着限制人们自由迁徙、剥夺民众人身权利的作用。

第三节 《商君书》及商鞅在历史事件中的影响

在中国古代社会迈向辉煌成就的起始阶段，商鞅学说为推动历史发展做出了巨大贡献，但锐意进取的改革者却遭受五马分尸的酷刑，最终身首异处。现实政治中的丰功伟绩与个人命运的悲惨遭遇形成了强烈的对比，其学说中上下其手的法术权谋，强硬严厉的高压政策以及重法治、废人伦的行政原则都在后世聚讼纷纭，或讴歌或鞭挞或唏嘘不已。自汉代以来，《商君书》中的思想和学说都附着在商鞅身上，使其成为一个符号化的历史形象，在一系列重大历史事件中，为着"辩护古人，也就是辩护自己"的目的，被反反复复地重新演绎。

例一，盐铁会议。

武帝之后，西汉盛世不再，昭宣中兴又尚未到来。在这个政治低谷，帝国君臣们突然产生空前的危机感，意识到必须对国家的政治、经济策略做出重大调整。值此历史转折之际，商鞅像一面冲锋陷阵的大旗，被高高举起，成为帝国官员们高谈阔论、借古讽今的最佳工具。而上演这一幕的舞台，就是昭帝始元六年（前81）召开的盐铁会议。

盐铁会议是西汉历史上一次重要的国务会议。由于汉武帝晚年实行盐铁酒类专卖政策，将国民生产和消费的主要资源收归政府垄断经营，导致农、工、商业发生危机，人心浮动，政权不稳。辅弼大臣大将军霍光被迫召集郡国贤良文学与朝廷主管财政的桑弘羊等权贵们进行对话，结果，这场交锋却变成了对商鞅变法以来秦汉中央集权制度的历史清算。来自民间的郡国文学指控盐铁专卖危害国计民生，谴责商鞅是祸首，而代表官商结合体制的桑弘羊则全盘肯定商鞅变法国富民强的功效。其间，有关商鞅的变法效应、个人品格以及由此产生的对立性评价，实际体现了帝国政权与郡国的利益纠葛①。

据桓宽《盐铁论·非鞅》篇记载，在御前会议上，桑弘羊等人代表朝廷执政者首先发言，对商鞅的历史贡献给予了高度评价："昔商君相秦也，内立法度、严刑罚、饬政教，奸伪无所容；外设百倍之利，收山泽之税，国富民强，器械完饰，蓄积有余。是以征敌伐国，攘地斥境，不赋百姓而师以赡。"文学者们也突发惊人之论，他们认为商鞅变法的各项新政，恰恰正是导致秦帝国短命夭折的内在原因："商鞅峭法长利，秦人不聊生，相与哭孝公……今商鞅之册任于内，吴起之兵用于外，行者勤于路，居者匿于室，老母号泣，怨女叹息，文学虽欲无忧，其可得也？"桑弘羊针锋相对，对文学者流将秦亡之罪归于商鞅的诬妄不实之词进行驳斥："秦任商君，国以富强，其后卒并六国而成帝业……今以赵高之亡秦而非商鞅，犹以崇虎乱殷而非伊尹也。"商鞅其人与秦王朝的建立远隔一个多世纪，将秦亡之罪名强加在商鞅头上是毫无根据的诬妄之词。秦亡的原因应是始皇父子君临天下，"邪臣擅断，公道不行"。文学之流宣称，既然商鞅为秦国奠定了"重刑峭法"之基础，将秦亡之因归咎于商鞅也并非空穴来风："伊尹以尧、舜之道为殷国基，子孙绍位，百代不绝。商鞅以重刑峭法为秦国基，故二世而夺。"桑弘羊继而对商鞅为秦奠定的国基究竟起了什么性质的作用进行辩护："昔商君明于开塞之术，假当世之权，为秦致利成业，是以战胜攻取，并近灭远，乘燕、赵，陵齐、楚，诸侯敛袵，四面而向风。其后，蒙恬征胡，斥地千里，踰之河北，若坏朽折腐。何者？商君之遗谋，备饬素修也。"贤良文学对此继续指责道，商鞅变法并非一点功绩也没有，但这一切恰恰正是秦朝短祚之因。因为秦自商鞅变法以来一直没有实行"清静无为""与民休息"的黄老无为政治，而是永无止息地劳民役民、残害百姓，最后终于导致国基倾塌。他们说："商鞅之开塞，非不行也；蒙恬却胡千里，非无功也；威震天下，非不强也；诸侯随风西面，非不从也；然而皆秦之所以亡也……知利而不知害，知进而不知退，故

---

① 朱维铮：《帝制中国初期的儒术》，浙江大学出版社 2019 年版，第 20 页。

果身死而众败。”桑弘羊却将商鞅与屈原、伍员、乐毅等人相提并论，对历史上那些功如丘山却惨遭陷害的英雄人物给予了无限同情，并且暗示文学者流是与谗害屈原的上官大夫一样，皆属屑小之徒：“夫商君起布衣，自魏入秦，期年而相之，革法明教，而秦人大治。故兵动而地割，兵休而国富。孝公大悦，封之於、商之地方五百里，功如丘山，名传后世。世人不能为，是以相与嫉其能而疵其功也。”文学之流面对桑弘羊的影射之词，反而公开声明对商鞅不是妒嫉，而是仇恨：“人与之为怨，家与之为仇，虽以获功见封，犹食毒肉愉饱而罹其咎也。”这场朝廷辩论赛，针尖对麦芒，胜负难分，实际上反映了在商鞅评论上过与不及的两种倾向：桑弘羊等人对商鞅推崇备至，称颂有加；文学者流则极力诋毁，全盘否定。但其实，这两派都是基于完全相同的政治功利立场①。

例二，王安石变法。

商鞅在后人眼中的两次闪亮登场，一次是汉代的盐铁会议，另一次就是北宋时期的王安石变法。其中，较之盐铁会议上的辩论，王安石变法使商鞅形象产生了更大的历史张力和思想空间。

这表现在两方面。首先是在王安石变法的过程中，始终飘忽着商鞅的影子。商鞅像一个古老的幽灵，伴随着变法的起伏而若隐若现。许多人都明确意识到了商鞅变法在王安石变法中的特殊政治符号价值。“王安石天不足畏之说，亦由乎此”②，所以王安石之子王雱就时不时地拉商鞅来助阵，“常称商鞅为豪杰之士，言不诛异议者法不行”③。或许是为了落实王公子的指示，朝廷果然在熙宁五年正月，“置京城逻卒，察谤议时政者收罪之”④。这不禁让人联想起作为法家殿军的李斯在制订“焚书令”时对民众言论的严厉钳制。这仿佛是古代官场上的惯例通则，一项新政令的推出，必然伴随有官府对人们言论的变相钳制。即便是变法

---

① 曾振宇：《历史的商鞅与符号化的商鞅》，《齐鲁学刊》2003 年第 6 期。

② 田雯：《古欢堂集》卷三十四《读商子跋》，文渊阁四库全书本。

③ 《宋史·王安石传》，中华书局 1977 年版，第 10551 页。

④ 《宋史·神宗本纪》，第 281 页。

或新政，打着惠民利民为民的旗号，也免不了对民众言论的深刻恐惧。时人愤怒地谴责道："此商鞅议令之罚，而安石亦为之……盖当是之时，士大夫之议论少，而民之怨谤多。安石不有以平其怨，反有以抑其怨，天下之口可遏，而天下之心其可遏欤？"①

至于那些自觉站在王安石对立面的大批官员，更是将王安石和商鞅捆绑在一起，不遗余力地加以抨击。"安石以富国强兵之术，启迪上心，欲求近功，忘其旧学。尚法令则称商鞅，言财利则背孟轲，鄙老成为因循，弃公论为流俗，异己者为不肖，合意者为贤人"②，还有人径直将王安石变法的主张称做"秦学"③。变法过程中，虽然有些人在给皇帝的上书中没有明确将王安石和商鞅拉扯在一起，但字里行间则隐含着这种类比。比如，苏轼在《上神宗论新法》中就说："唯商鞅变法，不顾人言，虽能骤致富强，亦以召怨天下。使其民知利而不知义，见刑而不见德。虽得天下，旋踵而失也。至于其身，亦卒不免，负罪出走而诸侯不纳，车裂以徇而秦人莫哀。君臣之间，岂愿如此！"④

其次，变法领袖王安石自觉以商鞅自居。他作《商鞅》一诗自言其志："自古驱民在信诚，一言为重百金轻。今人未可非商鞅，商鞅能令政必行。"⑤ 对此，黄震一针见血地指出："荆公平生心事，尽见此诗矣。然荆公虽博学，而不明理，'诚'之一字，固未易言；信之为义，必有其实。徙木三丈而酬金百斤，天下宁有此理？此正商鞅矫情以行诈耳。顾谓之信诚可乎？果诚信，民将不令而从。谓诚信为驱民之具，何耶？"⑥ 搬根木头就获得百金的报酬，如此荒谬的事情，却被商鞅用以树立诚信，这本身就是欺诈。黄震所说其实隐含有一个很深刻的政治论断，即诚信绝不应该成为官府的驱民之具和愚民之术。相应之下，王安

① 吕中：《宋大事记讲义》卷十七，文渊阁四库全书本。
② 《宋史·范纯仁传》，第 10284 页。
③ 《宋史·陈次升传》，第 10969 页。
④ 赵汝愚编：《宋朝诸臣奏议》，上海古籍出版社 1999 年版，第 1195 页。
⑤ 王安石：《王安石全集》第四册，崇文书局 2020 年版，第 309 页。
⑥ 黄震：《黄震全集》第六册，浙江大学出版社 2013 年版，第 1946 页。

石毫不掩饰的自白，几乎没有得到人们的理解。明人在《王安石》一诗中写道："慨然斯道岂难行，却被《周官》误一生。从此老泉成口实，无心蓬垢得奸名。"①

一种意见认为，王安石自比商鞅是自不量力。比如，陆九渊就直白地说："商鞅是脚踏实地，他亦不问王霸，只要事成，却是先定规模。介甫慕尧舜三代之名，不曾踏得实处，故所成就者，王不成，霸不就。本原皆因不能格物，模索形似，便以为尧舜三代如此而已。"② 一种意见认为，王安石和商鞅是一丘之貉，都是小人之辈。比如，方回说："王安石亦一商鞅也……商鞅之为患，自周显王十年壬戌，至高祖之兴乙未，凡一百五十四年，而法不尽革。王安石之为患，自治平四年丁未，至德祐二年至元十三年丙子，凡一百一十年而安石之患未已也。"③ 当然，还有人将王安石酷评为"古今第一小人"。所谓"神宗之昏惑，合赧、亥、桓、灵为一人者也；安石之奸邪，合莽、操、懿、温为一人者也"④，或许王安石太有性格魅力了，以至于理学家也拿不准，一会说王安石是商鞅一样的乱臣，一会又说王安石是和司马光一样的名臣。

其实，在自视甚高的王安石心中，并不完全认同人们将他和商鞅绑架在一起，而是追慕三代圣王，商鞅只不过是他的底线而已。但在绝大部分人看来，王安石这种心态本身就非常可笑："介甫初以唐虞之事责神庙，以皋夔稷契自任。汉唐而下皆所不道，何其高也。及其愤新法之不行，则甘心为商鞅而羡慕之，又何其卑也。"⑤ 至于这种行为，更是充满了巨大的危害性和灾难性："熙宁间，王安石执政，改更祖宗之法，附会经典，号为新政……自比商鞅，天下始被其害矣……上慕轩、黄，下比尧、舜三代，以汉、唐为不足法。流弊至今，为害日久。"⑥

---

① 童轩：《清风亭稿》卷八，文渊阁四库全书本。
② 陆九渊：《陆九渊集》，中华书局 1980 年版，第 442 页。
③ 方回：《续古今考》卷三十八，文渊阁四库全书本。
④ 杨慎：《升庵集》卷五十一，文渊阁四库全书本。
⑤ 王若虚：《滹南集》卷二十九，文渊阁四库全书本。
⑥ 汪藻著，王智勇笺注：《靖康要录笺注》，四川大学出版社 2008 年版，第 680 页。

至少从南宋开始，人们已经趋同于将王安石和商鞅相提并论，视为祸国殃民的罪魁祸首。由于宋高宗赵构"深恶安石之学久矣"，兵部侍郎王居正便献上《辩学》四十三篇，主要内容是"王安石父子平昔之言不合于道者"。在他们二人的君臣对话中，进一步达成了双方在这个问题的政治共识："上曰：'安石之学杂以伯道，取商鞅富国强兵。今日之祸，人徒知蔡京、王黼之罪，而不知天下之乱生于安石。'居正对曰：'祸乱之源，诚如圣训。然安石所学，得罪于万世者不止此。'因为上陈安石训释经义无父无君者一二事。上作色曰：'是岂不害名教？孟子所谓邪说者正谓是矣。'"①

例三，戊戌变法。

在中国历史上著名的变法运动中，戊戌变法与商鞅变法的历史背景有着一定的相似性，但结局却大不相同。戊戌变法仅仅维持百日，就和王安石变法一样，以失败告终。康有为、谭嗣同等痛斥商鞅，表明这次变法并非追求君主专制，但是，却引发了章太炎力求复原商鞅历史真相的谏诤②。百日维新期间，章太炎写下《商鞅》一文，说："凡非议法家者，自谓近于维新，而实八百年来帖括之见也。"③

为了驳斥迂腐不经的谬见，《商鞅》一文首先为法家正名，称其为古代的政治家："法者，制度之大名。周之六官，官别其守而陈其典，以扰乂天下，是之谓法。故法家者流，则犹西方所谓政治家也，非胶于刑律而已。"进而，对于备受非议的商鞅学说，章太炎主要进行了两方面的拨乱反正。其一，"鞅之作法也，尽九变以笼五官，核其宪度而为治本"，商学的重刑主义，并非以刑罚为最终目的，而是以法治为治国之本，这与后世酷吏所奉行的严酷刑罚有着本质的不同。其二，自汉代以来"抑夺民权、使人君纵恣"的专制主义、集权政治也并非源自商鞅之学，实属公孙弘、董仲舒之流的发明、创建，"若夫张汤、仲舒，则

① 李心传：《建炎以来系年要录》卷八十七，文渊阁四库全书本。
② 朱维铮：《帝制中国初期的儒术》，第21页。
③ 章炳麟：《訄书》，生活·读书·新知三联书店1998年版，第87页。

专以见知腹诽之法，震怖臣下，诛锄谏士，艾杀豪杰，以称天子专制之意"①。"商鞅之中于逸诽也二千年。"章氏此文为两千年来商鞅之学蒙受的不白之冤翻案，文中引用《史记·商君列传》"行法十年，秦民大说"的记载，对商鞅变法的历史功绩，给予了高度赞扬。此外，关于《商君书》中商鞅学派的历史影响，章太炎在《诸子略说·法家》一文中总结道，历代名臣贤相中，诸葛亮、宋璟、张居正等都是商鞅一派的后学，是以商学的精神持法治国的："学商鞅而至者，唯诸葛武侯……武侯信赏必罚，一意于法，适与文帝相反，虽自比管仲，实则取法商鞅……其后学商鞅者，唐有宋璟，明有张居正。"②

章太炎在戊戌变法之后，对这篇《商鞅》又有所修订。为哀悼戊戌变法的失败，章氏指出，商鞅已意识到法是制度的总称，变法就是变革传统政治体制，因而法立就不容动摇退缩，"虽乘舆亦不得违法而任喜怒"③。

《商君书》在中国政治史和政治制度史上的影响是极其深远的。选取的几个历史事件，只是几个亮点而已。不过正因为是亮点，所以才将商君和《商君书》的精神内涵突出的更清晰、更靓丽。这个精神内涵，就是以大无畏的精神推进历史的变革进程。中国历史乃至人类的历史发展道路，从来都是不平坦的，不时地会遇到一些壅塞滞缓的地段。疏通这些路段，非常力所能为，只有大智大勇之人才能担当这样的历史责任。中国历史上的商鞅，永远是这类人的先驱。凡是历史遇到需要有巨人的产生来推进它发展的时候，商鞅伟岸的身影就会闪现出来，成作一面旗帜、一个向导、一声激励人的长鸣和号角。商鞅精神，永远是政治变革的动力之源。

---

① 章炳麟：《訄书》，第84—85页。
② 章太炎：《章太炎国学讲演录》，中华书局2013年版，第275—277页。
③ 朱维铮：《帝制中国初期的儒术》，第17页。

第 五 章

如何阅读《商君书》

第一节　疏通文字，领会要义

在具体的学习方法上，阅读《商君书》，首先，需要通过的当然是文字关。在这方面，前代和当代的学者已经做出许多卓有成效的努力，对其进行了文字的疏通和整理。我们可以借助前文介绍的注释本或注译本，如高亨的《商君书注译》、石磊的《商君书》等，克服语言文字上的阅读障碍。当然，如果具备较高的古代汉语能力，能够对原文进行初步地释读，可以考虑中华书局诸子集成本的《商君书锥指》，以获得更多更具原貌的历史感受。

其次，阅读《商君书》时还要注意理解内涵、把握要义。春秋战国时期，人们还没有什么版权意识，先秦古书即便是以某一人的名字命名，其实也多是集体的创作。《商君书》成于多人之手，文中有自相矛盾之处并不奇怪，读者对此不必过于纠结。在阅读时，重要的是理解书中的思想内涵，把握其学说的精要之意。比如，《商君书》把如虱子般的寄生者、破坏者称作"虱"，或者"虱害"，并常常提到"六虱"一词。无论"六虱"的具体内容是《去强》《弱民》篇的"岁、食、美、好、志、行"，还是《靳令》篇的"礼乐、《诗》《书》、修善、孝弟、诚信、贞廉、仁义、非兵、羞战"；无论《靳令》篇的"六虱"到底是六项、九项，还是按照其后所说的"国有十二者"，即将"礼乐、《诗》《书》、修善、孝弟、诚信、贞廉、仁义、非兵、羞战"理解为"礼、乐、《诗》、《书》、修善、孝弟、诚信、贞廉、仁、义、非兵、羞战"十二项，总之，《商君书》的整体思想脉络就是重农重战以谋求国家迅速富强，儒家学说及贪图安逸享乐的行为像虱害一样，是农战政策的破坏性力量。因此，这些虱害都是商鞅学派切齿痛恨并坚决予以打击的对象。

此外，如前所述，由于在流传过程中简册的散乱、抄写者的笔误或删改，往往不可避免地造成古书文字的错乱，加之《商君书》本身文笔古质，又缺乏早期的文字整理与疏通，因此，这方面的问题尤为突出。虽经文字学家及历史学者的多方努力，至今仍有一些字句、段落无法完全释读，书中的部分章节和名词，学术界也仍然存在较大争议。对此，可以暂时放下这些存在疑问的地方。跳过个别搞不清楚的字句，并不影响我们将关注点放在《商君书》中"一以贯之"的思想主题上，如农战、刑赏、连坐等具体政策及其背后更深层次的政治理念。所谓"读史使人明智"，想要以史为鉴，就要从整体入手把握《商君书》的内在思想理路，才能从古老的历史文本中读出有益于改变社会现实的精神和力量。

第二节 辩证地、历史地看待 《商君书》的思想贡献

在思想认识活动中，人们很容易犯下"以偏概全"的错误，常把人类以自身有限的认识能力所观察到的那一部分当做事物的本然与全部。就认识领域而言，面对真相，我们其实都是"盲人摸象"中的盲者，所以，孔子在两千年前就竭力提倡"叩其两端而竭""执两用中"的中庸之道。中庸之道提倡中正平和的思维品质，避免任何极端主义倾向。不幸的是，历史上对商鞅及《商君书》的评价，正是常常陷入非此即彼的极端境地：贬斥者口诛笔伐，视之为"遗礼义、弃仁恩"的千古罪人；赞扬者则全盘肯定，甚至将《商君书》中役使民众为统治者所用的"轻罪重罚"的重刑主义，解释为通过遏制人性中恶的部分来丰厚人性的优

点，是"由法返德"的法律道德化。设身处地地想一想，生活在以剥夺、牺牲民众幸福来换取富强的国家，人们心中会做何感想。靠高压政策的恐吓和威胁，又怎么能培育出人性善的花朵？为秦国富强立下汗马功劳的商鞅最后被秦君酷刑冤杀，而史籍记载："秦人不怜。"秦国民众的这一态度，已经足以说明问题。

想要尽可能地避免偏颇，在读书中，首先要以宽容的态度和中立的立场，把古人放在具体的历史环境中进行理解，然后用清醒的头脑，独立思考，进行批判性阅读。因此，阅读《商君书》要注意的关键一点，就是必须对其进行辩证地、历史地分析，不能不加思考，一味地贬低和反对，或者一味地推崇与附和。

任何在历史进程中占有一席之地的思想学说，都具有历史的进步性，同时，也必然具有其历史的局限性。对于《商君书》来说，亦是如此。商鞅的思想学说、所作所为及其个人品质历来备受争议，站在历史进步的立场上考察纷纭的历史，评定历史人物最重要和最基本的方法，是把他放在特定的时代环境之内，看他的活动在多大程度上满足了当时社会的需要，分析历史人物对整体历史进程所产生的影响，就此而言，无疑应充分肯定商鞅其人、其学对历史发展的推动作用。

春秋战国时期，是从贵族制社会向封建官僚制社会过渡的时代，对贵族世袭制的突破与建立中央集权的政治体制，正是通过变法改革实现的。商鞅在秦国对旧体制进行了最彻底、最成功的革新，这场势在必得的变革如同一根强健有力的杠杆，撬动了历史车轮的滚滚向前。《商君书》中宏大的历史观以及瓦解血缘宗法制度的各项政治措施，是具有历史进步性的。从《商君书》卷首《更法》篇的记载中，不难读出商鞅不畏险阻、锐意改革的决心、智慧和勇气。正因为如此，"三代不同礼而王，五霸不同法而霸""治世不一道，便国不必法古""疑行无成，疑事无功"的变法宣言，激励着后世一代又一代的改革者不怕牺牲，勇于挑战强大的保守势力，引领历史艰难前行。而其不畏权贵，"刑无等级""一断于法"的法治精神，无疑也是民族文化中宝贵的精神遗产。但与此同时，我们也必须清醒地认识到其学说中的糟粕，如前文所述的专制主义思想、强权政治观念与极端功利主义的价值观等。

第三节　我们要从《商君书》中读出什么

一　读出知识

从最基础的方面讲，史籍提供给我们的，首先是有关人类过往的历史知识。从获取知识的角度，把《商君书》当做史书来读，可以得到的历史信息还是十分丰富的①。由于商鞅政治家的身份和商鞅学派的法家特征，《商君书》中为数众多的政论文章涉及秦国及其周边国家的朝政，因此也记载、保留下当时秦与其他国家的政治、经济和军事制度。这对于历史文献、特别是典章制度类文献尚不丰富的先秦时期来说，是十分珍贵的。

比如，《垦令》篇虽然不像是秦孝公颁布的《垦草令》的原文，但它很有可能是商鞅在拟定法令阶段向国君提出的草案，或者是对已颁布的《垦草令》的具体解释。文中列出了二十种督促民众垦田的办法，从提高官府行政效率的"无宿治"、改革税制的"訾粟而税"到限制商业发展的"重关市之赋"，内容涉及行政、外交、刑罚、徭役、商品税以及地税等多种政治、经济制度。从中，不仅可以了解到秦国的政治、经济状况，还可以追溯后世相关政策的缘由，有助于理清其制度发展的来龙去脉。所以有人说，注重档案文书建设的《商君书》，本身就是一册难得的、先秦时期的国家档案选编，具有十分重要的文献价值。

再如，善于统帅三军的商鞅曾经写过一部兵书《公孙鞅》，可惜早已失传，但战争作为《商君书》农战政策的两大主题之一，许多篇章都有对军事问题的阐述。在《境内》等篇，有关于实行"军功爵制"对军队进行奖惩的规定，如"其战，百将、屯长不得，斩首；得三十三首以上，盈论，百将、屯长赐爵一级"，在战争期间，百将、屯长如果没有斩获敌人首级，就处死；获得朝廷规定的三十三颗首级以上，则赏赐一

---

① 以下史书、子书、心书的叙述思路，曾得到雷戈先生的指教，谨致谢忱。

级爵位。《战法》《兵守》等篇则论述了行军打仗、守城防御的原则和方法，所论虽不及《孙子兵法》系统，但在中国古代军事著作中，依然占有重要地位。

此外，《更法》篇对商鞅与保守派的论战进行了栩栩如生的记述，读来几乎可以恢复公元前四世纪秦国朝堂上，那改变历史走向的重要一幕。虽然，《商君书》对此的记载在书中所占的比重不大，但确是关于商鞅变法这一重大事件的一手资料。如果在阅读中结合《史记》《战国策》等史籍的相关记载，不仅可以在历史知识上相互补充，更可以丰富对商鞅变法的历史认知。

二 读出思想

商鞅虽然以政治家、改革家著称于世，但他同时也是法家学派的思想家。因此，《商君书》虽然是一部政论文合集，但我们依然可以把它当做子书来读，读出商鞅学派的思想内涵。

关于《商君书》的思想内涵，前文已有大致的论说，这里不再赘述。如何读出书中的思想内涵，需要把全书当做一个整体看待，将上下文联系起来进行逻辑的分析，而不能孤立地、静止地看问题。与此同时，若是能联系其他同类古籍，进行比照阅读，就能更加深入地理解问题。

比如，对《商君书》中矛盾对立思想的分析。《慎法》篇说："民之所苦者无耕，危者无战。"《商君书》在制定农战政策时，首先注意到的是民众与耕战的矛盾对立。正是基于对这一矛盾对立的认识，才以刑罚和赏赐为两条鞭子，制定出刑赏驱民的政策，驱使民众从事艰苦、危险的农战。这种从矛盾对立角度入手分析问题、解决问题的方法，体现在《商君书》的许多篇章里。"民弱，国强；国强，民弱""农战之民千人，而有《诗》、《书》辩慧者一人焉，千人者皆怠于农战矣。农战之民百人，而有技艺者一人焉，百人者皆怠于农战矣"，将强国弱民、重农抑商、去除诗书等商学的各项重要政策和主张联系起来，可以看出，矛盾对立的思考方法始终贯穿在《商君书》作者的思想意识中。

在先秦诸子中，不独商鞅学派具有矛盾论观点，老子和庄子也是从认识事物的对立关系去观察世界和人类社会的。所谓"反者道之动，弱者道之用"，老子认为，世间万物相反相成，都是在自身的对立面中获得存在的，而循环往复则是矛盾运动的基本规律，即弱向强的方向发展，而强者必然衰弱下去。因此，在无处不在的两两相对的矛盾对立中守柔守弱，即自觉、主动的处于弱势，就是保持住了持续向上的发展方向，不会走向灭亡。庄子在矛盾的普遍存在性以及运动观上，与老子的看法基本一致，只是他解决矛盾对立的方法则更为弱势和被动。庄子从老子强到弱、弱到强的循环往复中抽身而出，以"吾丧我"的方式消解了物我的对立，站在圆环的中央，观大道的无穷流变。"吾丧我"是庄子在万般无奈之下，与混乱世事相处的一种方式，是丧失掉自身与外物两两相待的自我之心，从而化解矛盾和对立，达到一种"自在"的人生境界。与此相比，《商君书》则是处处寻找对立面，如刘泽华先生所言，甚至是在没有明显矛盾的情况下，也要制造出一个对立面，通过打击对手，在你死我活的斗争中收集力量、壮大自身①。与此同时，利用矛盾、制造矛盾展开斗争，如"国强而不战，毒输于内，礼乐虱官生必削。国遂战，毒输于敌，国无礼乐虱官，必强"（《去强》），也是其转移内部矛盾、转嫁国内危机的有效方式。

三　读出人性

今天凝固为文字的这部书，当初一笔笔将其书写、镌刻在简册上的，是一个个富有情感和创造力的思想个体。他们将自己的思想付诸笔端，同时也将鲜活的心灵呈现出来，至今，那些思想和心灵依然跳动在古老文字的背后。如果我们静下神思，用心感受文字背后的意蕴，就可以探索到作者丰富而深刻的内心世界。因此，除了把《商君书》当做史书与子书，读出知识和思想，我们还可以把它看做一部心灵之书，从中读出那亘古未改，但又变幻莫测的人性。

---

① 刘泽华：《论〈商君书〉的耕战与法治思想》，《山东师范大学学报》1983 年第 4 期。

《商君书》中的文字气息是冷峻而严酷的，没有丝毫人伦的温情和道义的表达。但它在排斥道德仁义的同时，也说："取之以力，持之以义"（《开塞》）；在以霸道取悦秦孝公时，商鞅也慨叹霸道难以同殷、周的德治相比拟。那么，在其心中，是否也有上古三代帝王无为而治、仁德爱民的王道理想？写出这部书稿的人和其学派的思想代表，真的就是天生刻薄，少情寡义？或者，书中冷峻与严酷的主色调，是否就是其内心和人性的全部？

我们看到《商君书》将民众当做农战的工具予以驱使，他们是否确实认为君主和国家的利益高于一切，是否完全迷信暴力、崇尚强权，是否觉得严刑峻法最终可以达到去除刑杀的目的，从而创造出一个美好的社会？商鞅在渭水河边，一天之内，将七百人定罪并处决，鲜血染红了渭水，号哭之声震天动地，这时，商鞅的心中做何感想？当利用友情，以欺骗的手段俘虏旧时好友魏公子卬，打败魏军时，商鞅的心底是否有所歉疚？在受到诬陷投奔魏国，但魏国因公子卬之事拒绝接纳时，商鞅的内心是否五味杂陈？这些问题足以令我们在掩卷之后陷入深思。即使一时无法得出确切的答案，但类似这样的思考，无疑能够将我们对《商君书》的阅读推向深入，同时，也可以在更深的层次上理解商鞅其人其学，并借以反思人心和人性。

下 编

《商君书》注释

校注说明

1. 《商君书》原文以蒋礼鸿《商君书锥指》为底本（新编诸子集成本）。蒋本与他本差异处，一般依循蒋本，有文字着实不通者，在注中给予说明。

2. 注释以蒋礼鸿《商君书锥指》、高亨《商君书注译》为主要参考，同时还吸取了山东大学《商子译注》编写组《商子译注》及张觉《商君书全译》中的研究成果，并参以己意。

3. 注释旨在疏通文字，以解字为主，辅以整句翻译。由于《商君书》部分章节文字错乱严重，对于个别语义不明的字、词、句子不求强行释读，暂时存疑。对于学术界的分歧异说，在注释中以"一说"予以列举。

更法第一

【题解】更，变更。更法，变法。

本篇记叙了商鞅与甘龙、杜挚在秦孝公面前就变法一事展开的激烈论战。甘龙、杜挚因循守旧、墨守成规，反对变法。商鞅针对二人法古、循礼的言论，雄辩地指出：夏、商、周三代使用不同的礼制而称王天下，五霸使用不同的法令而称霸诸侯；治理国家的方法并非仅有一种，只要对国家有利，不一定必须效法古代；圣人的做法是只要可以强国利民，就不必因循旧礼法。最终，秦孝公力排众议，下定了变法的决心。本篇内容与《战国策·赵策》"赵武灵王平昼闲居"章的记载颇为相似，并与《史记·商君列传》《新序·善谋》的相关内容雷同。刘汝霖认为，"大约此类语乃当时主张变法之一种公开主张，本无一定著者主名，故其后或归之武灵王，或归之商鞅"。文中屡屡以其谥号——"孝公"称呼秦国国君渠梁，可知本篇并非商鞅所著，应为后人追记。

孝公平画①，公孙鞅、甘龙、杜挚三大夫御于君②。虑世事之变，讨正法之本③，求使民之道。

[注释]①孝公：秦孝公，战国时秦国国君，公元前361年至公元前338年在位。姓嬴，名渠梁，"孝"是其谥号。平：通"评"，评议。画：筹划。平画：评议谋划，这里指谋划治理国家的办法。一说"平画"二字有脱误，应作"平昼闲居"，意谓，白天退朝之后。②公孙鞅：战国时期的政治家、思想家，姓公孙，名鞅，又称卫鞅、商鞅。甘龙、杜挚：二人均为秦孝公的大臣，具体事迹不详。御：侍奉。

③讨正法之本：探讨政治治理的根本原则。正，通"政"。正法，政治、法度。本，根本原则。

君曰："代立不忘社稷①，君之道也。错法务民主张②，臣之行也③。今吾欲变法以治，更礼以教百姓，恐天下之议我也。"

[注释] ①代立：继承君位。社稷：土神和谷神，代指国家。②错法务民主张：此处文字有误，"务民主张"应作"务明主长"，意谓，订立法度务必显示君主的权威。错，通"措"，实施、设置。务，致力于。明，显示。长，长处。③行：本分。

公孙鞅曰："臣闻之，疑行无成，疑事无功①。君亟定变法之虑②，殆无顾天下之议之也③。且夫有高人之行者，固见负于世④；有独知之虑者，必见骜于民⑤。语曰：'愚者暗于成事，知者见于未萌⑥。民不可与虑始，而可与乐成⑦。'郭偃之法曰⑧：'论至德者不和于俗⑨，成大功者不谋于众⑩。'法者，所以爱民也；礼者，所以便事也⑪。是以圣人苟可以强国，不法其故⑫；苟可以利民，不循其礼⑬。"孝公曰："善！"

[注释] ①疑行：行动犹豫不决。疑事：做事犹豫不决。②亟定变法之虑：意谓国君应该尽快下定变法的决心。亟，急速、尽快。③殆无顾天下之议：一定不要顾及天下人的议论。殆，必、一定。④高人之行者，固见负于世：高于常人的行为，本来就违背世俗的习惯和观念。固，本来。负，违背。⑤独知之虑者，必见骜于民：有独到见解的人，必将遭到一般人的诋毁。骜（ào），通"訾"，诽谤、诋毁。⑥愚者暗于成事，知者见于未萌：愚昧的人被既成的事实或习惯所蒙蔽，智者则能发现新事物的萌芽。暗，昏昧、不明了。成事，已成之事。知，同"智"。萌，萌芽、开始。⑦民不可与虑始，而可与乐成：不可以与一般百姓去谋划创新之事，而只能和他们享受已获得的成功。⑧郭偃（yǎn）：春秋时晋国大夫，因掌管卜筮之事，又称卜偃，曾辅佐晋文公变法改革。⑨论至德者不和于俗：追求最高道德境界的人不随便附和于世俗之见。至德，最高的道德。和，附和。⑩成大功者不谋于众：成就大功业的人，不和更多的人谋划。⑪便事：便宜于操办政务。事，指政务。⑫圣人苟可以强国，不法其故：圣人的做法是，只要可以强国，就不去刻意效法前代的做

法。苟，如果。法，效法、取法。故，旧，指旧法。⑬苟可以利民，不循其礼：只要有利于百姓，就不必因循旧有的礼制。循，因循、遵守。礼，这里指旧有的礼制。

甘龙曰："不然。臣闻之：圣人不易民而教①，知者不变法而治。因民而教者②，不劳而功成；据法而治者，吏习而民安。今若变法，不循秦国之故，更礼以教民③，臣恐天下之议君。愿孰察之。"

[注释] ①圣人不易民而教：圣人不用改变民俗的办法去教化人民。易，改变。民，指民俗，与下文的"法"相对。②因民而教：顺应民俗民风进行社会教化。③不循秦国之故，更礼以教民：不遵循秦国传统的礼法，改变礼俗以教化人民。

公孙鞅曰："子之所言，世俗之言也。夫常人安于故习①，学者溺于所闻②。此两者，所以居官而守法，非所与论于法之外也。三代不同礼而王，五霸不同法而霸③。故知者作法，而愚者制焉④；贤者更礼，而不肖者拘焉⑤。拘礼之人，不足与言事⑥；制法之人，不足与论变⑦。君无疑矣。"

[注释] ①常人安于故习：一般人不喜欢改变传统习惯。故习，旧习惯。②溺：沉溺，此处意为拘泥、局限。③三代不同礼而王，五霸不同法而霸：夏、商、周三代使用不同的礼制而称王天下，五霸使用不同的法令而称霸诸侯。三代，指夏、商、周三个朝代。王（wàng）：动词，称王。五霸，春秋时期先后称霸的五个诸侯，即齐桓公、宋襄公、晋文公、秦穆公和楚庄王，一说为齐桓公、晋文公、楚庄王、吴王阖闾以及越王勾践。后一"霸"字为动词，称霸。④知者作法，而愚者制焉：智者创制法度，而愚笨的人墨守旧法，只能受法制的约束。制，制约。⑤贤者更礼，而不肖者拘焉：贤人改变、创设礼法，碌碌无为的庸人则被礼法所束缚。不肖者，没有德行的人，这里指无所作为之人。拘，拘泥、束缚。⑥拘礼之人，不足与言事：拘泥于礼法的人，不足以与之商讨大事。⑦制法之人，不足与论变：受制于法令而不知图变的人，不能与之讨论变革。

杜挚曰："臣闻之：利不百，不变法；功不十，不易器①。臣闻法古无过，循礼无邪②。君其图之。"

[注释] ①利不百，不变法；功不十，不易器：没有百倍的利益不谋求变法，没有十倍的功效不变更器具。②法古无过，循礼无邪：效法前代的做法不会有过错，遵循以往的礼法不会出偏差。邪，不正、偏差。

公孙鞅曰："前世不同教，何故之法^①？帝王不相复^②，何礼之循？伏羲、神农教而不诛^③，黄帝、尧、舜诛而不怒^④。及至文、武^⑤，各当时而立法，因事而制礼；礼法以时而定，制令各顺其宜，兵甲器备各便其用。臣故曰：'治世不一道，便国不必法古^⑥。'汤、武之王也^⑦，不脩古而兴^⑧；夏殷之灭也，不易礼而亡^⑨。然则反古者未必可非，循礼者未足多是也^⑩。君无疑矣。"

[注释] ①教：政教，教令。何故之法：即"法何故"，效法哪个朝代的古法。②复：重复。③伏羲、神农教而不诛：伏羲、神农只行教化而不施惩罚。伏羲、神农，传说中的古代帝王。④黄帝、尧、舜诛而不怒：黄帝、尧、舜虽用刑罚，但不过度。黄帝、尧、舜，传说中的古代帝王。怒，超过。一说"怒"当为"孥"。孥，妻子儿女。诛而不孥，意谓一人有罪，诛杀本人而不连坐其妻子儿女。⑤文：周文王，姓姬，名昌，商代末年周族部落的首领。武：周武王，姓姬，名发，文王之子，西周王朝的建立者。⑥治世不一道，便国不必法古：治理国家的方法并非仅有一种，只要对国家有利，不一定必须效法古代。⑦汤：商汤王，商朝的建立者。武：周武王。⑧不脩古而兴：此处文字有误，"脩"应作"循"，遵循。⑨夏殷之灭也，不易礼而亡：夏朝和商朝，都是因为不能根据时势的变化改变礼法，导致了灭亡。⑩反古者未必可非，循礼者未足多是：改变古代情形的未必应该非议，因循古代礼法而不知变更的也未必值得赞扬。足，值得。是，肯定、赞扬。

孝公曰："善！吾闻穷巷多怪，曲学多辨^①。愚者笑之^②，智者哀焉；狂夫之乐，贤者丧^③焉。拘世以议^④，寡人不之疑矣。"于是遂出《垦草令》^⑤。

[注释] ①穷巷多怪，曲学多辨：住在穷乡僻壤的人多咨啬，学识浅薄的人好

争辩。穷巷，僻巷，指住在偏僻之地的人。悋，即吝，吝啬。曲学，指囿于一隅、学识浅薄的人。辨，通“辩”，争辩。②愚者笑之：此处文字有误，“愚者笑之”应作“愚者之笑”，与下文“狂夫之乐”相对。③丧：沮丧。④拘世以议：拘泥于世俗之见发出的议论。⑤《垦草令》：秦孝公颁布的旨在鼓励民众开垦荒地的法令。

垦令第二

【题解】垦令，开垦荒地的法令。

《更法第一》结尾言："于是遂出《垦草令》。"本篇虽上承《更法》，但论证性明显，应非正式颁布的《垦草令》，而是商鞅进言的上书。文中罗列了二十条措施，涉及吏治、税收、徭役、刑罚等诸多方面，内容包括统一政令、不准拖延公务、加重贵族的赋税徭役、提高奢侈品价格、禁止商人买卖粮食、禁止雇用佣工、禁止民众迁徙、取缔旅馆、控制文化传播、矿藏资源国有化等。二十条之间没有明显的逻辑关系，但目的一致，即增加农业劳动力，尽可能地调动人力垦荒，以此扩大农业生产。然而，这些措施并不是从正面积极鼓励民众从事农业生产，而是用禁令的形式严加限制，使其不得不投身于农耕，反映出商鞅变法"以刑为先"且"以刑为重"的特点。文中的大部分措施亦见于《史记·商君列传》。

无宿治①，则邪官不及为私利于民②，而百官之情不相稽③。则农有余日④。邪官不及为私利于民，则农不败⑤。农不败而有余日，则草必垦矣⑥。

[注释]①无宿治：不准有隔夜未处理的政务。无，通"毋"，不要。宿，隔夜，这里指拖延。②邪：邪恶不正。不及：赶不上。为：做，这里指谋取。③情：事情，这里指政务。稽：积压、滞留。④则农有余日：此处文字有脱误，应作"百官之情不相稽，则农有余日"，并与下句"邪官不及为私利于民，则农不败"交换

位置。余，宽裕、多余，这里指空闲。⑤败：危害，这里指受到危害，被盘剥。⑥草：荒野。

訾粟而税①，则上壹而民平②。上壹则信③，信则臣不敢为邪④。民平则慎⑤，慎则难变⑥。上信而官不敢为邪，民慎而难变，则下不非上⑦，中不苦官⑧。下不非上，中不苦官，则壮民疾农不变⑨。壮民疾农不变，则少民学之不休⑩。少民学之不休，则草必垦矣。

［注释］①訾（zī）：计算。粟：谷子，泛指粮食。訾粟而税：计算粮食的产量收税。②壹：统一，这里指国家的税收制度统一。平：公平，这里指百姓的负担公平。③信：可信。④为邪：做奸邪的事。⑤慎：通"顺"，顺从，安心。⑥变：这里指改行。⑦下不非上：民众不指责国君。一说此处文字有误，应作"上不非上"，意谓，民众对上不指责国君，下文"下不非上，中不苦官"亦应作"上不非上，中不苦官"。⑧苦：为……所苦，这里指担心、怨恨被官吏盘剥。⑨疾：奋力，指积极从事于某项事业。⑩少民：年轻人。学之不休：指不断效仿壮年人，积极从事农业生产。

无以外权爵任与官①，则民不贵学问②，又不贱农③。民不贵学则愚，愚则无外交。无外交，则国勉农而不偷④。民不贱农，则国安不殆⑤。国安不殆，勉农而不偷，则草必垦矣。

［注释］①外权：国外势力。爵任与官：授予爵位，给予官职。②贵：崇尚。③贱：轻视、鄙视。④无外交，则国勉农而不偷：此处文字有误，"则国勉农而不偷"应作"则国安不殆"。殆，危险。⑤民不贱农，则国安不殆：此处文字有误，"则国安不殆"应作"则勉农而不偷"。勉，努力。偷，苟且、怠惰。

禄厚而税多①，食口众者②，败农者也③。则以其食口之数贱而重使之④。则辟淫游惰之民无所于食⑤。民无所于食则必农。农则草必垦矣。

［注释］①禄厚：俸禄丰厚。税多：指贵族从其封邑收取的租税多。②食口：

人口，指贵族家的食客、仆役等不从事农业生产的人。③败：损害。④则以其食口之数贱而重使之：此处文字有误，断句不当，应作"以其食口之数，赋而重使之"，意谓，按照其食客、仆役的人口数收税并从重役使他们。赋，收税。使，役使，这里指摊派徭役。重使，从重役使。⑤辟：邪僻、不正派。淫：放纵。游：游荡。惰：懒惰。

使商无得籴，农无得粜①。农无得粜，则窳惰之农勉疾②。商不得籴，则多岁不加乐③。多岁不加乐，则饥岁无裕利④。无裕利则商怯⑤，商怯则欲农。窳惰之农勉疾，商欲农，则草必垦矣。

［注释］①使商无得籴，农无得粜：此处文字有误，"籴""粜"二字应互换，作"使商无得粜，农无得籴"。此句意谓，使商人不得卖粮以获取利润，使农民不得买粮食用。籴（dí），买进粮食。粜（tiào），卖出粮食。②农无得粜，则窳惰之农勉疾：此处文字有误，"粜"应作"籴"。窳（yǔ），懒惰。窳惰之农，懒惰的农民。勉疾，指努力耕作。③商不得籴，则多岁不加乐：此处文字有误，"籴"应作"粜"，意谓，商人不得卖粮，遇到丰收的年份就不能获得更多的收入，更加享乐。多岁，丰年。④饥岁：荒年。裕：多。裕利：指暴利。⑤怯：舍弃，这里指商人无利可图，放弃经商，转而务农。

声服无通于百县①，则民行作不顾②，休居不听③。休居不听，则气不淫④；行作不顾，则意必壹⑤。意壹而气不淫，则草必垦矣。

［注释］①声：音乐歌舞，这里指靡靡之音。服：服饰，这里指奇装异服及奢侈的装饰品。通：流通。百县："百"为虚数，指全国各地。②行作：劳作。顾：回头看。③休居：居家休息。听：指听靡靡之音。④气：指精神。淫：惑乱。⑤意：意志、心念。壹：专一，指一心一意从事耕作。

无得取庸①，则大夫家长不建缮②，爱子不惰食③，惰民不窳而庸④。民无所于食，是必农⑤。大夫家长不建缮，则农事不伤；爱子惰民不窳，则故田不荒。农事不伤，农民益农⑥，则草必垦矣。

[注释] ①无得取庸：不准许雇用佣工。庸，通"佣"，佣工。②家长：家主，指卿大夫。建：建造，指建造房屋。缮：修缮，指修缮房屋。③爱子：指卿大夫的子女。惰食：不劳而食。④窳：偷懒。庸：此处指为庸，即不务农，给别人做佣工。⑤民无所于食，是必农：做雇工的民众无法再以此谋食，就必定从事农业生产。⑥益：多，更加。农：动词，务农。

废逆旅则奸伪、躁心、私交、疑农之民不行①，逆旅之民无所于食②，则必农，农则草必垦矣。

[注释] ①废逆旅则奸伪、躁心、私交、疑农之民不行：取缔旅馆，那么，奸诈虚伪、心性浮躁、私下交游、不安心务农的人就不能四处周游。逆，迎接。逆旅，迎客止宿之处，即客舍。奸伪，奸猾、伪诈。躁心，心神浮躁不安。疑农，不安心农业生产。②逆旅之民：指开设旅店的人。

壹山泽①，则恶农、慢惰、倍欲之民无所于食②。无所于食则必农，农则草必垦矣。

[注释] ①壹山泽：由国家统一管理山林、湖泊的资源。壹，统一、专有。②恶农、慢惰、倍欲之民：指厌恶农业劳动，怠惰、贪图暴利的人。

贵酒肉之价①，重其租②，令十倍其朴③。然则商贾少④，农不能喜酣奭⑤，大臣不为荒饱⑥。商贾少，则上不费粟⑦。民不能喜酣奭，则农不慢⑧。大臣不荒，则国事不稽⑨，主无过举⑩。上不费粟，民不慢农，则草必垦矣。

[注释] ①贵：使……价高。②重：加重。租：税。③令十倍其朴：使税收额度十倍于它的成本。朴，成本。④商贾（gǔ）：商人。⑤酣奭（shì）：饮酒作乐过度。⑥荒：迷乱，逸乐过度。荒饱：指沉迷于吃喝玩乐。⑦商贾少，则上不费粟：卖酒肉的商人少，酿酒所消耗的谷物减少，国家就少浪费粮食。粟，谷子，泛指粮食。⑧慢：耽误，荒废。⑨稽：延迟，拖延。⑩过举：错误的举措。

重刑而连其罪①，则褊急之民不斗②，很刚之民不讼③，怠惰之民不游④，费资之民不作⑤，巧谀恶心之民无变也⑥。五民者不生于境内，则草必垦矣。

[注释]①重刑：加重刑罚。连其罪：使其罪相连，即"连坐"。商鞅变法建立什伍制度，五家为伍，十家为什，什伍中有一人犯法，其余的人如果不告发，就连带一同治罪。②褊（biǎn）：心胸狭窄，气量小。急：脾气急躁。③很刚：暴戾，也作"狠刚"。讼：争，争辩。④游：游荡，闲逛。⑤费资之民：奢侈浪费的人。作：兴起。⑥巧谀：花言巧语，阿谀奉承。恶心：居心不良，心怀叵测。变：变诈。

使民无得擅徙①，则诛愚乱农农民无所于食而必农②；愚心躁欲之民壹意③，则农民必静④。农静，诛愚，则草必垦矣。

[注释]①擅：擅自。徙：搬迁。②则诛愚乱农农民无所于食而必农：此处文字有误，"诛愚乱农农民"应作"诛愚乱农之民"。诛愚，愚昧迟钝，也作"朱愚"。乱：扰乱、不安心。③愚心：心智愚昧。躁欲：浮躁多欲。④静：安稳，指安土重迁，专心务农。

均出余子之使令①，以世使之②，又高其解舍③，令有甬官食概④，不可以辟役⑤，而大官未可必得也⑥，则余子不游事人⑦，则必农。农则草必垦矣。

[注释]①均：一律，全都。出：征调。余子：指贵族家嫡长子以外的儿子。使令：使唤，这里指担负徭役。②世：父子相继为一世，指辈分，世次。使：役使。③高：提高。解舍：免除兵役及其他徭役，这里指免除服役的条件。④令有甬官食概：由掌管粮食的官员按照标准发放粮食，不照顾那些贵族子弟，不多给予。甬（yǒng），通"桶"，方形量米器，即方形斛。有，取。甬官，掌管粮食的官吏，一说为掌管徭役的官吏。概，量取粮食时用以刮平斗斛的器具。⑤辟：通"避"，逃避。⑥大官未可必得也：世家子弟不能通过结交权贵而做大官。⑦游：交游。事人：充任下属。不游事人：指不外出结交、投靠权贵。

国之大臣诸大夫，博闻①、辩慧②、游居之事皆无得为③，无得居游于百县，则农民无所闻变见方④。农民无所闻变见方，则知农无从离其故事⑤，而愚农不知，不好学问。愚农不知，不好学问，则务疾农⑥。知农不离其故事，则草必垦矣。

[注释] ①博闻：见闻广博，这里指增长见闻。②辩慧：聪明善辩。③游居：外出游历，寄居他乡。无得：不准，不可。为：做。④无所闻变见方：不能听到奇异之论而增广知识。变，通"辩"。方（páng），通"旁"，广。⑤无从离其故事：不能离弃原来的职业。故，旧。故事，原来的职业。⑥务：致力于。疾：奋力，积极从事。农：务农。

令军市无有女子①，而命其商令人自给甲兵②，使视军兴③。又使军市无得私输粮者④，则奸谋无所于伏⑤，盗输粮者不私稽⑥，轻惰之民不游军市⑦。盗粮者无所售，送粮者不私⑧，轻惰之民不游军市，则农民不淫，国粟不劳⑨，则草必垦矣。

[注释] ①军市：军队内部的集市。②命其商令人自给甲兵：命令军市的商人自备铠甲兵器，一说指商人负责给军队供应铠甲兵器。③视：注视、关注。军兴：军事行动的开始，即军队的行动动向。④私输粮：私自运输粮食。⑤伏：隐藏。⑥盗输粮者不私稽：此处文字有脱，应作"盗粮者无所售，输粮者不私稽"。私，私下、私自。稽，储存。⑦轻惰之民：轻佻、懒惰的人。游：闲逛。⑧盗粮者无所售，送粮者不私：此处文字有脱，"送粮者不私"应作"送粮者不私稽"。⑨国粟：国家的粮食。劳：指折耗。

百县之治一形①，则从迁者不敢更其制②，过而废者不能匿其举③。过举不匿，则官无邪人；迁者不饰④，代者不更，则官属少而民不劳⑤。官无邪则民不敖⑥，民不敖则业不败，官属少征不烦⑦，民不劳则农多日。农多日，征不烦，业不败，则草必垦矣。

［注释］①一形：一个样子，这里指国家政令统一。②则从迁者不敢更其制：此处文字有脱误，应作"则迁徙者不饰，代者不敢更其制"。迁徙者，指升迁调离的人。饰，粉饰。代者，指继任的官员。更其制，更改已有的制度。③过而废者：有过错而被罢官的人。匿：隐藏。举：行为，这里指过错。④迁者不饰：此处文字有误，"迁者"应作"迁者"，即上文的"迁徙者"。⑤官属：属官，从属的官员。劳：烦劳。⑥敖：游逛。⑦官属少征不烦：此处文字有脱，应作"官属少则征不烦"。征，赋税。烦，多。

重关市之赋①，则农恶商②，商有疑惰之心③。农恶商，商疑惰，则草必垦矣。

［注释］①关市之赋：关卡与市场的税收。②恶（wù）商：厌恶经商。③疑：迟疑。惰：怠惰。

以商之口数使商①，令之厮舆徒重者必当名②，则农逸而商劳③。农逸则良田不荒，商劳则去来赍送之礼无通于百县④。则农民不饥，行不饰⑤。农民不饥，行不饰，则公作必疾⑥，而私作不荒⑦，则农事必胜⑧。农事必胜，则草必垦矣。

［注释］①商之口数：商人家里的人口数。使：役使，这里指摊派徭役。②厮：贵族家的杂役。"重"同"童"。厮、舆、徒、童均为贵族家的仆役。当：与……相当。名：名册，这里指官府的户口名册。③农逸而商劳：农民安逸而商人辛劳。古代制度规定，除了官员，只有奴隶、仆役可以不按户口登记服徭役。新法规定奴仆服役增加了商人的负担，相比之下，农民的负担就减轻了，所以说"农逸而商劳"。商鞅此举也是通过增加赋税，迫使人们弃商转而务农。④赍（jī）：赠送。通：往来。⑤饰：装饰，这里指办事时讲究礼仪排场。⑥公作：指对公田的耕作。疾：积极努力。⑦私作：指私田的耕作。荒：荒废。⑧胜：胜过，占优势。

令送粮无取僦①，无得返庸②，车牛舆重设必当名③，然则往速徕疾④，则业不败农⑤。业不败农，则草必垦矣。

［注释］①僦（jiù）：雇人运送的运费。无取僦：指给官府送粮的人不准私自载货收取运费，以免耽误时间。②返庸：回程时又揽载私人货物。③车牛舆重设必当名：车、拉车的牛的载重量必须和官府名册的登记相符。舆重，载重量。此举是为了避免因使用劣等牛车以及因超载而影响运送粮食的速度。④速：迅速。徕：来。疾：快。往速徕疾：指运粮车往返迅速。⑤业：事，指运送粮食这件事。败：损害。

无得为罪人请于吏而饷食之，则奸民无主①。奸民无主，则为奸不勉，农民不伤②。奸民无朴③。奸民无朴，则农民不败。农民不败，则草必垦矣。

［注释］①无得为罪人请于吏而饷食之，则奸民无主：不准为犯人向官吏求情，送给犯人食物，这样，作奸犯科的人就没了主意。饷（xiǎng），送饭。食（sì），给……吃。②奸民无主，则为奸不勉，农民不伤：此处文字有衍，应删去"农民不伤"四个字。为奸，做坏事。勉，鼓励，这里指被鼓励。为奸不勉：做坏事得不到鼓励。③奸民无朴：此处文字有脱，"奸民无朴"应作"为奸不勉，则奸民无朴"。朴，附着、依靠。

农战第三

【题解】农，农业；战，战争。

农业和战争是《商君书》的核心话题，作者认为，农战是当时最主要的甚至是唯一的强国之道，国家的存亡和君主的安危都要依靠它们维系。文章阐述了农战的重要性和根本性，主张摒弃儒家的仁政和空谈，杜绝通过游学、交结、经商，以机巧和诡辩获得官职爵位的可能性，以扭转"今上论材能知慧"而任官用人的不良状况，让民众凭借农战中的功绩求取官爵。堵住了求学、经商、做工等升官发财、养家糊口的途径，令民众只能从农战中获取官爵，人们就会致力于农业生产和攻守之战，并亲附、遵从君主。专心于农战的民众老实质朴、听从使唤，易于抟聚。国家将全部民力抟聚在农战大业上，便可富、可强。文中大量运用排比、反复、递进等修辞手段，从正反两方面对农战强国而诗书、工商弱国的观点进行了申论。在《史记·商君列传》中，司马迁说自己曾经读到过商鞅的耕战之书，并谓之"与其人行事相类"。

凡人主之所以劝民者①，官爵也；国之所以兴者，农战也②。今民求官爵皆不以农战，而以巧言虚道③，此谓劳民④。劳民者，其国必无力；无力，则其国必削⑤。

[注释] ①人主：君主。劝：勉励。②农战：指农业和战争。③巧言：花言巧语，这里指游士说客的游说之词。虚道：空论，对应下文的"务学《诗》、《书》"，指儒家学说。④劳：病，害。⑤削：削弱。

善为国者①，其教民也，皆作壹而得官爵②。是故不官无爵③。国去言④，则民朴；民朴则不淫⑤。民见上利之从壹孔出也⑥，则作壹；作壹，则民不偷营⑦。民不偷营则多力，多力则国强。今境内之民皆曰农战可避而官爵可得也⑧，是故豪杰皆可变业⑨，务学《诗》、《书》⑩，随从外权⑪，上可以得显⑫，下可以求官爵；要靡事商贾⑬，为技艺⑭；皆以避农战。具备，国之危也⑮。民以此为教者，其国必削。

[注释] ①为国：治理国家。②作：从事。壹：专一，这里指专一农战。③不官无爵：不专心农战的人不会得到官职和爵位。④去：废除。言：言论，指上文的"巧言虚道"。⑤淫：放纵。⑥上：君主。利：利益，这里指爵禄的奖赏。壹孔：一个途径，指从事农战。⑦偷：苟且。偷营：指私下从事农战之外的事务。⑧避：逃避。⑨变业：改行。⑩务：致力于。⑪随从：追随。外权：国外势力。⑫显：尊贵，显赫，指显赫的名望、地位。⑬要靡：地位低微，平庸、渺小的人，与上文"豪杰"相对。要，通"幺"，小。靡，细、微。事：从事，做。商贾：商人的统称。⑭为：从事，做。技艺：技巧手艺，这里代指手工业。⑮具备：指上述"（豪杰）务学《诗》、《书》，随从外权""要靡事商贾，为技艺"的情况都出现。

善为国者，仓廪虽满①，不偷于农②；国大民众，不淫于言③，则民朴壹④。民朴壹，则官爵不可巧而取也。不可巧取，则奸不生，奸不生则主不惑。今境内之民及处官爵者⑤，见朝廷之可以巧言辩说取官爵也，故官爵不可得而常也⑥。是故进则曲主⑦，退则虑私所以实其私⑧，然则下卖权矣⑨。夫曲主虑私，非国利也，而为之者，以其爵禄也⑩；下卖权，非忠臣也，而为之者，以末货也⑪。然则下官之冀迁者皆曰⑫："多货⑬，则上官可得而欲也⑭。"曰："我不以货事上而求迁者⑮，则如以狸饵鼠尔⑯，必不冀矣。若以情事上而求迁者⑰，则如引诸绝绳而求乘枉木也⑱，愈不冀矣⑲。二者不可以得迁，则我焉得无下动众取货以事上而以求迁乎⑳？"百姓曰："我疾农㉑，先实公仓㉒，收余以食亲㉓，为上忘生而战㉔，以尊主安国也㉕。仓虚主卑家贫，然则不如索官㉖。"亲戚交游合㉗，则更虑矣㉘。豪杰务学《诗》、《书》，随从外权；要靡事商贾，为技艺，皆以避农战；民以此为教，则粟焉得无少，而兵焉得无弱也？

[注释]①仓廪（lǐn）：储藏谷米的仓库。②不偷于农：不放松农业生产。偷，怠惰、松懈。③淫：过度，泛滥。言：指上文空洞无物的言论。④朴：质朴。壹：专一。⑤处：担任。⑥常：常法，固定的法规，即下文封官受爵的法典——"官法"。⑦进：到朝廷去。曲主：曲意逢迎君主。⑧退：退朝回家。虑私：考虑一己的私利。实：充实，满足。实其私：满足他们的私利。⑨下卖权：卖弄、炫耀权势。⑩以：为了。⑪末：末节。末货：指农产品之外的财务。⑫下官：下级官吏。冀：希望。迁：升迁。⑬货：财物。⑭上官：高官。⑮事：侍奉，这里指贿赂。上：指上级官吏。⑯狸：猫。饵：引诱。鼠：老鼠。⑰情：实情。⑱则如引诸绝绳而求乘枉木也：就像拉着断了的墨线去矫正弯曲的木头一样。引，拉。绝，断。绳，墨线。乘，治理，这里指矫正。枉，弯曲。⑲愈：更加。⑳二者不可以得迁，则我焉得无下动众取货以事上而以求迁乎：这两种办法都不能升官，那么，我怎能不到下面役使百姓，搜刮钱财用以贿赂上级而求得升迁呢？动，役使。㉑疾：奋力。农：耕种。㉒实：充实，装满。㉓余：剩余，这里指余下的粮食。食（sì）：喂食，这里指供养。亲：父母。㉔上：指君主。忘生：舍生忘死。㉕尊：使……尊贵。安：使……安定。㉖索：求。㉗交游：有交往的朋友。合：符合，这里指想法一致。㉘更：改变。虑：思想，这里指改变从事农战的想法。

善为国者，官法明①，故不任知虑②。上作壹③，故民不偷营，则国力抟④。国力抟者强，国好言谈者削⑤。故曰：农战之民千人，而有《诗》、《书》辩慧者一人焉，千人者皆怠于农战矣⑥。农战之民百人，而有技艺者一人焉，百人者皆怠于农战矣。国待农战而安，主待农战而尊⑦。夫民之不农战也，上好言而官失常也⑧。常官则国治⑨，壹务则国富⑩。国富而治，王之道也。故曰：王道作外身作壹而已矣⑪。

[注释]①官法：任用官吏的法令。明：严明。②任：用。知：通"智"，智慧。虑：计谋。知虑：这里指卖弄智谋的人。③作壹：指专一于农战。④故民不俭营，则国力抟：此处文字有误，"俭"应作"偷"。偷营，指私自经营农战以外的事情。抟（tuán），聚、集中。⑤好：喜好。言谈：指不切实际的巧言辩说。⑥农战之

民千人，而有《诗》、《书》辩慧者一人焉，千人者皆怠于农战矣：一千个人从事农战，有一个人学《诗》、《书》而巧言善辩，这一千人都会对农耕和作战松懈怠惰。⑦待：依靠，凭借。⑧上好言而官失常：君主喜好空洞的言论而不按正常途径任用官吏。官，任用为官。常，法规。⑨常官：依照法规授予官职。⑩壹务：指专心从事农战。⑪王道作外身作壹而已矣：此处文字有误且断句不当，应作"王道非外，身作壹而已矣"。一说"王道作外"应作"王道亡（无）外"。此句意谓，称王于天下没有别的途径，就是专心从事农战罢了。

今上论材能知慧而任之①，则知慧之人希主好恶②，使官制物③，以适主心④；是以官无常，国乱而不壹。辩说之人而无法也⑤。如此，则民务焉得无多⑥、，而地焉得无荒？《诗》、《书》、礼、乐、善、修、仁、廉、辩、慧⑦、，国有十者，上无使守战⑧。国以十者治，敌至必削⑨，不至必贫⑩。国去此十者⑪，敌不敢至，虽至必却⑫。兴兵而伐，必取⑬；按兵不伐，必富。国好力者以难攻⑭，以难攻者必兴；好辩者以易攻⑮，以易攻者必危。

［注释］①论：考量，考核。②希：迎合。③使：用。官：职责，这里指职权。制：掌管，处理。物：事，事情，指政务。④适：适合。⑤无法：指无视法令，不受法律约束。⑥民务：老百姓所追求的事情。⑦《诗》、《书》、礼、乐、善、修、仁、廉、辩、慧：即《诗经》、《尚书》、礼制、音乐、为善、修身、仁爱、廉洁、巧辩、智慧，这些都是儒家所倡导的知识和修为。⑧上无使守战：君主无法让民众防守、作战。⑨削：削弱、分割，这里指丧失国土。⑩贫：贫困。⑪去：除去，指不用上述"《诗》、《书》、礼、乐"等十者治理国家。⑫却：退却。⑬兴兵而伐，必取：指"去此十者"之国，兴兵攻打别国，必定取胜。⑭好：爱好。力：实力。难：民众所畏难的事情，指"好力者"之力，即农战。国家的实力要通过艰苦的农战才能获得，加强农战做起来不容易，所以谓之"难"。⑮易：容易的事情，指"好辩者"之辩，即空谈。辩说空谈之事做起来容易，故曰"易"。

故圣人明君者，非能尽其万物也，知万物之要也①。故其治国也，察要而已矣②。今为国者多无要，朝廷之言治也，纷纷焉务相易也③，是以其君惛于说④，其官乱于言，其民惰而不农。故其境内之民皆化而好辩乐学⑤，事商贾，为技艺，避农战。如此，则不远矣⑥。国有事⑦，则学民恶法⑧，商民善化⑨，技艺之民不用⑩，故其国易破也。夫农者寡而游食者众⑪，故其国贫危。今夫螟螣蚼蠋⑫，春生秋死，一出而民数年不食⑬。今一人耕而百人食之，此其为螟螣蚼蠋亦大矣⑭。虽有《诗》、《书》，乡一束⑮、家一员⑯，犹无益于治也，非所以反之之术也⑰，故先王反之于农战⑱。故曰：百人农一人居者王⑲，十人农一人居者强。半农半居者危。故治国者欲民之农也⑳。国不农，则与诸侯争权㉑，不能自持也㉒，则众力不足也。故诸侯挠其弱㉓，乘其衰㉔，土地侵削而不振㉕，则无及已㉖。

[注释] ①故圣人明君者，非能尽其万物也，知万物之要也：圣人明君并不能尽知万事万物，而是掌握了万事万物的要领。尽，穷尽。要，要领。②察：明察。③纷纷焉务相易：意见纷纭并相互攻讦。纷纷焉，混乱错杂的样子。务，一定。相易，改变对方的主张。④是以：因此。惛（hūn）：糊涂。⑤故其境内之民皆化而好辩乐学：所以那些国家的民众都变得喜好辩说、乐于学习诗书。化，变化。⑥则不远矣：指国家的灭亡就为时不远了。⑦国有事：指国家有战争等大事件发生。⑧学民：指游学之人。恶：诽谤，诋毁。⑨商民：商人。善化：善于变化，指商人善于做投机买卖。⑩技艺之民：指手工业者。不用：不为国家所用。⑪游食者：靠巧言游说混饭吃的人。⑫螟（míng）：螟蛾的幼虫，是一种吃禾苗心的害虫。螣（tè）：一种吃禾苗叶的害虫。蚼蠋（qúzhú）：一种危害禾苗的害虫。⑬不食：指因粮食歉收而吃不上饭。⑭今一人耕而百人食之，此其为螟螣蚼蠋亦大矣：现在一人种地、百人吃饭，那些吃闲饭之人比螟、螣、蚼蠋的危害还要大。⑮乡一束：指每乡都有一捆《诗》《书》。⑯家一员：每家有一卷《诗》《书》。一说为每家有一个读《诗》《书》的人。⑰非所以反之之术也：这不是改变贫弱、危险现状的办法。反，改变。⑱先王：前代君王，指前代的圣贤之君。反之于农战：返回到农战上，指依靠农耕和作战扭转贫弱、危险的困境。⑲农：这里指从事农业生产。居：指闲居，不务农。王：称王天下。⑳之：到……去。之农：指要民众去从事农业生产。㉑争权：指与诸侯争霸。㉒自持：自保。㉓挠：侵扰。挠其弱：指其他诸侯国趁乘其国力虚弱而侵扰它。㉔乘：欺凌。衰：衰微。㉕侵削：被侵占、消减。㉖无及：来不及。

　　圣人知治国之要，故令民归心于农①。归心于农，则民朴而可正也②，纷纷则易使也③，信可以守战也④。壹则少诈而重居⑤，壹则可以赏罚进也⑥，壹则可以外用也⑦。夫民之亲上死制也⑧，以其且暮从事于农⑨。夫民之不可用也，见言谈游士事君之可以尊身也⑩，商贾之可以富家也，技艺之足以糊口也。民见此三者之便且利也⑪，则必避农。避农则民轻其居⑫。轻其居，则必不为上守战也。

　　[注释] ①令：使。归心于农：把心思放在务农上。②正：治理。③纷纷：众多的样子。使：役使。④守战：守城攻战。⑤重居：看重自己的田宅，不愿轻易迁徙。⑥进：使……前进。⑦外用：用来对外作战。⑧亲上：亲附君上。死制：为法令效死。⑨且暮：从早到晚。⑩事：侍奉。尊身：使自身尊贵。⑪便且利：既方便又有利，指上句话所说的三种人，游士、商人和手工业者，他们所从事的职业和务农相比，既轻松又有利可图。⑫轻其居：不在意自己的住处、田宅，轻易离家、迁徙。

　　凡治国者，患民之散而不可抟也，是以圣人作壹抟之也①。国作壹一岁者十岁强②，作壹十岁者百岁强，作壹百岁者千岁强，千岁强者王③。君修赏罚以辅壹教④，是以其教有所常而政有成也⑤。王者得治民之要，故不待赏赐而民亲上，不待爵禄而民从事⑥，不待刑罚而民致死⑦。国危主忧，说者成伍⑧，无益于安危也。夫国危主忧也者，强敌大国也。人君不能服强敌破大国也，则修守备⑨，便地形⑩，抟民力，以待外事⑪，然后患可以去而王可致也⑫。是以明君修政作壹⑬，去无用⑭，止浮学事淫之民壹之农⑮，然后国家可富而民力可抟也。

　　[注释] ①作壹：指专心于农战。抟（tuán）：聚，集中。②国作壹一岁者十岁强：国家专注于农战一年，就强盛十年。③千岁强者王：强盛千年的国家就可以称王天下。④修：整治、设置。辅：辅助。壹教：使民众专心于农战的教育。⑤教：教化。常：常法。政：政事。成：成效。⑥爵禄：指封爵授禄。从事：从事农战。⑦不待刑罚而民致死：不需要刑罚的惩治，老百姓就会为国家舍生效命。⑧说者：说客，指空谈的游说者。成伍：成群结队。⑨修：修建、休整。守备：防御设施。

⑩便：有利。便地形：指占领有利地形。⑪待：对付、抵御。外事：指外敌入侵。⑫去：消除。王：指称王天下的功业。⑬修政：改革政事。⑭无用：没有实际功用的东西，指下句所言的浮学和淫事。⑮浮学：巧言空谈，不切实际的学问。事淫：从事不正当职业。壹之农：专心致力于农耕。

今世主皆忧其国之危而兵之弱也，而强听说者^①。说者成伍，烦言饰辞而无实用^②。主好其辩^③，不求其实，说者得意，道路曲辩^④，辈辈成群^⑤。民见其可以取王公大臣也^⑥，而皆学之。夫人聚党与说议于国纷纷焉^⑦，小民乐之，大臣说之^⑧，故其民农者寡而游食者众，众则农者殆^⑨，农者殆则土地荒。学者成俗^⑩，则民舍农从事于谈说，高言伪议^⑪，舍农游食而以言相高也^⑫。故民离上而不臣者成群^⑬。此贫国弱兵之教也^⑭。夫国庸民以言，则民不畜于农^⑮。故惟明君知好言之不可以强兵辟土也^⑯，惟圣人之治国，作壹抟之于农而已矣。

[注释] ①强：硬要、偏爱。听：听信。②烦言饰辞：言语烦琐，辞藻巧妙。③辩：指华美的言辞。④道路：在道路上。曲辩：诡辩。⑤辈辈：一批批，一伙伙。⑥取：取悦于。⑦夫人聚党与说议于国纷纷焉：这些人结成党羽，在国内议论纷纷。党与，同伙。⑧说：通"悦"。⑨故其民农者寡而游食者众，众则农者殆：所以民众务农的人少而游手好闲的人多，游手好闲的人多，那么，从事农耕生产的人就会怠惰。殆，通"怠"，懈怠。⑩成俗：形成风气。⑪高言伪议：宏阔不经、虚假不实的言论。⑫舍农游食而以言相高也：民众放弃农业，以游说混饭吃，凭借空谈互争高低。相高，互争高低。⑬离：背离。上：君上。不臣者：不臣服于国君的人。⑭贫国：使国家贫困。弱兵：使兵力衰弱。教：教化。⑮国庸民以言，则民不畜于农：国君以言谈作为任用官吏的根据，老百姓就不会将力量集中到农业耕作上。庸，用、任用。以，依靠。言，谈说。畜，喜爱。⑯好言：指喜好空谈。辟：开辟，扩大。

去强第四

【题解】 去强，指清除不服从政令的强悍之民。

文章篇名取自首句的"去强"二字。在论证了民强则国弱、民弱则国强的君民对立后，除"用弱民的政策去除不服从政令的强民"之外，文中还阐述了强国强兵、重农重战的多种措施：摒弃儒家的仁义道德，行敌人不耻之事；通过对外战争转移国内的祸患；重罚轻赏；抑制商业；登记户口，统计人口及物资数据等，并提出了"三官""六虱""主贵多变，国贵少变""武爵武任""粟爵粟任"等概念和观点。文章内容虽以农战、强国为中心，但支脉蔓延，与《农战》《开塞》《靳令》等篇交错互见。《弱民》《说民》两篇，对本篇的观点展开了进一步的论述和发挥。蒙季甫认为，《弱民》《说民》是本篇的注文：《弱民》注释了前半部分，《说民》注释了后半部分。以上诸篇可相互参阅。

以强去强者弱①，以弱去强者强②。

国为善③，奸必多④。

国富而贫治，曰重富⑤；重富者强。国贫而富治，曰重贫；重贫者弱。

兵行敌所不敢行⑥，强；事兴敌所羞为⑦，利。

主贵多变⑧，国贵少变⑨。

国多物，削；主少物，强⑩。千乘之国守千物者削⑪。

战事兵用曰强⑫，战乱兵息而国削⑬。

[注释] ①以强去强者弱：用使民众强大的政策去除不服从政令的强民，国家就会被削弱。以，用。强，前一个"强"字指使民众强大的政策，后一个"强"字指不服从政令的强悍之民。②以弱去强者强：用使民众弱小的政策去除不服从政令的强民，国家就会强盛。弱，指使百姓服从法令的弱民政策。强，前一个"强"字指不服从政令的强民，后一个"强"字指国家强盛。③善：指善政、仁政。国为善：国家实行仁政。④奸：指奸民。⑤国富而贫治，曰重富：国家富足却当作穷国来治理，这样的国家会更加富足。重，更加。⑥兵行敌所不敢行：用兵之道，要敢打敌人不敢打的仗，指将士要敢于拼死作战。⑦事兴敌所羞为：做事能做敌人认为羞耻而不愿做的事，指行事要摒弃儒家的仁义道德。兴，兴办。⑧主贵多变：国君贵在能根据情况的变化采取相应的措施，多谋善变。⑨国贵少变：国家贵在政令稳定，不朝令夕改。⑩物：事。多物：指政务繁杂。少物：指政务简明。⑪乘（shèng）：兵车，包括一车四马。千乘之国：拥有一千辆兵车的国家，春秋时期指中等诸侯国。守：掌管。守千物：掌管仅够一千辆兵车所用的物资，指国家没有物资储备，财物少。⑫战事兵用曰强：战事部署有方，兵士为国效命，则国强。⑬战乱兵息而国削：战事部署混乱，兵士懈怠，停滞不前，则国家削弱。

农、商、官三者①，国之常官也②。三官者生虱官者六③：曰岁④、曰食⑤、曰美⑥、曰好⑦、曰志⑧、曰行⑨。六者有朴，必削⑩。三官之朴三人⑪，六官之朴一人⑫。

以治法者强⑬，以治政者削⑭。常官治者迁官⑮。治大，国小；治小，国大⑯。

强之重⑰，削⑱；弱之重⑲，强⑳。夫以强攻强者亡，以弱攻强者王㉑。

国强而不战，毒输于内，礼乐虱官生必削㉒。国遂战㉓，毒输于敌，国无礼乐虱官，必强。

举荣任功曰强㉔。虱官生必削。农少商多，贵人贫商贫农贫㉕，三官贫必削。

[注释] ①农、商、官：即务农、经商、做官。②官：职事。③三官：指"农、商、官"三种职事。虱官：指害国害民的弊病。④岁：指农民怠惰使年岁歉收。⑤

食：指农民因有余粮而大吃大喝。⑥美：指商人牟取暴利，推崇华美的东西。⑦好：指商人贩卖珍奇玩好。⑧志：指官员意志消沉，不肯为国出力。⑨行：指官员利用职权胡作非为。⑩六者有朴，必削：这六种虫害有所依附而生根，国家必然消弱。朴，附着。⑪三人：指农民、商人和官吏这三种人。⑫六官之朴一人：六种虫害依附于国君一人。六官，指上文的六种"虫官"。一人，指国君。⑬以治法：即"以法治"，用法令治理国家。⑭以治政：即"以政治"，指用儒家的政教治理国家。⑮常官治者迁官：依照法令把政事治理好的官吏就提拔。迁，升迁。一说此句有误，应改为"常官治省，迁官治大"，意思是说，任用官吏有常法，政务简明；任用官吏无常法，政务烦琐。⑯治大，国小；治小，国大：政务烦琐，国家就弱小；政务简明，国家就强大。⑰强之重：民众越来越强悍、不守法。⑱削：国家削弱。⑲弱之重：民众越来越弱小、遵纪守法。⑳强：国家强大。㉑夫以强攻强者亡，以弱攻强者王：这句话与本篇首句含义相同，即用使民众强大的政策治理不服从政令的强民，国家就会消亡；用使民众弱小的政策治理不服从政令的强民，国家就能成就王业。攻，治。㉒国强而不战，毒输于内，礼乐虫官生必削：国家强盛而不进行征战，毒害就会在国内泛滥，产生礼乐这样害国害民的弊病，国家必然削弱。毒，毒素，指虫害。输，灌注。㉓遂：进行。㉔举：推荐，选拔。荣：指有功劳的人。任：任用。功：指有功绩的人。㉕贵人：地位高的人，指官吏。

国有礼、有乐、有《诗》、有《书》、有善、有修、有孝、有弟、有廉、有辩①，国有十者，上无使战，必削至亡②；国无十者，上有使战，必兴至王③。国以善民治奸民者，必乱至削④；国以奸民治善民者，必治至强。国用《诗》、《书》、礼、乐、孝、弟、善、修治者，敌至必削，国不至必贫⑤。国不用八者治，敌不敢至，虽至必却。兴兵而伐，必取，取必能有之⑥；按兵而不攻，必富。

国好力，日以难攻⑦；国好言，日以易攻⑧。国以难攻者，起一得十⑨；以易攻者，出十亡百⑩。

[注释]①国有礼、有乐、有《诗》、有《书》、有善、有修、有孝、有弟、有廉、有辩：此句概括儒家的治国之道。礼，礼制。乐，音乐。《诗》，《诗经》。《书》，《尚书》。修，修身。弟，通"悌"，做弟弟的敬爱、服从兄长。廉，廉洁。

辩，巧辩。②国有十者，上无使战，必削至亡：十者，指前句所言"礼、乐、《诗》、《书》"等十种儒家的治国之道。此句意谓，国家有了这十样东西，国君就无法令民众从军参战，国家一定会削弱以至灭亡。③兴：兴盛。王：称王天下。④国以善民治奸民者，必乱至削：用治理良民的办法治理奸民，国家必然陷入混乱以至削弱。一说相互亲善，不肯告奸揭发他人为"善"；不顾及道义和情意，窥伺、告发他人以得利为"奸"，这句话的意思是，国家用不肯告奸的所谓善民治理告奸的奸民，必定陷入动乱以至于被削弱。⑤国不至必贫："国"为衍字，应删去。⑥有：拥有，保持。⑦国好力，日以难攻：此处文字有误，"日"当作"曰"。此句意谓，国家如果重视实力，应该通过提倡耕战去达到。好，喜爱、重视。力，实力。难，指民众畏难的事情，即农战。⑧国好言，日以易攻：此处文字有误，"日"当作"曰"。此句意谓，如果国君看重言谈，那就鼓励空谈，这是很容易做到的。易，指民众易于从事的事情，即空谈。⑨起一得十：动用一分力量得到十分的收获。⑩出十亡百：使出十分的力量，带来百分的损失。

重罚轻赏①，则上爱民②，民死上③；重赏轻罚，则上不爱民，民不死上。兴国行罚④，民利且畏⑤；行赏，民利且爱。国无力而行知巧者必亡⑥。

怯民使以刑，必勇⑦；勇民使以赏，则死⑧。怯民勇，勇以死，国无敌者强。强必王。

贫者使以刑则富，富者使以赏则贫⑨。治国能令贫者富，富者贫，则国多力。多力则王。

王者刑九赏一⑩，强国刑七赏三，弱国刑五赏五⑪。国作壹一岁，十岁强⑫；作壹十岁，百岁强；作壹百岁，千岁强。千岁强者王。

［注释］①重罚：把刑罚放在主要地位，加重刑罚。轻赏：把赏赐放在次要地位，不滥用赏赐。②上爱民：国君爱护百姓。刑罚重则百姓畏惧，不敢犯法，也就不会受到刑罚，所说是"重罚轻赏，则上爱民"。③民死上：百姓拼死为君主效命。④兴国：兴盛的国家。行：用，施行。⑤民利且畏：百姓认为有利，并且畏惧君主。⑥国无力：指国家没有实力。行知巧：指玩弄智谋巧诈。⑦怯民使以刑，必勇：利用刑罚督促胆怯的人，他们必定会勇敢作战。⑧勇民使以赏，则死：用赏赐鼓励勇

敢的人，他们就会拼死效命。死，效死。⑨贫者使以刑则富，富者使以赏则贫：使用刑罚驱使穷人努力耕作，他们就会富裕起来；用赏赐官爵去鼓励富人捐献钱粮，他们的财富就会减少。⑩王者刑九赏一：称王于天下的国家，刑罚占九分，赏赐占一分。⑪弱国：衰弱的国家。⑫国作壹一岁，十岁强：国家专心从事农战一年，就能强盛十年。作壹，指专一于农战。

威以一取十①，以声取实②，故能威者王。能生不能杀，曰自攻之国，必削③；能生能杀，曰攻敌之国，必强。故攻官④、攻力⑤、攻敌⑥，国用其二⑦，舍其一，必强；令用三者⑧，威必王。

十里断者国弱⑨；九里断者国强⑩。以日治则王⑪，以夜治者强⑫，以宿治者削⑬。

［注释］①威：威力，指国家有威势。以一取十：用一分力量打败十倍的敌人。②声：声势。实：实力，指敌人的实力。③能生不能杀，曰自攻之国，必削：只知道增长实力而不能利用强大的实力进行战争走上强国之路，就等于自我损害，这样的国家将逐渐衰败。生，生产，这里指培育、增长实力。杀，减少，这里指在作战中消耗实力。自攻，指自我损害。④攻：治。攻官：指消灭前文的"虱官"，治理官纪。⑤攻力：增强实力。⑥攻敌：征伐敌国。⑦用：施行。⑧令：或为"合"之误。"合用三者"，即攻官、攻力、攻敌三者合用，则必将称王天下。⑨十里断者国弱：政事在十个里之内才能做出决断的，国家弱。里，古代地方行政单位，这种居民组织通常"五家为邻，五邻为里"。⑩九里断者国强：此处文字有误，"九"当作"五"。五里，五个里，代指一个较小的范围。⑪以日治者王：政事在当日就处理好的国家，可以成就王业。日，白昼。⑫以夜治：用夜晚处理政事，指政事到当天夜间处理好。⑬宿：隔夜。宿治：政事拖延到隔天处理。

举民众口数①，生者著，死者削②。民无逃粟③，野无荒草④，则国富。国富则强。以刑去刑⑤，国治；以刑致刑⑥，国乱。故曰：行刑重轻⑦，刑去事成，国强；重重而轻轻⑧，刑至事生⑨，国削。刑生力⑩，力生强⑪，强生威⑫，威生惠⑬，惠生于力。举力以成勇战⑭，战以成知谋⑮。金生而粟死⑯，粟死而金生。本物贱⑰，事者众⑱，买者少，农困而奸劝⑲，其兵弱，国必削至亡。金一两生于竟内⑳，粟十二石死于竟外㉑。粟十二石生于竟内，金一两死于竟外。国好生金于竟内，则金粟两死，仓府两虚，国弱㉒。国好生粟于竟内，则金粟两生，仓府两实，国强㉓。强国知十三数㉔：竟内仓口之数㉕，壮男壮女之数，老弱之数，官士之数㉖，以言说取食者之数㉗，利民之数㉘，马牛刍藁之数㉙，欲强国，不知国十三数㉚，地虽利㉚，民虽众，国愈弱至削。国无怨民㉛，曰强国。兴兵而伐，则武爵武任㉜，必胜；按兵而农㉝，粟爵粟任㉞，则国富。兵起而胜敌，按兵而国富者王。

[注释] ①举：记录，登记。口数：人口数。②生者著，死者削：活着的人登记入册，死了的从户口名册上削除。著，著录。削，削除。③逃粟：指逃避赋税。④荒草：未开垦的荒地。⑤以刑去刑：用刑罚消除刑罚。指加重刑罚，对轻罪用重刑，民众因畏惧而不敢犯法，以此达到消除刑罚的目的。⑥以刑致刑：用刑罚招致刑罚。指量刑过轻，对重罪用轻刑，民众犯罪成本过低不惧怕刑罚，从而导致了更多刑罚的产生。⑦行刑重轻：实施刑罚时，对轻罪使用重刑。⑧重重：重罪重罚。轻轻：轻罪轻罚。⑨至：到，这里指使用刑罚。事：指犯罪之事。⑩刑生力：刑罚可以产生实力。指用刑罚督促民众从事农战，就能增强国家的实力。⑪力生强：国家有实力就强大。⑫强生威：国家强大就有威望。⑬威生惠：国家有威望就能产生恩惠。⑭举力以成勇战：推崇实力能够使将士勇敢作战。举，推崇。⑮知：通"智"。⑯金生而粟死：得到金钱却卖掉了自己的粮食。金，金钱。粟，粮食。死，失去。⑰本物：根本的东西，指粮食。贱：价格低。⑱事者：从事的人，指种粮的人。⑲农：农民。困：困苦。奸：奸商。劝：鼓励，这里指被鼓励。⑳金：黄金。生：产生，这里指输入。竟：通"境"。㉑石：古代计量粮食的单位，十斗为一石。死：丧失，这里指输出。㉒国好生金于竟内，则金粟两死，仓府两虚，国弱：国家推崇商业，人们就会弃农经商，这样不仅使得粮食短缺，而且还要花钱进口粮食，因此便同时失去了金钱和粮食，粮库和钱库都很空虚，那么，国家就会弱小。㉓国好生粟于竟内，则金粟两生，仓府两实，国强：国家注重农业生产，人们就会致力于农耕，这样不仅多产粮食，而且还可以卖掉余粮，获得金钱，因此便同时得到了金钱和粮食，粮库和钱库都很充实，那么，国家就会强大。㉔知：掌握。十三数：指十三项数目。㉕竟：通"境"。仓：指仓库。口：指人口。仓口之数：仓库和人

口的数目。㉖官：官吏。士：士人，知识分子。㉗以言说取食者：靠游说谋生的人。㉘利民：指富民。㉙刍（chú）：喂牲口的草。藁（gǎo）：禾秆，喂牲口的饲料。㉚利：指土地肥沃。㉛怨民：指怨恨君主的民众。㉜武爵：按照军功授予爵位。武任：按照军功委任官职。㉝按兵：止住军队，按兵不动。农：从事农业生产。㉞粟爵：按照缴纳粮食的多少授予爵位。粟任：按照缴纳粮食的多少委任官职。

说民第五

【题解】说，论说。说民，意为论说君主的使民之道。

本篇的中心议题是如何治理民众。在君主治民的问题上，作者认为，不是"民胜其政"，就是"政胜其民"。"民胜其政"则国弱；"政胜其民"则兵强。若要"政胜其民"，必须杜绝辩、慧、礼、乐、慈、仁、任、举的流行；以法令行事，实施告奸之法令民众相互告发、互相监督，"有奸必告"；重刑而轻赏，一方面对轻微犯罪也处以重刑，以轻罪重罚消除犯罪行为的发生，另一方面，"刑于九而赏出一"，在刑罚既多且重的同时，奖赏却只施加于农战一个方面，"使民必先行其所恶，然后致其所欲"，人们想要满足自身的欲望，只能先去从事他们原本厌恶的事情——农耕和作战。君主的赏罚言而有信，民众服从于国家的农战政策，聚集的民力形成强大的国家实力。所谓"国不蓄力""家不积粟"，国家的强盛实力要在攻城略地中消耗掉。以上观点多是对《去强》篇相关内容的解说和发挥，可与之对读。

辩慧，乱之赞也①。礼乐，淫佚之征也②。慈仁，过之母也③。任举，奸之鼠也④。乱有赞则行⑤，淫佚有征则用⑥，过有母则生，奸有鼠则不止。八者有群，民胜其政⑦；国无八者，政胜其民。民胜其政，国弱；政胜其民，兵强。故国有八者，上无以使守战⑧，必削至亡⑨；国无八者，上有以使守战，必兴至王⑩。

[注释]①辩慧，乱之赞也：巧言善辩，聪明狡黠是祸乱的助手。辩，言辞漂

亮、巧言善变。慧，聪明、有智谋。乱，祸乱。赞，辅助。②礼乐，淫佚之征也：礼乐是淫逸放荡的引子。淫佚，放荡。征，召、征召。③慈仁，过之母也：仁慈是罪恶的根源。因为慈爱常常使人不忍制裁犯罪，最终便导致姑息养奸，所以说，仁慈是罪恶的根源。过，过错，这里指犯罪。母，根源。④任举，奸之鼠也：保举的荐官制度为奸邪提供了藏身之处。任举，引荐保举。奸，指奸邪之人。鼠，处、居处。⑤行：流行。⑥用：畅通。⑦八者有群，民胜其政：八者，指前文的"辩、慧、礼、乐、慈、仁、任、举"，这八种东西纠集成群，民众就不服从政令。胜，胜过、压倒。⑧国有八者，上无以使守战：国家如果有这八种东西，君主就没有办法令民众守土征战。上，君主。⑨削：削弱。亡：灭亡。⑩兴：兴盛。王：称王于天下。

用善，则民亲其亲①；任奸②，则民亲其制③。合而复者，善也④；别而规者，奸也⑤。章善则过匿⑥，任奸则罪诛⑦。过匿则民胜法，罪诛则法胜民。民胜法，国乱；法胜民，兵强。故曰：以良民治⑧，必乱至削；以奸民治，必治至强⑨。

［注释］①用善，则民亲其亲：实行仁政，民众只亲爱自己的亲人。善，善政、仁政。亲，第一个"亲"字是动词，亲爱、亲近的意思；第二个"亲"字是名词，指亲人。②任：用。奸：指告奸之法，即相互告发、同罪连坐的制度。据《史记·商君列传》记载，商鞅之法规定告发"奸人"同斩得敌人首级一样受赏，不告发者被腰斩。③亲其制：指遵守国家的法制。④合而复者，善也：民众合伙相互包庇，这就是行善政的结果。合，结合、合并。复，宽待、宽宥，这里指相互包庇。⑤别而规者，奸也：民众彼此疏远、相互监督，这是实行告奸之法的结果。别，分开，指相互之间有界限。规，通"窥"，监视。⑥章：通"彰"，表彰，提倡。过：过错。匿：隐藏，这里是"被掩盖"的意思。⑦罪：罪过。诛：惩罚，这里是"被惩罚"的意思。⑧治：治理。⑨治：指社会治理得好。

国以难攻，起一取十；国以易攻，起一亡百。国好力，日以难攻；国好言，日以易攻①。民易为言，难为用②；国法作民之所难③，兵用民之所易④，而以力攻者，起一得十；国法作民之所易，兵用民之所难，而以言攻者，出十亡百。

[注释]①从"国以难攻"到"国好言，日以易攻"为重出文字，见《去强》篇"国好力"段。此段文字中"起一亡百"有误，"一"当作"十"。②民易为言，难为用：民众易于从事空谈，难于为国家所用，进行农战。用，使用，指从事农战。③作：兴起，此处引申为鼓励。民之所难：民众畏难的事，指被役使，为国出力。④兵用民之所易：在战争中役使民众就会觉得很容易。由于国家法令鼓励农战，打仗就被视为易事，所以说，"兵用民之所易"。兵，兴兵打仗，指战争。

　　罚重①，爵尊②；赏轻③，刑威④。爵尊，上爱民⑤；刑威，民死上⑥。故兴国行罚则民利，用赏则上重⑦。
　　法详则刑繁⑧，法繁则刑省⑨。民治则乱⑩；乱而治之，又乱。故治之于其治，则治⑪；治之于其乱，则乱。民之情也治，其事也乱⑫。故行刑重其轻者，轻者不生，则重者无从至矣⑬。此谓治之于其治也。行刑重其重者，轻其轻者，轻者不止，则重者无从止矣。此谓治之于其乱也。故重轻⑭，则刑去事成⑮，国强；重重而轻轻⑯，则刑至而事生，国削。

[注释]①罚重：刑罚加重。②爵尊：爵位显得尊贵。③赏轻：赏赐减轻。④刑威：刑罚显出威严。⑤上：君主。⑥民死上：民众拼死为君主效命。⑦兴国行罚则民利，用赏则上重：兴盛的国家施用刑罚，民众会受益；施用赏赐，君主就受到尊重。⑧法：法令。详：详细，周遍。繁：繁琐。⑨法繁则刑省：此处文字有误，"法繁"应作"法简"。省，减少。⑩民治则乱：此句文意不通，应为"民不治则乱"。⑪故治之于其治，则治：所以在民众安定的时候进行治理，就会治理得好。治，第一个"治"字是动词，意为治理；第二个"治"字是安定的意思；第三个"治"字的意思是治理得好。⑫民之情也治，其事也乱：民众的主观愿望是安定，但他们做事情却往往造成混乱。情，本性、主观愿望。事，行事。⑬行刑重其轻者，轻者不生，则重者无从至矣：使用刑罚时，对犯轻罪者处以重刑，轻微的犯罪不会发生，那么，严重的犯罪便不会出现。无从，无法。至，发生。⑭重轻：即前文的"重其轻者"，对犯轻罪者处以重刑。⑮去：去除。事成：事业成功。⑯重重：即前文的"重其重者"，对犯重罪者处以重刑。轻轻：即前文的"轻其轻者"，对犯轻罪者处以轻刑。

民勇，则赏之以其所欲①；民怯，则杀之以其所恶②。故怯民使之以刑则勇③，勇民使之以赏则死④，怯民勇，勇民死，国无敌者，必王。

民贫则弱，国富则淫。淫则有虱⑤，有虱则弱。故贫者益之以刑则富⑥，富者损之以赏则贫⑦。治国之举⑧，贵令贫者富，富者贫。贫者富，富者贫，国强，三官无虱⑨。国久强而无虱者，必王。

[注释]①所欲：想要得到的东西，指爵禄。②民怯，则杀之以其所恶：民众胆怯，就用他们所厌恶的刑罚督促、迫使他们拼死效命，消除其怯懦。杀，消除。所恶，厌恶的东西，指刑罚。③使：用。④死：指拼死效命。⑤淫：放纵。虱：即《去强》篇所言的"虱害"，如虱子般寄生于某一行业并败坏这一行业的事情，指害国害民的弊病。⑥贫者益之以刑则富：用刑罚督促、迫使穷人从事耕战，就会增加他们的财富。益，增加。⑦损之以赏：用奖赏鼓励富人捐粮买官爵，他们的财产就会减少。⑧举：举措。⑨三官：指务农、经商和做官这三种职事。

刑生力①，力生强，强生威，威生德，德生于刑。故刑多则赏重，赏少则刑重②。民之有欲有恶也，欲有六淫③，恶有四难④。从六淫⑤，国弱；行四难，兵强。故王者刑于九而赏出一⑥。刑于九则六淫止，赏出一则四难行。六淫止则国无奸，四难行则兵无敌。民之所欲万⑦，而利之所出一⑧；民非一则无以致欲，故作一⑨。作一则力抟⑩，力抟则强。强而用⑪，重强⑫。故能生力、能杀力⑬，曰攻敌之国，必强。塞私道以穷其志⑭，启一门以致其欲⑮，使民必先行其所要⑯，然后致其所欲，故力多。力多而不用则志穷⑰，志穷则有私，有私则有弱⑱。故能生力不能杀力，曰自攻之国⑲，必削。故曰："王者国不蓄力⑳，家不积粟㉑。"国不蓄力，下用也㉒；家不积粟，上藏也㉓。

[注释]①刑生力：刑罚可以产生实力。指用刑罚督促民众从事农战，就能增强国家的实力。②故刑多则赏重，赏少则刑重：刑罚重就显得奖赏丰厚，奖赏少就显得刑罚威严。刑多，刑罚多而重。③欲：爱好，欲望。恶：厌恶，这里指厌恶的事。六淫：指《去强》篇所说的六种虱害：岁（农民怠惰使年岁歉收）、食（农民因有余粮而大吃大喝）、美（商人牟取暴利，推崇华美的东西）、好（商人贩卖珍奇

玩好）、志（官员意志消沉，不肯为国出力）、行（官员利用职权胡作非为）。④四难：四种畏难的事，除农、战外，其他两者书中没有直接说明。高诱注，四难为严刑、峻法、力农、务战。⑤从：通"纵"，放纵。⑥王者刑于九而赏出一：成就王业的国家刑罚多而重，奖赏只施加于农战一个方面。九，虚数，表示数量多。一，唯一，指农战。⑦所欲：想要得到的东西。万：虚数，极多之意。⑧利：指获得奖赏。所出：来源。一：指农战。⑨作一：指专心从事农战。⑩抟（tuán）：集中。⑪用：使用，指攻敌。⑫重：重叠，这里是更加的意思。⑬杀：消耗，使用。⑭塞：阻塞，堵住。私道：牟取私利的途径。穷：困厄，走投无路，这里是"使……断绝"的意思。志：愿望。⑮启：打开。一门：一条门路，指只赏赐农战。致：满足。⑯先行其所要：此处文字有误，"要"当作"恶"，意谓，先做他们厌恶的事。⑰力多：指国家实力雄厚。不用：指不攻打敌国。志穷：指民众通过农战获得爵禄的心愿不能实现。⑱志穷则有私，有私则有弱：此处文字有衍，"则有弱"应作"则弱"。⑲自攻：自己损害自己。⑳蓄：积存。㉑粟：谷子，泛指粮食。㉒下用：对下使用，指调动、运用民众的力量。㉓上藏：向上收藏，指将粮食收入官仓。

国治①：断家王②，断官强，断君弱。重轻去刑③，常官则治④。省刑要保⑤，赏不可倍也⑥。有奸必告之，则民断于心⑦。上令而民知所以应⑧，器成于家而行于官⑨，则事断于家。故王者刑赏断于民心，器用断于家。治明则同，治暗则异⑩。同则行⑪，异则止⑫。行则治，止则乱。治则家断，乱则君断⑬。治国者贵下断，故以十里断者弱⑭，以五里断者强。家断则有余⑮，故曰："日治者王⑯。"官断则不足⑰，故曰："夜治则强⑱。"君断则乱，故曰："宿治则削⑲。"故有道之国，治不听君⑳，民不从官㉑。

[注释] ①国治：即治国，治理国家。②断家王：即断于家者王，民众在家中就能够决断是非的国家可以称王天下。③重轻：对犯轻罪者用重刑。去刑：去除刑罚，即杜绝犯罪。④常官：按照法规任用官吏。治：治理得好，指社会安定。⑤省刑要保：民众互相为保，连保连坐，有奸相互告发，则民不敢犯法，所以，刑罚减省。省刑，减少刑罚。要（yāo），约定。要保，令民众连保、连坐，互相约束。⑥赏：奖赏，指对告发奸邪者的奖赏。倍：通"背"，背弃。⑦有奸必告之，则民断于心：有

奸必告，民众在自己心中就能判断是非。⑧上令：君主发布的命令。所以：如何。应：响应。⑨器：器物。成：制成。家：指百姓之家。行：通行。行于官：获得官府的许可后才能通行。⑩治明则同，治暗则异：政治清明，百姓对是非的判断与君主相同；政治黑暗，百姓对是非的判断与君主相异。治，政治。⑪行：指政令顺利贯彻执行。⑫止：指政令不能贯彻执行。⑬治则家断，乱则君断：社会治理得好，百姓在家中就能判断是非；国家混乱，要由君主决断是非。⑭里：古代地方行政单位。十里：十为虚数，指一个较大的区域。⑮余：剩余，指官府的办公时间充裕。⑯日治：当天的政事当天处理好。⑰不足：不够，指官府的办公时间不足。⑱夜治：夜晚处理政事，指政事到当天夜间才能处理好。⑲宿治：政事拖延到隔天处理。⑳治不听君：官吏处理政事不听从君主，指官吏有法可依，不必事事等待君主的命令。㉑民不从官：民众不必去听从官吏，指民众有法可依，不必事事依靠官吏裁定。

算地第六

【题解】 算，度量、规划；地，土地。

本篇是进献给秦王的书奏，作者在文中以"臣"自称，曰"臣请语其过"等等。篇名取自首段之语。针对当时君臣上下"弃天物遂民淫"的状况，作者论述了合理开发、利用土地资源的强国之策：在规划土地时，要使人口数量与土地面积相互匹配，"民胜其地，务开；地胜其民者，事徕"，以此保证军备，应对战争；利用人性趋利避害、好逸恶劳的特点，制定相应的刑赏制度，驱使民众致力于农战。"入令民以属农，出令民以计战"，使兵农合一。文中提到"术"的概念，"术"指统治方法和手段，"臣主之术"是治国的关键。作者指出，当今世人多智巧、民众多放纵，君主应效法商汤王和周武王，以强力征服诸侯。本篇第一段部分文字与《徕民》第一段的相关内容类似，且两篇性质相同，均为书奏。但据郑良树分析，这两篇文章在奏书态度、兵农给役等方面又具有不容忽视的差异。可分析、对比进行阅读。

凡世主之患①，用兵者不量力②，治草莱者不度地③。故有地狭而民众者，民胜其地④；地广而民少者，地胜其民。民胜其地，务开⑤；地胜其民者，事徕⑥。开则行倍⑦。民过地则国功寡而兵力少⑧，地过民则山泽财物不为用⑨。夫弃天物遂民淫者⑩，世主之务过也⑪；而上下事之⑫，故民众而兵弱，地大而力小。故为国任地者⑬，山林居什一⑭，薮泽居什一⑮，谿谷流水居什一⑯，都邑蹊道居什四⑰。此先王之正律也⑱。故为国分田数小⑲。亩五百足待一役⑳，此地不任也㉑。方土百里，出战卒万人者㉒，数小也。此其垦田足以食其民㉓，都邑遂路足以处其民㉔；山林薮泽谿谷足以供其利㉕，薮泽堤防足以畜㉖，故兵出粮给而财有余㉗，兵休民作而畜长足㉘。此所谓任地待役之律也㉙。

[注释] ①世主：国君。患：弊病，毛病。②量：估量。力：实力，指敌我双方兵力的强弱。③草莱：荒芜未开垦的土地。度（duó）：计算，测量。④胜：超过，多于。⑤务：从事。开：开垦。⑥徕：招徕。事徕：指想办法招徕外民垦荒。⑦开则行倍：开垦荒地，国力将成倍地增加。行，将。⑧功：这里指国家的赋税等经济收入。寡：少。⑨为：被。用：利用。⑩天物：自然界的物产，指自然资源。遂：放任。淫：放纵，指不务正业。⑪务：所从事的事情，这里指行政事务。过：过错。⑫事：从事，做。⑬为：做，这里指治理。任：凭，利用。⑭居：占。什一：十分之一。⑮薮（sǒu）：水少草木多的湖泽。薮泽：低湿多水草之地。⑯谿谷：山谷。⑰都邑蹊道居什四：此处文字有脱，应作"都邑蹊道居什一，恶田居什二，良田居什四"。都邑，城镇。蹊（xī），小道。⑱先王，前代君王，指前代的圣贤之君。律：法令。⑲分田数小：分配耕地时，使耕田的人数小于土地所能供给的人数。耕田的人数少，可以尽地力。⑳亩五百：五百亩。待：对付，这里指供给。役：服役的人，指士兵。㉑地不任：土地没有被充分利用。㉒出：派出。战卒：士兵。㉓食：喂养，养活。㉔遂路：通达的道路。处：居，安顿。㉕供其利：指为民众提供足够的生活物资和原材料。㉖畜：积，储存，指蓄积水源。㉗兵出：军队出征作战。粮给：指粮食供给充足。㉘兵休：战争停止，即战争结束。作：劳作，指从事农耕生产。畜：积蓄。长：经常。足：充足。㉙任地：利用土地。待役：应付战争。律：规则。

今世主有地方数千里①，食不足以待役实仓②，而兵为邻敌③，臣故为世主患之④。夫地大而不垦者，与无地同；民众而不用者，与无民同。故为国之数⑤，务在垦草⑥；用兵之道，务在壹赏⑦。私利塞于外，则民务属于农⑧。属于农则朴⑨，朴则畏令⑩。私赏禁于下⑪，则民力抟于敌⑫。抟于敌则胜。奚以知其然也⑬？夫民之情，朴则生劳而易力，穷则生知而权利⑭。易力则轻死而乐用⑮，权利则畏法而易苦⑯。易苦则地力尽⑰，乐用则兵力尽。夫治国者能尽地力而致民死者⑱，名与利交至。民之性^⑲，饥而求食，劳而求佚^⑳，苦则索乐^㉑，辱则求荣，此民之情也^㉒。民之求利，失礼之法；求名，失性之常^㉓。奚以论其然也^㉔？今夫盗贼上犯君上之所禁，而下失臣子之礼，故名辱而身危，犹不止者，利也。其上世之士^㉕，衣不煖肤^㉖，食不满肠，苦其志意，劳其四肢，伤其五脏，而益裕广耳^㉗，非生之常也^㉘，而为之者，名也。故曰：名利之所凑^㉙，则民道之^㉚。

[注释] ①方：方圆。②食：粮食。实：充实。③为邻敌：与邻国为敌。④故：因此。患：担忧。⑤为国：治理国家。数：方法。⑥务：务必，一定。草：未开垦的荒地。⑦壹赏：统一赏赐，指只奖赏军功。⑧私利塞于外，则民务属于农：阻塞住从农战以外获得私利的途径，民众就一定会务农。塞，阻塞、杜绝。外，外面，指农战以外。属，隶属、归属。⑨朴：朴实。⑩畏：惧怕。令：法令。⑪私赏：私下的赏赐，指臣子私自行赏。⑫抟（tuán）：聚，集中。敌：指对敌作战。⑬奚以知其然：怎么知道是这样。⑭夫民之情，朴则生劳而易力，穷则生知而权利：民众的实际情况是，人朴实就勤劳，不吝惜自己的力气；穷困就产生智谋以权衡利弊得失。情，实情、实际情况。生，产生。易，以……为易、看轻。权，权衡。⑮轻死：看轻死亡，不怕死。乐用：指乐于为君主效命。⑯易苦：以劳苦耕作为易。⑰尽：使……穷尽，指充分发掘和利用。⑱致：导致，使。死：指民众拼死效命。⑲性：本性。⑳佚：安逸。㉑索：求。㉒情：实情。㉓民之求利，失礼之法；求名，失性之常：人们追求利益，就会违背礼制的规定；追求名誉，就会丧失常性。失，丧失。常，规律。㉔论其然：断言是这样。㉕上世之士：指所谓的名士，高士。㉖煖（nuǎn）：通"暖"。㉗益：更加。裕：宽大。裕广：胸怀宽广，这里指那些吃不饱、穿不暖、磨损身体和意志的名士满不在乎的样子。㉘常：常性。㉙凑：聚集。㉚则民道之：指哪里有名利，人们就往哪里去。道，取道、行。

主操名利之柄而能致功名者^①，数也^②。圣人审权以操柄，审数以使民^③。数者，臣主之术而国之要也^④。故万乘失数而不危^⑤、臣主失术而不乱者，未之有也。今世主欲辟地治民而不审数，臣欲尽其事而不立术^⑥，故国有不服之民，生有不令之臣^⑦。故圣人之为国也，入令民以属农^⑧，出令民以计战^⑨。夫农，民之所苦；而战，民之所危也。犯其所苦，行其所危者，计也⑩。故民生则计利，死则虑名，名利之所出，不可不审也。利出于地，则民尽力；名出于战，则民致死⑪。入使民尽力，则草不荒；出使民致死，则胜敌。胜敌而草不荒，富强之功可坐而致也⑫。

[注释] ①操：掌握。柄：权柄。致：获得。②数：术，这里指统治方法和手段。③圣人审权以操柄，审数以使民：圣明的君主仔细权衡利害，紧握给予民众名利的权柄；审慎考虑统治策略以便役使民众。审，仔细考察、研究。④术：指统治方法和手段。国之要：治国的关键。⑤万乘：拥有上万辆兵车的国家，指大诸侯国。⑥臣欲尽其事而不立术：此处文字有误，"臣欲尽其事"应作"欲臣尽其事"，意谓，想要臣下尽职尽责，做好自己的本职工作而不制定治国的方法。⑦国有不服之民，生有不令之臣：此处文字有误，"生"应作"主"，意谓，国家有不服从命令的民众，君主有不听命令的臣子。⑧入：指对内。属农：致力于务农。⑨出：指对外。计：考虑。计战：指专心打仗。⑩犯其所苦，行其所危者，计也：民众肯干他们认为辛苦的事，做自己认为危险的事，是出于对利害的权衡。犯，冒着。⑪利出于地，则民尽力；名出于战，则民致死：利从种地得来，那么民众就会尽力务农；名从战功得来，那么民众就会拼死作战。⑫坐而致：指唾手可得。

今则不然，世主之所以加务者①，皆非国之急也②。身有尧、舜之行③，而功不及汤、武之略者④，此执柄之罪也⑤。臣请语其过⑥：夫治国舍势而任说说，则身修而功寡⑦。故事《诗》、《书》谈说之士⑧，则民游而轻其君⑨；事处士⑩，则民远而非其上⑪；事勇士，则民竞而轻其禁⑫；技艺之士用⑬，则民剽而易徙⑭；商贾之士佚且利⑮，则民缘而议其上⑯。故五民加于国用⑰，则田荒而兵弱。谈说之士资在于口⑱，处士资在于意⑲，勇士资在于气⑳，技艺之士资在于手，商贾之士资在于身㉑，故天下一宅而圜身资㉒。民资重于身，而偏托势于外，挟重资，归偏家，尧、舜之所难也㉓。故汤、武禁之，则功立而名成。

[注释] ①加务：特别关注，急于从事。②国之急：国家的当务之急。③行：德行。④略：经略，成就。⑤执柄之罪：执掌权柄不当导致的过错。⑥臣：对君主

的自称，我。过：过错。⑦夫治国舍势而任说说，则身修而功寡：此处文字有误，"治国舍势而任说说"应作"治国舍势而任谈说"。势，权势，这里指执掌权柄的方法和策略。谈说，指空谈。修，善、美好。身修：即上句所言的"身有尧、舜之行"，德行美好。⑧故：所以。事：任用。⑨游：四处交游，游荡。轻：看轻，轻视。⑩处士：自命清高，隐居不仕的人。⑪远：疏远，这里指远离朝廷。非：非议。上：君主。⑫竞：强悍。禁：指国家的禁令。⑬技艺之士：指手工业者。⑭剽：轻浮。易：易于。徙：迁徙。⑮佚：安逸。利：指得利多。⑯缘：攀附。⑰五民：五种人，即上述"《诗》、《书》谈说之士、处士、勇士、技艺之士、商贾之士"。加于国用：加入国家的任用之列，指被国家任用。⑱资：资本。口：指巧言善辩。⑲意：指意志高洁。⑳气：勇气。㉑身：身资。㉒天下一宅：天下一家，指上述五种人把天下当成自己的家。圜（huán）：围绕。圜身资：指满身都是本钱。㉓民资重于身，而偏托势于外，挟重资，归偏家，尧、舜之所难也：民众把谋生的资本看得比生命还重要，到处寻求、投靠国外势力，或挟带重资归附于私家之门，这种情况下，就是尧、舜也难以把国家治理好。偏，第一个"偏"通"便"，到处；第二个"偏"的意思为私、邪。托，寄托、投靠。难，以……为难。

圣人非能以世所易胜其所难也，必以其所难胜其所易①。故民愚则知可以胜之②，世知则力可以胜之。臣愚则易力而难巧③，世巧则易知而难力。故神农教耕而王④，天下师其知也⑤；汤、武致强而征⑥，诸侯服其力也⑦。今世巧而民淫，方效汤、武之时，而行神农之事以随世禁，故千乘惑乱⑧。此其所加务者过也⑨。民之生⑩，度而取长⑪，称而取重⑫，权而索利⑬。明君慎观三者⑭，则国治可立而民能可得⑮。国之所以求民者少⑯，而民之所以避求者多⑰。入使民属于农，出使民壹于战。故圣人之治也，多禁以止能⑱，任力以穷诈⑲，两者偏用⑳，则境内之民壹㉑。民壹则农㉒，农则朴，朴则安居而恶出㉓。故圣人之为国也，民资藏于地㉔，而偏托危于外㉕。资于地则朴，托危于外则惑㉖。民入则朴，出则惑，故其农勉而战戮㉗。民之农勉则资重㉘，战戮则邻危㉙。资重则不可负而逃㉚，邻危则不归于无资㉛。归危外托㉜，狂夫之所不为也㉝。故圣人之为国也，观俗立法则治㉞，察国事本则宜㉟。不观时俗，不察国本，则其法立而民乱，事剧而功寡㊱。此臣之所谓过也㊲。

[注释] ①圣人非能以世所易胜其所难也，必以其所难胜其所易：圣明的君主并不能用世上的易事驾驭世上的难事，必定是用世上的难事驾驭世上的易事。胜，胜过。②民愚：民众愚昧。知：智慧。③臣愚则易力而难巧：此处文字有误，"臣愚"当为"民愚"。易力，即以力为易，把出力看做容易的事。难巧，即以巧为难，把技巧、智慧看做困难的事。④神农：传说中的上古帝王。教耕：教民耕种。王：称王于天下。⑤师：学习，效法。⑥汤：商汤王。武：周武王。致：达到，导致。强：指国力强盛。征：指征服天下诸侯。⑦服：臣服。⑧今世巧而民淫，方效汤、武之时，而行神农之事以随世禁，故千乘惑乱：现在人们巧诈而放纵，正是仿效商汤王和周武王的时候，但是君主们却实行神农的做法，破坏了治国的法度，因此，拥有千辆兵车的大国也混乱不堪。巧，指世人多智巧。淫，指民众骄纵放荡。随，"隳（huī）"的假借字，毁坏。千乘，拥有千辆兵车的国家，指大国。⑨此其所加务者过也：这是因为君主们把治理国家的当务之急搞错了。⑩生：本性。⑪度而取长：量取长度之后会选取长的。⑫称：称量重量。⑬权：权衡利弊。⑭慎：慎重。观：观察。三者：指上述三种人的本性。⑮国治：指治理国家的法度。立：确立。民能：指民众的力量。⑯求民者少：要求民众做的事少，指只有农战这一件事。⑰而民之所以避求者多：而民众逃避国君要求的门径多。⑱多禁：多方面设立禁令。止能：指限制民众除农战以外的其他才能。⑲任力：任用实力，指按照农战功劳的大小予以赏赐。穷诈：杜绝欺诈，指杜绝前文所言游说、技艺、商贾之士等人的欺诈谋利。⑳偏：通"遍"，都。用：使用。㉑壹：专一。㉒农：指务农。㉓恶出：厌恶外出、迁徙。㉔民资藏于地：民众的资财蕴藏在土地中，指只让民众从务农中获利。㉕偏托危于外：在外处于危险的境地，指民众很少能有资本投靠国外的势力，在外安身。㉖惑：惶惑不安。㉗农：务农。勉：尽力。战：作战。戢：集聚，指团结有力。㉘资：资财。重：多，增多。㉙邻：指邻国。㉚负：背，带着。㉛邻危则不归于无资：此处文字有脱，且断句有误，"邻危则不归于"应作"邻危则不归于外"，"无资"应属下句。不归于外，指本国民众不会去投靠外国。㉜无资：没有资本。归危外托：跑到危险的地方，投身外国。㉝狂夫：疯子。㉞观俗立法：观察风俗，建立法度。治：治理得好。㉟察国事本：考察国情，从事农战之本。宜：治理得当。㊱事剧：指政务繁多。㊲过：过失。

夫刑者所以夺禁邪也①，而赏者所以助禁也②。羞辱劳苦者③，民之所恶也。显荣佚乐者④，民之所务也⑤。故其国刑不可恶⑥，而爵禄不足务也⑦，此亡国之兆也。刑人复漏⑧，则小人辟淫而不苦刑⑨，则侥幸于民上，侥于民上以利求⑩。显荣之门不一⑪，则君子事势以成名⑫。小人不避其禁⑬，故刑烦⑭。君子不设其令⑮，则罚行⑯。刑烦而罚行者国多奸。则富者不能守其财，而贫者不能事其业⑰，田荒而国贫。田荒则民诈生⑱，国贫则上匮赏⑲。故圣人之为治也，刑人无国位⑳，戮人无官任㉑。刑人有列㉒，则君子下其位㉓；衣锦食肉，则小人冀其利㉔。君子下其位，则羞功㉕；小人冀其利，则伐奸㉖。故刑戮者，所以止奸也；而官爵者，所以劝功也㉗。今国立爵而民羞之，设刑而民乐之，此盖法术之患也㉘。故君子操权一正以立术㉙，立官贵爵以称之㉚，论荣举功以任之㉛，则是上下之称平㉜。上下之称平，则臣得尽其力，而主得专其柄㉝。

[注释] ①夫刑者所以夺禁邪也：此句文字有衍，"所以夺禁邪也"应作"所以禁邪也"。②助：辅助，指赏、刑互助。③羞辱劳苦：羞耻、侮辱、劳累、痛苦。④显荣佚乐：显贵、荣耀、安逸、快乐。⑤务：追求。⑥刑不可恶：刑罚不令人畏惧。⑦爵禄不足务：爵禄不足以吸引百姓去追逐。⑧刑人：罪人。复：免罪。漏：漏网。⑨辟：邪僻。淫：放纵。不苦刑：不以刑罚为苦，即不害怕刑罚。⑩则侥幸于民上，侥于民上以利求：此处文字错讹，应作"则侥幸于上以求利"，意谓，抱着犯罪不被别人告发、不受刑罚的侥幸心理，以求牟取私利。⑪门：门径。不一：不止一个。⑫事势：依附权势。⑬避：避让，躲开。禁：指国家的禁令。⑭烦：多。⑮设：陈设，指将国家法令陈设于官府，令民众知晓。⑯行：用，指犯罪发生导致用刑。⑰事：从事。业：职业。⑱诈：欺诈。生：产生。⑲匮：缺乏，指君主缺乏赏赐用的财物。⑳刑人：受过刑的人。国位：指爵位。㉑戮人：罪人。官任：做官。㉒有列：列于朝班，指有爵位。㉓下其位：以其位为下，即轻视自己的地位。㉔衣锦食肉，则小人冀其利：此处文字有脱，"衣锦食肉"应作"戮人衣锦食肉"。此句意谓，如果犯过罪的人穿锦衣、食肉，那么，民众就会贪图利益，有非分之想。衣锦食肉，穿锦衣、吃肉食，指做官。小人，民众。冀，希望。㉕羞功：以功为羞，把尽职立功看做羞耻。㉖伐：夸耀。伐奸：以奸为伐，把奸巧当做夸耀的资本。㉗劝：鼓励。㉘患：弊病。㉙操：掌握。权：权力。一：统一。正：通"政"，政

策。立：确立。术：指治国的方法。㉚立：设置。官：官职。贵：重视。称：相称，指功劳和官爵相称。㉛论：评定。荣：功劳。举：举用，选拔。任：指任用官员。㉜称平：指评定的标准平衡一致。㉝专其柄：独揽权柄。

开塞第七

【题解】开，开启。开塞，指开启被阻塞的治国之道。

　　本篇颇具理论性，提出了一套完整的历史观并进行了系统的阐述。作者将其前的人类历史划分为上世、中世、下世三个阶段，三阶段的社会特征各不相同："上世亲亲而爱私，中世上贤而说仁，下世贵贵而尊官。""此三者非事相反也，民道弊而所重易也，世事变而行道异也。"时代的形势一直在变化。时代变了，君主治国所奉行的原则也要随之而变。所以，"圣人不法古，不修今"，圣君既不因循守旧，也不拘泥于现状，而是根据历史发展的客观趋势制定相应的治国方略。"今之民巧以伪"，因此必须"前刑而法"，把刑罚放在首位，先刑后赏、重刑少赏地实行法治。民众因为畏惧刑罚而不敢犯法，国家就治理好了。作者要开启的被阻塞的治国之道，就是对内以严刑治理民众、对外以武力征服诸侯。文中"取之以力，持之以义""刑用于将过""藉刑以去刑"等观点，均值得注意。司马迁在《史记·商君列传》中说自己曾经读到过商鞅的《开塞》，并谓之"与其人行事相类"。

　　天地设而民生之①。当此之时也，民知其母而不知其父，其道亲亲而爱私②。亲亲则别③，爱私则险民众④，而以别险为务⑤，则民乱。当此之时，民务胜而力征⑥。务胜则争，力征则讼⑦。讼而无正⑧，则莫得其性也⑨。故贤者立中正⑩，设无私⑪，而民说仁⑫。当此时也，亲亲废，上贤立矣⑬。凡仁者以爱为务⑭，而贤者以相出为道⑮。民众而无制⑯，久而相出为道，则有乱⑰。故圣人承之⑱，作为土地货财男女之分⑲。分定而无制，不可，故立禁⑳。禁立而莫之司㉑，不可，故立官㉒。官设而莫之一㉓，不可，故立君。既立君，则上贤废而贵贵立矣㉔。然则上世亲亲而爱私㉕，中世上贤而说仁㉖，下世贵贵而尊官㉗。上贤者，以道相出也；而立君者，使贤无用也㉘。亲亲者，以私为道也；而中正者，使私无行也㉙。此三者非事相反也㉚，民道弊而所重易也㉛，世事变而行道异也㉜。故曰：王道有绳㉝。

[注释] ①设：设立，指被开辟。民：人。生：产生。②道：原则。亲亲：爱自己的亲人。爱私：贪图私利。③别：区分，指区分亲疏。④爱私则险民众：此处断句有误，"民众"当属下句。险，险恶，指为谋取私利而损害他人。⑤务：致力要做的事情。⑥民务胜而力征：人们都致力于战胜对方，并竭力争夺。胜，制胜，指压倒对方。力，尽力。征，争夺。⑦讼：争吵。⑧正：标准。⑨莫得其性：指人们正常的生活愿望和要求得不到满足。⑩立：确立。中正：指公正的标准。⑪无私：指无私的原则。⑫说：通"悦"，喜欢。⑬上贤：即尚贤，崇尚贤人，这里指崇尚贤人的思想。⑭仁者以爱为务：文字有脱，应作"仁者以爱利为务"，意谓，仁者都把关心、便利他人当作自己应该做的事。利，指利人。⑮相出：推举别人。道：原则，这里指人们处世的原则。⑯民众而无制：人民众多但没有制度、规矩。众，众多。制，制度。⑰有：又。⑱承：继承，接续，这里指顺应社会发展。⑲作为：创制。分：名分。⑳分定而无制，不可，故立禁：名分确定了但没有制度，不行，所以就设立了法令。禁，禁令、法令。㉑司：掌管，执行。莫之司：没有人掌管它。㉒立官：设置官吏。㉓一：齐一，这里指统一管辖。㉔贵：第一个"贵"是动词，意谓以……为贵；第二个"贵"是名词，指权贵。贵贵：尊重、崇尚权贵。㉕上世：作者划分的历史阶段，指上古时代，大约为母系氏族社会至伏羲、神农等黄帝之前的这一历史时期。㉖中世：作者划分的历史阶段，指中古时代，大约为黄帝至尧、舜、禹的时段。㉗下世：作者划分的历史阶段，指近世，大约指夏、商、周三代。㉘上贤者，以道相出也；而立君者，使贤无用也：崇尚贤人的时代以推举别人为处世的原则，而设立国君的时代使崇尚贤人的原则不再适用了。贤，第一个"贤"字意谓贤人，第二个"贤"字指尚贤的原则。㉙亲亲者，以私为道也；而中正者，使私无行也：只爱亲人的时代以自私为原则，而奉行公正的时代使自私的原则无法通行了。行，通行。㉚事：从事。事相反：故意做彼此相反的事情。㉛弊：

败坏。所重：所重视的东西。易：改变。㉜行道：所奉行的原则。异：不同。㉝绳：
准绳，准则。

夫王道一端①，而臣道亦一端；所道则异，而所绳则一也②。故曰：
民愚则知可以王③，世知则力可以王④。民愚则力有余而知不足，世知则
巧有余而力不足。民之生⑤，不知则学，力尽而服⑥。故神农教耕而
王⑦，天下师其知也⑧；汤、武致强而征⑨，诸侯服其力也。夫民愚，不
怀知而问⑩；世知，无余力而服。故以王天下者并刑，力征诸侯者
退德⑪。

［注释］①一端：一个方面，指君主统治天下的方法和臣子侍奉君主、治理民
众的方法各为一端，有所不同。②所绳则一：所遵循的原则却是一样的。③愚：愚
昧无知。知：智慧。王（wàng）：称王。④世：指世人。力：实力。⑤生：通
"性"，本性。⑥服：臣服。⑦神农：传说中的古代帝王。教耕：教民耕种。⑧师：
学习，效法。⑨汤：商汤王。武：周武王。致：达到，导致。强：指国力强盛。征：
指征服天下诸侯。⑩怀：抱，具有。问：询问，探讨。⑪故以王天下者并刑，力征
诸侯者退德：此处文字有脱，应作"故以知王天下者并刑，以力征诸侯者退德"。
并，通"摒"，排除。退，排斥。德，德政。

圣人不法古①，不修今②。法古则后于时③，修今者塞于势④。周不
法商⑤，夏不法虞⑥。三代异势而皆可以王⑦。故兴王有道⑧，而持之异
理⑨。武王逆取而贵顺⑩，争天下而上让⑪。其取之以力⑫，持之以义⑬。
今世强国事兼并⑭，弱国务力守⑮。上不及虞、夏之时⑯，而下不修汤、
武⑰。汤、武塞，故万乘莫不战，千乘莫不守⑱。此道之塞久矣，而世主
莫之能废也⑲，故三代不四⑳。非明主莫有能听也。今日愿启之以效㉑。

［注释］①法：效法。②修：遵循。③后：落后。时：时代。④塞：闭塞。势：
形势。⑤周、商：朝代名，即周朝和商朝。⑥夏、虞：朝代名，即夏朝和虞朝。
⑦三代：指夏、商、周三代。异势：形势不同。⑧兴：建立。王：王业，指统一天
下的大业。⑨持：保持。异理：不同的治理方法。⑩武王：周武王。逆：叛乱，指

周武王以暴力叛乱取得天下。贵顺：以顺为贵，即推崇顺从国君。⑪上让：即尚让，崇尚谦让。⑫力：强力。取之以力：靠强力取得政权。⑬持之以义：以道义持守王业。⑭事：从事。兼并：吞并。⑮务：致力于。力：努力。守：防守。⑯上：向上，指远的。⑰下：向下，指近的。不修汤、武：不遵循汤、武的治国方法，即不像商汤王和周武王那样适应时代需要，走兴邦强国之路。⑱汤、武塞，故万乘莫不战，千乘莫不守：此处文字有脱，"汤、武塞"应作"汤、武之道塞"。此句意谓，商汤王和周武王的治国之道被阻塞而行不通了，所以，大国没有不进行征战的，小国没有不从事防守的，谁也不能统一天下。万乘，拥有上万辆兵车的国家，指大国。千乘，拥有千辆兵车的国家，指小国。⑲废：通"发"，打通。⑳三代不四：夏、商、周以后，再也没有出现第四个像三代那样的王朝。㉑启：禀告，说明。以：用。效：功效，指政治上的成效。

古之民朴以厚①，今之民巧以伪②。故效于古者先德而治③，效于今者前刑而法④。此俗之所惑也⑤。今世之所谓义者，将立民所好而废其所恶⑥，此其所谓不义者，将立民之所恶而废，其所乐也⑦。二者名贸实易⑧，不可不察也。立民之所乐，则民伤其所恶；立民之所恶，则民安其所乐⑨。何以知其然也⑩？夫民忧则思⑪，思则出度⑫；乐则淫⑬，淫则生佚⑭。故以刑治则民威⑮，民威则无奸，无奸则民安其所乐。以义教则民纵⑯，民纵则乱⑰，乱则民伤其所恶。吾所谓利者，义之本也⑱；而世所谓义者，暴之道也⑲。夫正民者⑳，以其所恶，必终其所好㉑；以其所好，必败其所恶㉒。

[注释] ①朴以厚：朴实而敦厚。②巧以伪：巧诈而虚伪。③效于古者：在古代有效的办法。先德：以德为先，即把教化放在首位。④前刑：把刑罚放在首位。法：指实行法治。⑤俗：世俗之人。惑：疑惑不解。⑥将：乃，就是。立：设立。民之所好：民众所喜好的，如重赏轻刑。废：废除。其所恶：民众所厌恶的，如重刑轻赏。⑦将立民之所恶而废，其所乐也：此处断句有误，应断作"将立民之所恶，而废其所乐也"。⑧二者：指前言所谓的义和不义。贸、易：交换。名贸实易：名称和实际内容颠倒了，即应称为"不义"的，被人们称为"义"；而应称为"义"的，却被人们称为"不义"。⑨立民之所乐，则民伤其所恶；立民之所恶，则

民安其所乐：树立民众所喜欢的，民众就会被他们厌恶的东西所伤害；确立民众所厌恶的，他们就可以安享喜欢的东西。伤，被……伤害。⑩何以：凭什么，如何。然：这样。⑪忧：忧虑。思：思考。⑫出：生。出度：指产生守法的思想，做事合乎法度。⑬乐：快乐。淫：放纵。⑭佚：过失。⑮威：畏惧，指民众畏惧刑罚。⑯纵：放纵。⑰乱：作乱。⑱吾所谓利者，义之本也：此处文字有误，应作"吾所谓刑者，义之本也"。此句意谓，我所说的"刑"是"义"的根本。⑲暴：暴乱。道：原因，途径。⑳正：治理。㉑终其所好：最终得到他们所喜爱的东西。㉒败其所恶：被他们所厌恶的东西伤害。

　　治国刑多而赏少。故王者刑九而赏一①，削国赏九而刑一②。夫过有厚薄③，则刑有轻重；善有大小，则赏有多少。此二者，世之常用也。刑加于罪所终，则奸不去；赏施于民所义，则过不止④。刑不能去奸而赏不能止过者，必乱。故王者刑用于将过⑤，则大邪不生⑥；赏施于告奸⑦，则细过不失⑧。治民能使大邪不生，细过不失，则国治。国治必强。一国行之，境内独治⑨。二国行之，兵则少寝⑩。天下行之，至德复立⑪。此吾以杀刑之反于德而义合于暴也⑫。

　　[注释]①王者：指称王于天下的国家。刑九而赏一：刑罚占九分，赏赐占一分。②削国：衰弱的国家。③厚薄：大小。④刑加于罪所终，则奸不去；赏施于民所义，则过不止：刑罚在民众犯罪之后使用，奸邪就不会断绝；赏赐施加于人们所认为的"义"，犯罪行为就不会停止。⑤将过：将要犯罪的时候。⑥大邪：大的罪恶。⑦告奸：告发奸人，揭发罪行。⑧细过：小的罪过。失：遗漏。⑨独：单独。治：治理得好。⑩兵：战争。少：稍微。寝：息，停止。⑪至德：至高无上的道德。复：再，重新。立：确立。⑫此吾以杀刑之反于德而义合于暴也：这就是我所认为的杀戮、刑罚能够转化、回归于道德，而所谓的"义"，倒是残暴的。反，通"返"，回归。

　　古者民蘩生而群处①，乱，故求有上也②。然则天下之乐有上也，将以为治也③。今有主而无法，其害与无主同；有法不胜其乱④，与不法同。天下不安无君而乐胜其法，则举世以为惑也⑤。夫利天下之民者莫大于治，而治莫康于立君⑥。立君之道，莫广于胜法⑦，胜法之务，莫急于去奸⑧。去奸之本，莫深于严刑⑨。故王者以赏禁⑩，以刑劝⑪，求过不求善⑫，藉刑以去刑⑬。

[注释] ①蕞（cóng）：同"丛"，聚集。群处：群居。②上：首领。③以为治：靠他进行治理。④胜：制服，制止。⑤天下不安无君而乐胜其法，则举世以为惑也：天下的人都不乐意没有君主却又乐于破坏国君制订的法律，如此则世人都感到迷惑不解。安，乐、乐意。胜，胜过，这里是破坏的意思。⑥康：大。⑦胜法：施行法制。⑧去：去除。⑨深：重。⑩赏：奖赏，指奖赏告奸。禁：禁止犯罪。⑪劝：劝导，指通过惩处罪犯使民众守法。⑫求过：追究罪过。不求善：不讲求所谓的善行。⑬藉：依靠。藉刑以去刑：即《去强》篇的"以刑去刑"，加重刑罚使民众畏惧而不敢犯法，从而达到用刑罚消除刑罚的目的。

壹言第八

【题解】壹，统一。壹言，论国家政事统一。

　　文中所论的"壹"，分为国家和民众两个角度。从国家的角度讲，是"国务壹"，"国务壹则民应用"；从民众的角度讲，是"民壹务"，"其家必富而身显于国"。但无论从哪个角度讲，其实都是同一个内容，即一于农战：国家政令清晰、统一，民众就听从命令，专心于农战；民众专心于农战，就可以富裕、显贵。君主能将民力抟聚在农耕和作战上，国家就会强大。对于治国之道，作者又分为"抟力"和"杀力"两个方面展开论述，"抟力"对应农耕；"杀力"对应战争。在"抟力以壹务也，杀力以攻敌也""治国者贵民壹，民壹则朴，朴则农"等论述中，"壹"专指农耕。《农战》篇也多有关于"壹"的言论，《垦令》《算地》《赏刑》《慎法》等篇对此也有涉及，其中"壹"的内涵不尽相同。除泛指"统一""专一"外，"壹"既指"农战"，也可专指"农"或专指"战"。

　　凡将立国①，制度不可不察也②，治法不可不慎也③，国务不可不谨也④，事本不可不抟也⑤。制度时则国俗可化而民从制⑥，治法明则官无邪⑦，国务壹则民应用⑧，事本抟则民喜农而乐战⑨。夫圣人之立法化俗而使民朝夕从事于农也，不可不知也。夫民之从事死制也，以上之设荣名、置赏罚之明也，不用辩说私门而功立矣⑩。故民之喜农乐战也，见上之尊农战之士而下辩说技艺之民⑪，而贱游学之人也⑫。故民壹务⑬，其家必富而身显于国⑭。上开公利而塞私门⑮，以致民力⑯；私劳不显于国⑰，私门不请于君⑱，若此而功臣劝⑲。则上令行而荒草辟，淫民止而奸无萌⑳。治国能抟民力壹民务者强㉑，能事本而禁末则富㉒。

[注释]①将：将要。立国：建立国家。②察：考察，研究。③治法：政策法令。④国务：国家的政务。谨：谨慎。⑤事本：国家事业的根本，指农战。抟（zhuān）：同"专"，专一。⑥时：适时，适合时势。化：改变。从制：遵从制度。⑦明：清明。官无邪：指官吏不会为非作歹。⑧壹：专一，指专心于农战。应用：听从使用。⑨农：务农。战：作战。⑩夫民之从事死制也，以上之设荣名、置赏罚之明也，不用辩说私门而功立矣：民众之所以肯为国出力，拼死效命，是因为君主设立的荣誉称号和赏罚制度明确，不用依靠巧言辩说、投靠权贵的私门就能建功立业。从事，致力于国家的事业。死制，拼死遵从国家制度。上，君主。私门，指权贵、大臣之家。⑪上：君主。尊：尊重。农战之士：从事农耕、作战的人。下：轻视。辩说技艺之民：巧辩空谈、靠手艺吃饭的人。⑫贱：鄙视。游学之人：四处讲学游说的人。⑬壹务：指专心从事农战。⑭显于国：在国中显贵。⑮公利：国家利益。开公利：打开为国家出力的门径。塞：杜绝。⑯致：招致，取得。⑰私劳：为权贵私家效劳。⑱请：请求，说情。⑲劝：勉励，这里指得到勉励。⑳令：法令。行：贯彻执行。荒草：未开垦的荒地。辟：开垦。淫民：不务正业的人，指前文所言的"辩说、技艺之民和游学之人"等不利于农战的人。萌：发生。㉑抟（tuán）：集聚。壹民务：指使民众专心于农战。㉒末：末业，工商业。

夫圣人之治国也，能抟力，能杀力①。制度察则民力抟，抟而不化则不行，行而无富则生乱②。故治国者，其抟力也以富国强兵也，其杀力也以事敌劝民也③。夫开而不塞则短长④，长而不攻则有奸⑤。塞而不开则民浑⑥，浑而不用则力多。力多而不攻，则有奸虱⑦。故抟力以壹务也，杀力以攻敌也。治国者贵民壹，民壹则朴，朴则农。农则易勤，勤则富。富者废之以爵，不淫⑧；淫者废之以刑而务农⑨。故能抟力而不能用者必乱，能杀力而不能抟者必亡。故君知齐二者⑩，其国强；不知齐二者，其国削。

[注释]①杀：减少，这里指使用。②制度察则民力抟，抟而不化则不行，行

而无富则生乱：制度清楚明确就会集聚民力，民力集聚而不使用民众便报国无门，民众为国出力却不能致富就会发生动乱。察，清楚、明晰。化，消化、用掉。③事敌：对敌作战。④开而不塞则短长：此处文字有误，应作"开而不塞则知长"。开，指开公利，提倡以农战谋利。塞，指堵塞私门。知，指诡诈的想法。长，增长。⑤攻：治理。⑥浑：混沌，糊涂。⑦奸：奸邪。虱：即《去强》篇所说的"虱害"，如虱子般寄生于某一行业并败坏这一行业的事情，指害国害民的弊病。⑧富者废之以爵，不淫：让富人买官爵以消耗其财产，他们就不会放纵。废，止。淫，放纵。⑨废：止，这里是慑服的意思。⑩齐：同"剂"，调剂。二者：指抟力、杀力。

夫民之不治者，君道卑也①；法之不明者，君长乱也②。故明君不道卑不长乱也。秉权而立③，垂法而法治④，以得奸于上而官无不⑤，赏罚断而器用有度⑥。若此，则国制明而民力竭⑦，上爵尊而伦徒举⑧。

[注释] ①道：引导，疏通。卑：衰微，这里指国君采取的政治措施错误，导致国家衰微。②长：助长。乱：混乱。③秉：持，掌握。立：指立于君位，即主持国政。④垂法而法治：此处文字有衍，应作"垂法而治"。垂，悬。垂法，颁布法令。⑤得奸于上：在上能掌控奸邪。不：通"否"（pǐ），邪恶。⑥赏罚断：指赏罚分明。器用：器物用具。有度：有标准，指器物的制作和使用符合制度的规定。⑦明：明确。竭：尽，指民力被充分利用。⑧上爵尊而伦徒举：朝廷的爵位尊贵，各类民众都能被任用。伦徒，各类民众。举，用。

今世主皆欲治民①，而助之以乱②；非乐以为乱也③，安其故而不窥于时也④。是上法古而得其塞⑤，下修令而不时移⑥，而不明世俗之变⑦，不察治民之情⑧，故多赏以致刑⑨，轻刑以去赏⑩。夫上设刑而民不服，赏匮而奸益多⑪，故民之于上也先刑而后赏⑫。故圣人之为国也，不法古，不修今，因世而为之治⑬，度俗而为之法⑭。故法不察民之情而立之，则不成；治宜于时而行之⑮，则不干⑯。故圣王之治也，慎为察务⑰，归心于壹而已矣⑱。

[注释] ①世主：当代的君主。②助之以乱：助长了混乱。③乐：乐于。④安：

习惯于。故：旧，这里指旧的制度和法令。窥：视，看。时：时势。⑤是：这样。上：向上。法古：效法古代。得其塞：得到的东西在当代行不通，指古代的旧制度不适合当代的新形势。⑥下修令而不时移：此处文字有误，"下修令"当作"下修今"。下，向下。修，通"循"。修今，遵循现有的东西，指拘泥现状。时移：因时而变。⑦明：明察。⑧情：实情。⑨多赏：滥加赏赐。致：导致。⑩轻刑：减轻刑罚。去赏：指失去了赏赐的作用。⑪夫上设刑而民不服，赏匮而奸益多：由于减轻了刑罚，君主设置了刑罚民众却不服从；由于赏赐失去了作用，君主用尽了赏赐而奸人却越来越多。匮，用尽。⑫先刑：指把刑罚放在第一位。后赏：把赏赐放在第二位。⑬因：根据。世：时事。为之治：确定治世的办法。⑭度：考虑。俗：民众的习俗。⑮治：政治措施。宜：适合。时：时势。⑯干：抵触。⑰慎为：谨慎地采取措施。察务：考察国务。⑱归心于壹：指把注意力集中到农战上。

错法第九

【题解】错，通"措"，建立；法，法度。

本篇论题集中，主旨在于论述"法度乃治国之本"。商鞅之法是赏罚之道，作者将其阐发的重点，放在了"行赏"的问题上。"行赏而兵强者，爵禄之谓也"，君主想要强国强兵，必须拿出实实在在的爵禄实施奖赏。实施爵禄之赏要有明确的制度，并且将其公开化，让民众清楚地知道如何获得利益和荣耀。法度的执行必须严明，只论功行赏，不私下行事，不考虑个人的恩德，也不把奖赏赐予那些阿谀奉承之人。人的本性是"好爵禄而恶刑罚"，利用这一好恶，"人君设二者以御民之志而立所欲"。"夫民力尽而爵随之，功立而赏随之，人君能使其民信于此如明日月"，如果君主能让民众相信"奖赏会跟随功劳而至"，就像相信太阳和月亮一样，君主便可控制和驾驭民众，实现自己的治理目标。篇首的"臣闻"云云，显示本篇为书奏。文中谈到的"离朱"和"乌获"，在《弱民》篇也有论及。

臣闻古之明君，错法而民无邪^①，举事而材自练^②，赏行而兵强^③，此三者，治之本也^④。夫错法而民无邪者，法明而民利之也^⑤。举事而材自练者，功分明^⑥。功分明则民尽力，民尽力则材自练。行赏而兵强者，爵禄之谓也^⑦。爵禄者，兵之实也^⑧。是故人君之出爵禄也道明^⑨，道明则国日强，道幽则国日削^⑩。故爵禄之所道^⑪，存亡之机也^⑫。夫削国亡主^⑬，非无爵禄也，其所道过也^⑭。三王五霸，其所道不过爵禄^⑮，而功相万者^⑯，其所道明也。是以明君之使其臣也，用必出于其劳^⑰，赏必加于其功。功赏明则民竞于功⑱。为国而能使其民尽力以竞于功，则兵必强矣。

[注释] ①错：通"措"，施行。错法：实行法治。邪：邪恶。②举事：兴办事业。材：人才。练：干练。③赏行：实行赏赐。④治之本：治国的根本。⑤法明：法度严明。利之：以之为利，指民众认为依法办事对自己有利。⑥功分：功劳大小。明：分明，指按功行赏，标准明确。⑦爵禄之谓：即谓之爵禄，说得是爵禄。⑧兵之实：军队的实际利益。⑨出：给予。道明：原则分明。⑩幽：暗。道幽：指徇私舞弊，赏罚不分明。日：日益。削：削弱。⑪爵禄之所道：给予爵位和俸禄的途径。⑫机：关键。⑬削国：衰弱的国家。亡主：亡国的君主。⑭过：错。⑮过：超出。⑯功：功效。相万：比别人高出万倍。⑰用：任用。出于：源于。劳：功劳。⑱竞于功：争着立功。

同列而相臣妾者，贫富之谓也①。同实而相并兼者②，强弱之谓也。有地而君③，或强或弱者，乱治之谓也④。苟有道里⑤，地足容身⑥，士民可致也⑦。苟容市井⑧，财货可众也。有土者不可以言贫，有民者不可以言弱。地诚任⑨，不患无财⑩；民诚用，不畏强暴。德明教行⑪，则能以民之有为己用矣⑫。故明主者，用非其有⑬，使非其民⑭，明主之所贵惟爵其实⑮，爵其实，而荣显之⑯。不荣，则民不急⑰。列位不显⑱，则民不事爵⑲。爵易得也，则民不贵上爵⑳。列爵禄赏不道其门㉑，则民不以死争位矣㉒。人君而有好恶㉓，故民可治也。人君不可以不审好恶㉔。好恶者，赏罚之本也㉕。夫人情好爵禄而恶刑罚，人君设二者以御民之志而立所欲焉㉖。夫民力尽而爵随之㉗，功立而赏随之㉘，人君能使其民信于此如明日月㉙，则兵无敌矣。

[注释] ①同列而相臣妾者，贫富之谓也：地位相等而一方被迫称臣，是因为贫富不同。同列，地位相等。臣妾，奴隶。相臣妾，一方把另一方当成奴隶。②同实：财富相当。相并兼：一方将另一方兼并。③有地：拥有土地。君：做君主。④乱：政治昏乱，治理得不好。治：社会安定，治理得好。⑤苟有道里：此处断句有误，"里"字应属下句。苟，如果。有道，指治国有方。⑥里地：一里见方的土

地。足：足够。容身：安身。⑦致：招致。⑧容：置身。市井：买卖货物的场所。⑨地：土地。诚：确实。任：用，这里指土地被利用。⑩患：担心。⑪德：恩德。明：明确。教：教令。行：贯彻执行。⑫民之有：民众所拥有的财力、物力。⑬用非其有：能使用本不属于自己的东西，指利用民众之力。⑭使非其民：能役使本不属于自己的民众，指招徕他国之民为己所用。⑮贵：注重。惟：只有。爵其实：按实际功劳授予爵位。⑯荣：使……荣耀。显：使……显贵。⑰不急：指不急于获得爵位。⑱列位：爵位。⑲事爵：追求爵位。⑳上爵：国君授予的爵位。㉑列爵：授予爵位。禄赏：赏赐俸禄。道：由。不道其门：出于不正当的门路。㉒以死争位：拼死争取爵位。㉓人君而有好恶：此处文字有误，当作"人生而有好恶"。㉔审：审查，弄清楚。㉕本：根本。㉖二者：指爵禄和刑罚。御：驾御。志：思想。立：设立。所欲：想要得到的东西，指爵禄。㉗夫民力尽而爵随之：民众尽了力，爵位就跟随着得到。力尽，尽力。随，跟从。㉘功立：立功。㉙明：明白，知道。

　　人君有爵行而兵弱者①，有禄行而国贫者，有法立而乱者②，此三者，国之患也③。故人君者，先便请谒而后功力④，则爵行而兵弱矣。民不死犯难而利禄可致也⑤，则禄行而国贫矣。法无度数而治日烦⑥，则法立而治乱矣。是以明君之使其民也，使必尽力以规其功⑦，功立而富贵随之，无私德也，故教流成⑧。如此，则臣忠君明治著而兵强矣⑨。

　　[注释]①行：施行，授予。②有法立而乱者：此处文字有脱，应作"有法立而治乱者"。治：政治。③患：祸患。④先便请谒而后功力：此处文字有脱，应作"先便辟请谒而后功力"。先，看重。便辟，靠阿谀奉承取得国君宠幸的人。请谒，私下告求。后，轻视。功力，功劳。⑤死：拼死。犯难：做危险的事，指作战。⑥法：法令。度数：尺度。治：政事。日烦：日渐繁多。⑦是以明君之使其民也，使必尽力以规其功：所以明君役使他的民众，一定使人们用尽全力来谋求立功。规，谋求。⑧教：指国君的政令。流：行，贯彻执行。成：成功。⑨治著：政绩卓著。

　　故凡明君之治也，任其力①，不任其德②，是以不忧不劳而功可立也③。度数已立而法可修④，故人君者不可不慎己也⑤。夫离朱见秋豪百步之外⑥，而不能以明目易人⑦；乌获举千斤之重⑧，不能以多力易人⑨。

夫圣人之存体性⑩，不可以易人，然而功可得者，法之谓也⑪。

[注释]①任其力：根据民众出力的多少加以任用。②德：指个人的私德。③忧：忧虑。劳：操劳。④度数：指立法的尺度。修：行，执行。⑤慎己：慎重对待自身的行为。⑥离朱：即离娄，传说为黄帝时人，视力极好。见：看见。秋豪：鸟兽在秋天新长出的细毛，指极为细小的东西。⑦易：交换。以明目易人：把好视力交换给别人。⑧乌获举千斤之重：此处文字有误，应作"乌获举千钧之重"。乌获，秦武王时的大力士，秦武王是商鞅死后秦国的国君。钧，古代重量单位，一钧等于三十斤。千钧，比喻极大的重量。⑨多力：大力气。⑩存：具有。体性：本性，指特有的品质。⑪法之谓：是法治的原因。

战法第十

【题解】战法，作战方法。

作者在文中零散地论述了行军作战的一些基本原则和具体方法。与一般兵书不同，本文的特点是从政治的角度讨论军事，论兵首先强调国家政治的重要性，认为"战法必本于政"，军事以政治为根本，政治对军事起着决定性的作用。政治上占优势是取得军事胜利的首要条件。如果国家掌握了正确的战术，朝廷对军事策略进行了精心的谋划，那么，既使将领能力不足，也可以取得战争的胜利。文中谈到的具体战法有"见敌如溃，溃而不止则免""兵起而程敌""王者之兵，胜而不骄，败而不怨""庙算"等，错误的作战方法是"无敌深入，偕险绝塞"等。商鞅善于用兵，《汉书·艺文志》在"兵家·权谋类"著录有《公孙鞅》二十七篇，其文已失传。除本篇外，《商君书》讨论兵战的文章，还有《立本》和《兵守》两篇。

凡战法必本于政①，胜则其民不争②，不争则无以私意，以上为意③。故王者之政，使民怯于邑斗而勇于寇战④。民习以力攻，难⑤。难故轻死⑥。见敌如溃，溃而不止则免⑦。故兵法大战胜逐北无过十里⑧，小战胜逐北无过五里。兵起而程敌⑨，政不若者勿与战，食不若者勿与久⑩，敌众勿为客⑪。敌尽不如，击之勿疑⑫。故兵大律在谨论敌察众，则胜负可先知也⑬。王者之兵，胜而不骄，败而不怨。胜而不骄者，术明也⑭；败而不怨者，知所失也⑮。若兵敌强弱⑯，将贤则胜⑰，将不如则败。若其政出庙算者，将贤亦胜，将不如亦胜⑱。持胜术者，必强至王⑲。若民服而听上⑳，则国富而兵胜，行是必久王㉑。其过失㉒，无敌深入㉓，偕险绝塞㉔，民倦且饥渴，而复遇疾㉕，此其道也㉖。故将使民者，乘良马者不可不齐也㉗。

[注释] ①战法：作战方法。政：政治。②胜则其民不争：此处文字有脱，应作"政胜则其民不争"。政胜，政治上占优势。争，抗争。③以上为意：以君主的意志为意志。④怯：害怕。邑斗：与本乡人私斗。寇战：对敌寇作战。⑤民习以力攻，难：使民众习惯于用力打仗，这是难以做到的。⑥难故轻死：做到了难以做到的，所以不怕死。⑦见敌如溃，溃而不止则免：看到敌人如河水决堤般溃逃，溃逃不止，就不要追赶。溃，河水决堤，指溃逃。免，停止，指停止追击。⑧兵法：用兵之法。逐北：追击败军。无：通"毋"，不要。过：超过。⑨程：衡量。程敌：指分析敌情。⑩政不若者勿与战，食不若者勿与久：政治上不如敌国，不要与其作战，粮食储备赶不上敌国，不要与其长久相持。不若，不如。食，粮食，指粮食储备。久，持久，指长久相持。⑪客：指战争中的进攻方。⑫尽：全部，指上述政治、粮草、兵力各个方面。⑬故兵大律在谨论敌察众，则胜负可先知也：此处断句不当，应断作"故兵大律在谨，论敌察众，则胜负可先知也"。大律，重要原则。谨，谨慎。论，考察、分析。论敌察众，考察、分析敌我双方的情况。⑭术：战术。明：高明。⑮知：知道。所失：指失败的原因。⑯兵：兵力。敌：匹敌，相当。敌强弱：强弱相当。⑰将：将领。贤：有才能。⑱若其政出庙算者，将贤亦胜，将不如亦胜：如果战争的重大决定出于朝廷的整体运筹，将领有才能会取胜，将领没有才能也会取胜。政，指对战争的决策。出，出于。庙，庙堂，指朝廷。算，筹谋。⑲持胜术者，必强至王：此处文字有脱，应作"政久持胜术者，必强至王"。此句意谓，在政治上长期掌握制胜之术的国家，必然强盛以至称王天下。久，长久。持，掌握。⑳服：信服。听：听从。上：国君。㉑行：实行。是：此，指前文所言的"胜术"。㉒其：指用兵。㉓无敌：无视敌人，指轻敌。㉔偕：同。偕险：指处于危险之地。绝：穿过。塞：要塞。㉕复：又。疾：疾病。㉖此其道也：此处文字有误，应作"此败道也"，意谓这是败军之道。㉗齐：同"剂"，调剂，指调剂马匹的体力。一说"齐"为"谨慎"的意思。

立本第十一

【题解】立本，指确立强军之本。

　　商鞅既是政治家，又是军事家。本篇与《战法》类似，都是从政治的角度讨论军事，论兵首先强调政治和法令的重要性。作者认为，取得军事胜利要有三个步骤：第一步，制定法令，实施法治；第二步，法度建立，形成风气；第三步，风气形成，物资齐备。所谓"兵未起则错法"，其中的"法"，指的是《商君书》中一以贯之的农战政策。在农战政策的鞭策下，民众致力于农耕，国家的财富便积累、增加起来；国家富裕，就可以拿出丰厚的奖赏奖励军功；奖励只赏赐给有战功的人，民众就会勇敢作战、奋勇争先。如此，军队便可无往而不胜。以上保证军事胜利的三个步骤都是需要在战前、在国内实现的。只有完成以上三个步骤，军队才可以出征。文章的核心观点是"兵生于治"，即君主实行法治、农战政策得以确立，是战争胜利的基础和保障。除本篇外，《商君书》讨论兵战的文章，还有《战法》和《兵守》两篇。

　　凡用兵，胜有三等①。若兵未起则错法②，错法而俗成③，而用具④，此三者行于境内⑤，而后兵可出也。行三者有二势⑥：一曰辅法而法行⑦，二曰举必得而法立⑧。故恃其众者谓之葺⑨，恃其备饰者谓之巧⑩，恃誉目者谓之诈⑪。此三者恃一，因其兵可禽也⑫。故曰："强者必刚斗其意⑬。"斗则力尽⑭，力尽则备是⑮，故无敌于海内。治行则货积⑯，货积则赏能重矣。赏壹则爵尊⑰，爵尊则赏能利矣⑱。故曰：兵生于治而异⑲，俗生于法而万转⑳，过势本于心而饰于备势㉑。三者有论㉒，故强可立也㉓。是以强者必治，治者必强；富者必治，治者必富；强者必富，富者必强。故曰：治强之道，论其本也㉔。

[注释] ①等：次序，步骤。胜有三等：获胜有三个步骤。②兵：战争。起：发生。错：通"措"，施行。错法：实行法治。③俗：风俗习惯，这里指致力于农耕，勇敢作战的风气。成：形成。④而用具：此处文字有脱，应作"俗成而用具"。用，器具，这里指战备物资。具，完备。⑤行：实行。⑥势：辅助力量，指实行"错法、俗成、用具"三个步骤的条件。⑦辅：助。辅法：指依照法令办事。法行：指法令得以推行。⑧举：行动。得：得当，指符合法度。法立：指法令得以确立。⑨恃：依靠。众：多，指士兵人数众多。葺（qì）：用茅草覆盖房屋，指数量虽多但无用。⑩备：武器装备。饰：装饰，这里指有装饰。巧：美观，指徒有其表，华而不实。⑪誉目：好名声。诈：欺骗，指徒有虚名，自欺欺人。⑫因：则。禽：通"擒"，擒获。⑬强者：指强大的国家。刚斗其意：即刚其意、斗其意，使士兵具有坚定顽强、勇于战斗的意志。⑭斗则力尽：有斗志就会竭尽全力。⑮力尽则备是：此处断句有误，"是"字应属下句。备，指无往不利。⑯治：政治措施，指重视农战的政策。行：实行。货积：指财富累积增加。⑰赏壹：赏赐专一，指只赏赐有战功的人。爵尊：爵位显得尊贵。⑱利：有利。赏能利：指赏赐能够产生有益的效果。⑲兵生于治而异：兵力产生于政治，又由于政治的好坏而有强弱的不同。⑳俗：风俗，指社会风气。法：法治。万转：千变万化，指社会风气随法制的推行而变化。㉑过势：压倒敌人的优势。心：指斗志。饰：修饰，这里指增强。备势：指武器装备的优势。㉒论：辨，弄清楚。㉓立：确立。㉔本：本源。

兵守第十二

【题解】兵，军队；守，防守。

本篇专门论述了军队的防御之术。首先，与背靠大海、适宜进攻的国家不同，四面受敌的国家要注重防御，要将防御确立为"四战之国"最重要的战略战术。其次，防守城邑，要使军民具有拼死抵抗的决心，"以死人之力与客生力战"。最后，防守的方法，是合理利用和分配人力资源。即将民众分为壮男、壮女和老弱三部分；令三军各司其职：壮男与敌军对阵、壮女设置路障和陷阱、老弱负责食物供给；三军互不来往，以免动摇军心。由此，便可达到"盛力"——增强自身防御力量的效果。除本篇外，《商君书》讨论兵战的文章，还有《战法》和《立本》两篇。

四战之国贵守战①，负海之国贵攻战②。四战之国好举兴兵以距四邻者危③。四邻之国一兴事而己四兴军，故曰国危④。四战之国不能以万室之邑舍钜万之军者⑤，其国危。故曰：四战之国务在守战⑥。守有城之邑⑦，不如以死人之力与客生力战⑧，其城拔。者死人之力也⑨，客不尽夷城，客无从入⑩，此谓以死人之力与客生力战。城尽夷，客若有从入，则客必罢⑪，中人必佚矣⑫。以佚力与罢力战，此谓以生人力与客死力战⑬。皆曰：围城之患⑭，患无不尽死而邑⑮。此三者，非患不足，将之过也⑯。

[注释] ①四战之国：四面受敌的国家。贵：注重。守战：防御性战争。②负

海之国：背靠大海的国家。攻战：进攻性战争。③四战之国好举兴兵以距四邻者危：此处文字有衍，应作"四战之国好兴兵以距四邻者危"。好，喜好。兴兵，起兵，发兵。距，到。四邻，指四周的邻国。④四邻之国一兴事而己四兴军，故曰国危：四周的邻国每家发动一次战争，自己就得出兵四次进行抵抗，所以说国家就危险了。一，一次。兴事，指发动战争。己，自己。⑤万室之邑：拥有上万户人家的大城镇。舍：驻扎。钜万之军：数以万计的庞大军队。⑥务：专力从事。⑦有城之邑：有城墙的都邑。⑧不如以死人之力与客生力战：此处文字有误，"不如"应作"不知"。死人之力，拼死之人的力量，指抱有拼死之心的军民力量。客，指进攻自己的敌方。生力，求生的力量，指抱着求生之心的军民力量。战，作战。⑨其城拔。者死人之力也：此处断句有误，应断作"其城拔者，死人之力也"。城，城池。拔，攻取，这里指被攻取。⑩客不尽夷城，客无从人：敌人如果不能完全把城墙攻破，他们就无法侵入城内。尽，全部。夷，消灭。⑪罢（pí）：通"疲"，疲劳。⑫中人：城内之人，指城内的守卫者。佚：通"逸"，安逸，这里指城内的守军以逸待劳。⑬以佚力与罢力战，此谓以生人力与客死力战：用以逸待劳的军队同敌人的疲惫之师作战，这就叫作用自己精力充沛的力量同敌人消耗殆尽的力量作战。佚力，以逸待劳的力量。罢力，疲惫的力量。⑭患：担忧。⑮尽死：拼死。尽死而邑：拼死守卫自己的城邑。⑯此三者，非患不足，将之过也：此句文意不明，恐有脱误。"此三者"似应作"此二者"，即上文所说的"以死人之力与客生力战"和"以生人力与客死力战"。这句话的意思可能是说，这两者不是担心做不到，如果做不到，那就是将领的过错。

守城之道，盛力也①。故曰：客治簿檄②，三军之多，分以客之候车之数③。三军：壮男为一军，壮女为一军，男女之老弱者为一军，此之谓三军也。壮男之军，使盛食厉兵④，陈而待敌⑤。壮女之军，使盛食负垒⑥，陈而待令。客至而作土以为险阻及耕格阱⑦。发梁撤屋⑧，给从，从之⑨；不洽⑩，而燔之⑪；使客无得以助攻备⑫。老弱之军，使牧牛、马、羊、彘，草水之可食者⑬，收而食之，以获其壮男女之食⑭。而慎使三军无相过⑮。壮男过壮女之军，则男贵女而奸民有从谋而国亡⑯。喜与其恐有蚤闻⑰，勇民不战。壮男、壮女过老弱之军，则老使壮悲⑱，弱使强怜⑲。悲怜在心⑳，则使勇民更虑而怯民不战㉑。故曰：慎使三军无相过，此盛力之道。

[注释] ①盛力：壮大力量，指增强防守城池的力量。②客：通"愙（kè）"，谨慎。治：整理。簿：军籍名册。檄：古代用于征召士兵的文书。③三军之多，分以客之候车之数：三军的士兵，要按照敌人前哨兵车的多少编队，分头迎敌。候，迎。候车，指前哨迎敌的车子。④盛食：装好粮食。厉兵：磨快兵器。⑤陈：通"阵"，摆好阵势。待：等待。⑥负：背。垒：通"虆（léi）"，一种盛土的器具。⑦作土：堆土。险阻：指路障。耕：犁地。格阱：陷阱。⑧发梁撤屋：拆桥扒屋。⑨给从，从之：此处文字有误，应作"给徙，徙之"，意谓，来得及运走的就运走。⑩洽：通"给"，足，指来得及。⑪熯（hàn）：烧。⑫无得：不能。以助：有助于。攻备：攻城的工具器材。⑬食（sì）：喂养。可食者：指可以用来喂养牲口的东西。⑭获：获取。食：食物。⑮而慎使三军无相过：要严令三军不得相互来往。慎，谨慎。过，来往。⑯贵：看重，珍爱。奸民：坏人。从：通"纵"，指纵欲淫乱。⑰与：交往。喜与：指壮年男女喜欢在一起交往。恐：害怕。蚤闻：语意不明，大约是指打仗的消息。⑱老使壮悲：老年人令壮年人悲伤。⑲弱使强怜：弱者令强者怜悯。⑳悲怜在心：指悲伤、怜悯之情交织在心中。㉑更：改变。虑：想法，指拼死作战的初衷。怯民：胆怯的人。

靳令第十三

【题解】 靳，通"谨"，严守；令，法令。

篇名取自卷首二字。本篇所要严格执行的，依然是"以刑治，以赏战，求过不求善"的农战政策和法令。作者指出，法令制定出来了，就一定要严格执行，不能用仁义道德之类的空谈损害法治。礼乐、《诗》《书》、修善、孝悌、诚信、贞廉、仁义、非兵、羞战等思想像虱子一样损害国家的农战大业，尊奉仁义道德、用言谈治国，君主就无法实行农战政策，国家必将贫弱。只有用刑罚治国，"行罚重其轻者"；用奖赏驱民于农战，"利出一空"，国家才能富强。因此，圣明的君主治理民众的要领，就是掌握赏罚之法让民众专心于农战。文中"六虱""国有十二者，上无使农战，必贫至削""兵出必取，取必能有之；按兵而不攻必富"以及"力生强，强生威，威生德，德生于力"等说法与《去强》或《说民》篇的相关内容类似。《韩非子·饬令》的内容与本篇基本相同。

靳令则治不留①，法平则吏无奸②。法已定矣③，不以善言害法④。任功则民少言⑤，任善则民多言⑥。行治曲断⑦，以五里断者王，以十里断者强⑧。宿治者削⑨。以刑治，以赏战，求过不求善⑩。故法立而不革则显民变诛计，变诛止责商殊使百都之尊爵厚禄以自伐⑪。国无奸民，则都无奸示⑫。物多末众⑬，农弛奸胜⑭，则国必削。民有余粮，使民以粟出官爵⑮。官爵必以其力，则农不怠⑯。四寸之管无当，必不满也⑰。授官予爵出禄不以功⑱，是无当也⑲。

[注释] ①靳令：严格执行君主的法令。治：政务。留：滞留，拖延。②法平：指执行法令公正不阿。奸：邪恶。③法：指法度。定：确定。④善言：好话，指仁义道德之类的空谈。害：损害。⑤任功：指任用在农战中有功劳的人。少言：指少说空话。⑥任善：任用空谈仁义道德的所谓善人。⑦曲：乡曲，乡里。行治曲断：推行法治要在下层决断政事。⑧里：古代地方行政单位，这种居民组织通常"五家为邻，五邻为里"。五里：五个里，代指一个较小的范围。五里断、十里断：在五个里、十个里的范围内就能做出决断，指在不同的基层单位决断是非，以此说明法制的普及程度、推行深度以及处理政事的快慢。王：称王天下。⑨宿：隔夜。宿治：政事拖延到隔天处理。削：削弱。⑩以刑治，以赏战，求过不求善：国君用刑罚治理国家，用奖赏激励民众作战，追究人们的罪过，不讲求所谓的善行。⑪故法立而不革则显民变诛计，变诛止贵商殊使百都之尊爵厚禄以自伐：此处文字有误，且句读不当，一说应作"故法立而不勒，则显民变诛计。变诛之质齐，殊便百都之尊爵厚禄以自伐"。意谓，如果法律确立而不固定，那就是向民众显示诈取之道。诈取买卖的书契，极其富有，拥有百都的高官厚禄而自我夸许。勒，固。显民，向民众显示。变，机变。诛，索取。质齐，即质剂，商品买卖的书契。伐，夸耀。一说此句应作"故法立而不革，则显民变计，计变诛止，贵齐殊使，百都之尊爵厚禄以自伐"。意谓，法律确定而不轻易改动，地位显赫的贵族就会改变破坏法制的计谋。计谋改变了，国君停止对他们的惩罚，贵族和平民被分别役使，全国的民众都能凭借功劳获取尊贵的爵位和优厚的俸禄。革，改变。显民，地位显赫的人。计，计谋。诛，罚。贵，贵族。齐，指平民。殊，异。百都，泛指全国各地。伐，功。⑫国无奸民，则都无奸示：此处文字有误，"示"应作"市"。都，都市。奸市，进行非法买卖的市场。⑬末：指农产品以外的物品。物多末众：物品虽多，但大多并非农产品。⑭弛：松弛，荒废。胜：占上风。⑮以粟出官爵：用粮食换取官爵。⑯怠：懈怠，怠惰。⑰四寸之管无当，必不满也：四寸长的小竹管，如果没有底，也必定装不满。当，底。⑱出禄：发放俸禄。⑲是无当也：和管子没有底是一样的。

国贫而务战①，毒生于敌②，无六虱③，必强。国富而不战，偷生于内④，有六虱，必弱。国以功授官予爵，此谓以盛知谋⑤，以盛勇战。以盛知谋，以盛勇战，其国必无敌。国以功授官予爵，则治省言寡⑥；此谓以法去法⑦，以言去言⑧。国以六虱授官予爵，则治烦言生⑨，此谓以治致治⑩，以言致言⑪。则君务于说言⑫，官乱于治邪⑬。邪臣有得志，有功者日退⑭，此谓失⑮。

[注释] ①贫：贫穷。务：致力于。战：作战。②毒：毒害，指危害国家的懈怠情绪等。敌：敌国。③虱：即《去强》篇所言的"虱害"，如虱子般寄生于某一行业并败坏这一行业的事情。六虱：六种虱害。④偷：苟且，怠惰，指苟且偷安的风气。内：指境内。⑤盛：多。以盛知谋：用大智来谋划。⑥治：政务。省：减省。言：指空谈。寡：少。⑦此谓以法去法：此处文字有误，"以法去法"应作"以治去治"，意谓，用"治省言寡"的法治去除"治烦言生"的礼治。⑧以言去言：用法治的言论去除"仁义"之类的空谈。⑨治烦：政务繁杂。言生：空言滋生。⑩以治致治：指六虱一类的礼治导致政务繁杂。⑪以言致言：指仁义道德一类的说教使空谈滋生、泛滥。⑫务：通"瞀（mào）"，眩惑。说言：游说之言。⑬治邪：指政治上的歪门邪道。⑭日：日渐一日，一天天。⑮失：过失，失策。

守十者乱①，守一者治②。法已定矣，而好用六虱者，亡。民泽毕农则国富③。六虱不用，则兵民毕竟劝而乐为主用④。其竟内之民⑤，争以为荣⑥，莫以为辱⑦。其次，为赏劝罚沮⑧。其下，民恶之忧之羞之⑨，修容而以言⑩，耻食以上交⑪，以避农战，外交以备⑫，国之危也。有饥寒死亡，不为利禄之故战，此亡国之俗也⑬。

[注释] ①守：坚持。十：即《农战》篇的"国有十者"："《诗》、《书》、礼、乐、善、修、仁、廉、辩、慧。"②一：专一，指专心从事农战。治：治理得好。③泽：通"择"，指对职业的选择。毕：尽，全都。农：务农。④竞劝：竞相劝勉。乐：乐意。为：被。⑤竟：通"境"。⑥争以为荣：争相以被君主使用（从事农战）为光荣。⑦莫：没有人。⑧沮：止。赏劝罚沮：用赏赐鼓励民众立功，用刑罚阻止其犯罪。⑨之：它，指为君主效命，从事农战。⑩修容：修饰容貌。以言：以六虱之类的儒家教化去游说。⑪耻食：以接受俸禄为耻。上交：结交上层势力。⑫备：全。外交以备：勾结国外势力的事情也都有了。⑬有饥寒死亡，不为利禄之故战，此亡国之俗也：有的人宁愿挨饿受冻而死，也不愿为了利禄去作战，这是亡国的风气。有，指有的人。故，缘故。

六虱①：曰礼乐②，曰《诗》《书》③，曰修善④，曰孝弟⑤，曰诚信，曰贞廉，曰仁义，曰非兵⑥，曰羞战⑦。国有十二者⑧，上无使农战⑨，必贫至削。十二者成群⑩，此谓君之治不胜其臣⑪，官之治不胜其民，此谓六虱胜其政也。十二者成朴，必削⑫。是故兴国不用十二者⑬，故其国多力而天下莫能犯也⑭。兵出必取⑮，取必能有之⑯；按兵而不攻必富。朝廷之吏，少者不毁也，多者不损也⑰，效功而取官爵⑱，虽有辩言⑲，不能以相先也⑳；此谓以数治㉑。

[注释] ①六：虚数，指虱害很多。②礼：礼制。乐：音乐。③《诗》《书》：即儒家经典文献《诗经》《尚书》。④修善：行善。⑤弟：同"悌"（tì）：指弟弟敬爱、服从兄长。⑥非兵：反对战争。⑦羞战：以作战为羞耻。⑧十二：虚数，指虱害多。⑨上无使农战：君主无法使民众从事农战。一说此语意谓，国君没有民众可以用来从事农战。⑩成群：指其奉行者众多。⑪胜：胜过，占上风。⑫十二者成朴，必削：这十二种东西如果生根、滋长起来，国家一定会被削弱。朴，根。⑬兴国：兴盛的国家。⑭多力：实力雄厚。⑮取：夺取。⑯有：占有。⑰少者不毁、多者不损：指官吏队伍的定员人数固定，定员少的不会增加，定员多的不会减少。⑱效功：为国立功。取：获取。⑲辩言：善辩的口才。⑳相先：优先录用。㉑数：定数。以数治：治国有准则。

以力攻者①，出一取十②；以言攻者③，出十亡百④。国好力⑤，此谓以难攻⑥；国好言，此谓以易攻⑦。重刑少赏，上爱民⑧，民死赏⑨；重赏轻刑，上不爱民，民不死赏。利出一空者⑩，其国无敌；利出二空者，国半利⑪；利出十空者⑫，其国不守⑬。重刑明大制⑭，不明者，六虱也⑮。六虱成群，则民不用⑯。是故兴国罚行则民亲⑰，赏行则民利⑱。行罚重其轻者，轻其重者，轻者不至，重者不来⑲。此谓以刑去刑⑳，刑去事成。罪重刑轻㉑，刑至事生㉒；此谓以刑致刑㉓，其国必削。

[注释] ①力：实力。攻：治理。②出一取十：使出一分力量即可取得十分的成效。③言：空谈。④亡：失去。出十亡百：使出十分力量会遭到百倍的损失。⑤好：爱好。⑥难：民众所畏难的事情，即农战。国家的实力要通过艰苦的农战才

能获得，加强农战做起来不容易，所以谓之"难"。⑦易：容易的事情，即空谈。辩说空谈之事做起来容易，故曰"易"。⑧重刑：加重刑罚。刑罚重则民众不敢犯法，因此就不会受到刑罚，故曰"上爱民"。少赏：减少赏赐，指赏赐仅用于农战。⑨死赏：为赏赐而死，即拼命去争取奖赏。⑩空：孔。利出一空：利禄只出自农战这一条途径。⑪半利：一半利益。⑫十空：十为虚数，指很多途径。⑬守：保。⑭明：彰明。大制：大法。⑮不明者，六虱也：法制不严明，是因为有六种虱害。明，严明。⑯民不用：指民众不愿为国效力。⑰兴国：兴盛的国家。罚行：实行刑罚。民亲：民众亲近君主。⑱赏行：实施赏赐。民利：民众能为君主所用，对君主有利。⑲行罚重其轻者，轻其重者，轻者不至，重者不来：此处文字有衍，当删除"轻其重者"四个字。行罚，使用刑罚。重其轻者，对犯轻罪者处以重刑。轻者不至，轻微的犯罪不会发生。重者不来，严重的犯罪不会出现。⑳以刑去刑：用刑罚消除刑罚，指加重刑罚，对轻罪用重刑，使民众畏惧而不敢犯法，从而达到消除刑罚的目的。㉑罪重刑轻：对重罪用轻刑。㉒至：到，这里指使用刑罚。事：指犯罪之事。㉓以刑致刑：用刑罚招致刑罚。指量刑过轻，对重罪用轻刑，使民众不害怕犯罪，从而导致更多刑罚的产生。

　　圣君知物之要①，故其治民有至要②，故执赏罚以壹辅③，仁者，心之续也④，圣君之治人也，必得其心，故能用力⑤。力生强⑥，强生威⑦，威生德⑧，德生于力。圣君独有之，故能述仁义于天下⑨。

　　[注释]①物之要：事物的要领。②至要：最关键的东西。③故执赏罚以壹辅：此处文字有误，"执赏罚以壹辅"应作"执赏罚以辅壹教"。执，掌握。壹教：指教育民众专心从事农战的政策。④心：思想，指圣君的治国思想。续：延续，传递。⑤能用力：指能够使用民力。⑥力生强：指国家有实力就强大。⑦强生威：指国家强大就有威望。⑧威生德：指国家有了威望就能施恩德。⑨述：行。

修权第十四

【题解】修，整治。修权，意为加强君权。

本篇提出，治理好国家的主要因素有三项：法度、信用和权力。法度和信用是君臣共同执掌与建立的，但权柄，要由君主独自掌控。明主"爱权重信而不以私害法"，"立法明分而不以私害法则治"，在作者看来，要想将国家治理好，除了珍惜权力、注重信用、确立法度之外，还要做到不以"私"害法。损害法度和法治的是种种"私"，这些"私"包括私利、私欲、私情、私议、私誉等。本篇对"任法去私"的问题进行了集中论述。文中指出，三王五霸"为天下治天下"，当今乱世中的君臣，"区区然皆擅一国之利，而管一官之重，以便其私"。"先王知自议私誉之不可任"，自我吹嘘和相互标榜的人是不可信任的。"倍法度而任私议"，君主听任私人的意见，臣下就会阿谀奉承隐瞒实情、卖弄权势以谋取利益，奖罚会背离法度。"公私之交"，实为"存亡之本"。

国之所以治者三①：一曰法②，二曰信③，三曰权④。法者，君臣之所共操也⑤；信者，君臣之所共立也⑥；权者，君之所独制也⑦。人主失守则危⑧，君臣释法任私必乱⑨。故立法明分而不以私害法则治⑩，权制独断于君则威⑪，民信其赏则事功成⑫，信其刑则奸无端⑬。惟明主爱权重信而不以私害法⑭。故多惠言而克其赏⑮，则下不用⑯。数如严令而不致其刑⑰，则民傲死⑱。凡赏者，文也⑲；刑者，武也⑳；文武者，法之约也㉑。故明主任法㉒。明主不蔽之谓明㉓，不欺之谓察㉔。故赏厚而利㉕，刑重而威必㉖，不失疏远㉗，不违亲近㉘，故臣不蔽主而下不欺上。

［注释］①国之所以治者三：治理好国家的主要因素有三项。②法：法度。③信：信用。④权：权力。⑤操：执掌。⑥立：建立。⑦独：独自。制：控制。⑧失守：指君主失去对权力的掌控。⑨释：舍弃。任私：听凭私情、私意办事。⑩分：职分。私：私利。害：损害。⑪权制：权柄。威：威严。⑫信：相信。⑬奸：奸邪，指违法行为。端：发端。无端：即不会发生。⑭惟：只有。爱权：珍惜权力。重信：注重信用。⑮多惠言而克其赏：此处文字有脱，应作"上多惠言而不克其赏"。上：君主。惠言：给人恩惠的话。克：能够。不克其赏：指赏赐不能兑现。⑯下：下级，指臣民。不用：不肯被使用，指不肯效力。⑰数如严令而不致其刑：此处文字有误，应作"数加严令而不致其刑"。数，屡次。加，施加。严令，严厉的法令。致，施用。⑱傲：蔑视。傲死：轻死，指不怕犯罪。⑲文：文德，指鼓励。⑳武：武力，指制裁。㉑约：同"要"，要领。㉒任：用。㉓蔽：这里指被蒙蔽。㉔欺：这里指被欺骗。察：明察。㉕赏厚而利：此处文字有误，应作"赏厚而信"，意谓，赏赐优厚而有信用。㉖必：确定。㉗失：遗失。不失疏远：指奖赏不漏掉关系疏远的人。㉘违：避。不违亲近：指刑罚不回避关系亲近的人。

世之为治者多释法而任私议①，此国之所以乱也。先王县权衡立尺寸而至今法之，其分明也②。夫释权衡而断轻重③，废尺寸而意长短④，虽察⑤，商贾不用⑥，为其不必也⑦。夫倍法度而任私议，皆不类者也⑧。不以法论知、能、贤、不肖者惟尧⑨，而世不尽为尧⑩。是故先王知自议私誉之不可任也⑪，故立法明分，中程者赏之⑫，毁公者诛之⑬。诛赏之法不失其议⑭，故民不争。授官予爵不以其劳，则忠臣不进⑮；行赏赋禄不称其功⑯，则战士不用⑰。

［注释］①世：当代。为治者：治理国家的人。释：舍弃。任：听信。②先王县权衡立尺寸而至今法之，其分明也：前代的明君制作了秤和尺，沿用至今，是因为度量标准明确。先王，前代君王，指前代的圣贤之君。县，同"悬"，挂。权，秤砣。衡，秤杆。法，效法。分，职分，指度量标准。③断：判断，这里指不用秤称量而自行判断。④意：猜测。⑤察：明察，指估计得准确。⑥商贾：商人。⑦必：确定，可靠。⑧夫倍法度而任私议，皆不类者也：此处文字有脱，应作"故法者，国之权衡

也。夫倍法度而任私议，皆不知类者也"。倍，通"背"，违背。不知类，指不知对事物进行类推。⑨不以法论知、能、贤、不肖者惟尧：此处文字有误，"能"应作"罢"。以，根据。论，评定。知，智慧。罢，无能。不肖，没有才德的人。尧，传说中的古代帝王。⑩世：世人。尽：都。⑪自议私誉：指自我吹嘘和相互标榜的人。任：任用。⑫程：标准。中程：合乎标准。⑬毁公：损害国家利益。⑭失：违背。议：通"仪"，标准。⑮授官予爵不以其劳，则忠臣不进：此处文字有脱，应作"不以爵禄便近亲，则劳臣不怨；不以刑罚隐疏远，则下亲上；故授官予爵不以其劳，则忠臣不进"。便，使……得利。劳臣，有功劳的臣子。隐，埋没。疏远，指关系疏远的人。劳，功劳。进，进用。⑯赋：给予。称：符合。⑰用：指效力。

凡人臣之事君也，多以主所好事君①。君好法则臣以法事君，君好言则臣以言事君②。君好法则端正之士在前③，君好言则毁誉之臣在侧④。公私之分明⑤，则小人不疾贤而不肖者不妒功⑥。故尧、舜之位天下也⑦，非私天下之利也⑧，为天下位天下也。论贤举能而传焉⑨，非疏父子亲越人也⑩，明于治乱之道也⑪。故三王以义亲⑫，五伯以法正诸侯⑬，皆非私天下之利也，为天下治天下。是故擅其名而有其功，天下乐其政而莫之能伤也⑭。今乱世之君臣，区区然皆擅一国之利⑮，而管一官之重⑯，以便其私⑰，此国之所以危也。故公私之交⑱，存亡之本也。

[注释] ①事：侍奉。好：爱好。②好言：崇尚空谈。③端正：正直。在前：在前面，指被任用。④毁：诽谤。誉：吹捧。在侧：在身边。⑤分：名分，这里指界限。明：明确。⑥疾：通"嫉"，嫉妒。贤：有才德的人。功：有功劳的人。⑦尧、舜：传说中的古代帝王。位：莅，临。位天下：治理天下。⑧私天下之利：把天下的利益据为己有。⑨传：传位。⑩疏：疏远。亲：亲近。越人：外人。⑪明：明白。道：道理。⑫三王以义亲：此处文字有脱，应作"三王以义亲天下"，意谓，三王以仁义使天下亲附。⑬正：匡正。⑭是故擅其名而有其功，天下乐其政而莫之能伤也：所以独享明君的盛名而且取得功业，天下的人都满意他的统治，没有人能够妨害他。擅，专有。政，政策。⑮区区然：形容得意的样子。⑯管：掌握。重：权力。⑰便：有利，指满足。⑱交：更迭。公私之交：指为公还是为私的变化。

夫废法度而好私议，而奸臣鬻权以约禄^①，秩官之吏隐下而渔民^②。谚曰："蠹众而木折^③，隙大而墙坏^④。"故大臣争于私而不顾其民^⑤，则下离上^⑥。下离上者，国之隙也。秩官之吏隐下而渔百姓，此民之蠹也。故有隙蠹而不亡者，天下鲜矣^⑦。是故明主任法去私^⑧，而国无隙蠹矣。

[注释] ①鬻（yù）：卖。约：求。②秩：次，列。秩官之吏：指各级官员。隐下：隐瞒下情。渔：侵夺。③蠹：蛀虫。众：多。④隙：裂缝。⑤私：私利。⑥离：背离。下离上：指民众背离国君。⑦鲜（xiǎn）：少。⑧任：实行。去：去除。

徕民第十五

【题解】 徕，招徕、招引；民，民众。

　　本篇是进献给秦王的书奏，作者在文中以"臣"自称，曰"臣窃以王吏之明为过见"等等。文章主旨是论述招徕韩、赵、魏三国民众到秦国垦荒的必要性和可行性。秦国地广人稀，土地和物产得不到充分利用；而韩、赵、魏三国人多地少，其人口数量也不能与土地、自然资源相匹配。因此，作者建议用减免赋税等优惠政策吸引三国的民众到秦国来耕种土地。招徕三国民众到秦国从事农业生产和自然资源开发，秦国自己的民众便可以更多地投入对外战争中去。"秦能取其地"，又"能夺其民"，可谓一举两得。本篇第一段的内容与《算地》首段的部分内容相似，且两篇性质相同，均为书奏。但据郑良树分析，这两篇文章在奏书态度、兵农给役等方面又具有不容忽视的差异。可分析、对比进行阅读。文中所言"三晋不胜秦四世"等，为商鞅死后的史事。

　　地方百里者①，山陵处什一②，薮泽处什一③，谿谷流水处什一④，都邑蹊道处什一⑤，恶田处什二⑥，良田处什四。以此食作夫五万⑦，其山陵、薮泽、谿谷可以给其材⑧，都邑、蹊道足以处其民⑨，先王制土分民之律也⑩。

　　[注释] ①地：土地。方：方圆。②处：占。什一：十分之一。③薮（sǒu）：水少草木多的湖泽。薮泽：低湿多水草之地。④谿谷：山谷。⑤都邑：城镇。蹊（xī）：小道。⑥恶：劣。恶田：薄地。⑦食（sì）：喂养，养活。作夫：从事劳动的

人，指农夫。⑧给：供给。材：原材料。⑨处：居，安置。⑩先王：前代君王，指前代的圣贤之君。制：掌管，规划。分：分配。律：原则。

今秦之地，方千里者五^①，而谷土不能处二^②，田数不满百万^③，其薮泽、溪谷、名山、大川之财物货宝又不尽为用^④，此人不称土也^⑤。秦之所与邻者^⑥，三晋也^⑦；所欲用兵者^⑧，韩、魏也^⑨。彼土狭而民众^⑩，其宅参居而并处^⑪。其寡萌贾息^⑫，民上无通名^⑬，下无田宅，而恃奸务末作以处^⑭。人之复阴阳泽水者过半^⑮。此其土之不足以生其民也^⑯，似有过秦民之不足以实其土也^⑰。意民之情^⑱，其所欲者田宅也。而晋之无有也信^⑲，秦之有余也必^⑳。如此而民不西者^㉑，秦士戚而民苦也^㉒。臣窃以王吏之明为过见，此其所以弱不夺三晋之民者，爱爵而重复也^㉓。其说曰："三晋之所以弱者^㉔，其民务乐而复爵轻也^㉕。秦之所以强者，其民务苦而复爵重也^㉖。今多爵而久复^㉗，是释秦之所以强^㉘，而为三晋之所以弱也^㉙。"此王吏重爵爱复之说也^㉚，而臣窃以为不然^㉛。夫所以为苦民而强兵者，将以攻敌而成所欲也^㉜。兵法曰："敌弱而兵强^㉝。"此言不失吾所以攻^㉞，而敌失其所守也^㉟。今三晋不胜秦四世矣^㊱。自魏襄以来^㊲，野战不胜^㊳，守城必拔^㊴，小大之战，三晋之所亡于秦者，不可胜数也^㊵。若此而不服^㊶，秦能取其地而不能夺其民也。

[注释] ①方：古代的土地面积单位。方千里者五：有五个方千里大的土地。②谷土：种庄稼的土地。二：十分之二。③田数：耕地的数量。④尽：全。不尽为用：没有全部被利用。⑤称：相称。人不称土：人口的数量和土地不相称，指地广人稀。⑥邻：毗邻。⑦三晋：指战国时的诸侯国韩国、赵国和魏国。韩氏、赵氏、魏氏原本都是晋国的大夫，战国初年，他们灭晋侯而三分其地，各成一国，史称"三晋"。⑧所欲用兵者：（秦国）想要攻打的对象。⑨韩、魏：即"三晋"之中的韩国和魏国。⑩狭：狭窄。众：多。⑪宅：住房。参：杂。并：合。⑫其寡萌贾息：他们的老百姓靠从事商业获取收益。寡，弱。萌，通"氓"，平民。寡萌，小民。贾，做买卖。息，利息。贾息，做买卖以求获利。⑬通名：指呈报给官府，登记在册的名字。上无通名：在官府没有登记姓名，指没有政治地位。⑭恃：依靠。奸务：不正当的职业。末作：指经商、从事手工技艺等无关紧要的劳作。处：立身，指维

持生计。⑮人之复阴阳泽水者过半：大部分人穴居在山北山南和水泽低洼处。复，通"覆"，穴居。阴，山的北面。阳，山的南面。⑯不足：不够。生：养。⑰似：似乎。过：超过。实：充实。⑱意：料想，揣度。情：心情。⑲晋：指三晋，即韩、赵、魏三国。信：确实。⑳必：确定。㉑西：向西，指到秦国来。三晋在秦国的东边，所以称到秦国为"向西"。㉒士：士人。戚：忧愁，困苦。民：民众。苦：劳苦。㉓臣窃以王吏之明为过见，此其所以弱不夺三晋之民者，爱爵而重复也：此处文字有衍，"此其所以弱不夺三晋之民者"应作"此其所以不夺三晋民者"。此句意谓，我个人认为，大王官吏的高明见解是错误的，他们之所以不能够争取到三晋的民众，是因为吝啬爵位并且舍不得免除徭役、赋税。窃，谦辞，表示自己说的话不一定正确。明，明察。过见，错误的见解。夺，争取到。爱，吝啬。重，看重，指舍不得。复，免除兵役或徭役、赋税。㉔弱：指国家衰弱。㉕务：致力于。务乐：追求享乐。轻：轻易。复爵轻：轻易免除徭役、赋税，赏赐爵位。㉖务苦：致力于艰苦的事情，吃苦耐劳。重：看重。㉗多爵：多赏赐爵位。久复：长期免除徭役、赋税。㉘释：放弃。所以强：得以强盛的方法。㉙为：做。㉚重爵爱复：重视爵位，舍不得免除徭役、赋税，意思与前文的"爱爵而重复"相同。㉛不然：不是这样。㉜夫所以为苦民而强兵者，将以攻敌而成所欲也：我们之所以使民众劳苦来壮大军队的力量，是为了攻打敌国，实现自己的愿望。㉝敌弱而兵强：敌方兵力弱，我方兵力相应就变强。㉞所以攻：指进攻的能力。不失吾所以攻：我方没有失去进攻的能力。㉟所守：指防守的能力。㊱四世：指秦国的四代国君，即秦孝公、秦惠文王（公元前337年至公元前311年在位）、秦武王（公元前310年至公元前307年在位）、秦昭襄王（公元前306年至公元前251年在位）。这句话提到的史事与下文所言的"魏襄以来""华军之胜""长平之胜"，是商鞅死后之事。㊲魏襄：即魏襄王，姬姓，魏氏，名嗣，一名赫，魏国第四代国君。㊳野战：在野外打仗。㊴拔：攻取，指被攻取。㊵不可胜数：多得数不过来。㊶服：归附。

今王发明惠①，诸侯之士来归义者②，今使复之，三世无知军事③，秦四竟之内陵阪丘隰不起十年征者，于律也足以造作夫百万④。曩者臣言曰⑤：意民之情，其所欲者田宅也；晋之无有也信，秦之有余也必。若此而民不西者，秦士戚而民苦也。今利其田宅而复之三世⑥，此必与其所欲而不使行其所恶也⑦。然则山东之民无不西者矣⑧。且非直虚言之谓也⑨。不然，夫实旷土⑩，出天宝⑪，而百万事本⑫，其所益多也⑬，岂徒不失其所以攻乎⑭？夫秦之所患者⑮，兴兵而伐则国家贫⑯，安居而农则敌得休息⑰。此王所不能两成也⑱，故三世战胜而天下不服⑲。今以故秦事敌⑳，而使新民事本㉑，兵虽百宿于外，竟内不失须臾之时㉒，此富强两成之效也㉓。臣之所谓兵者㉔，非谓悉兴尽起也㉕；论竟内所能给军卒车骑㉖，令故秦兵㉗，新民给刍食㉘。天下有不服之国，则王以此春围其农㉙，夏食其食㉚，秋取其刈㉛，冬陈其宝㉜，以大武摇其本㉝，以广文安其嗣㉞。王行此，十年之内，诸侯将无异民㉟，而王何为爱爵而重复乎？周军之胜㊱，华军之胜㊲，秦斩首而东之㊳。东之无益亦明矣㊴，而吏犹以为大功㊵，为其损敌也㊶。今以草茅之地徕三晋之民㊷，而使之事本，此其损敌也与战胜同实㊸，而秦得之以为粟㊹，此反行两登之计也㊺。且周军之胜，华军之胜，长平之胜㊻，秦之所亡民者几何㊼？民客之兵不得事本者几何㊽？臣窃以为不可数矣㊾。假使王之群臣有能用之㊿，费此之半(51)，弱晋强秦(52)，若三战之胜者(53)，王必加大赏焉。今臣之所言，民无一日之繇(54)，官无数钱之费(55)，其弱晋强秦有过三战之胜(56)，而王犹以为不可，则臣愚不能知已(57)。齐人有东郭敞者，犹多愿(58)，愿有万金。其徒请赒焉(59)，不与(60)，曰："吾将以求封也(61)。"其徒怒而去之宋(62)，曰："此爱于无也(63)。"故不如以先与之有也(64)。今晋有民而秦爱其复，此爱非其有以失其有也(65)，岂异东郭敞之爱非其有以亡其徒乎(66)？且古有尧、舜(67)，当时而见称(68)；中世有汤、武(69)，在位而民服。此三王者(70)，万世之所称也(71)，以为圣王也，然其道犹不能取用于后(72)。今复之三世而三晋之民可尽也(73)，是非王贤立今时，而使后世为王用乎(74)？然则非圣别说而听，圣人难也(75)。

［注释］①今王发明惠：现在大王发布大恩惠。发，发布，颁布。明，大。明惠，大恩惠。②归义：归附道义，指其他国家的人归附秦国。③今使复之，三世无知军事：此处句读有误，应断作"今使复之三世，无知军事"，意谓，现在给他们免除三代的徭役、赋税，不用参加战争。今，现在。知，治。④秦四竟之内陵阪丘隰不起十年征者，于律也足以造作夫百万：此处断句有误，应断作"秦四竟之内陵阪丘隰不起十年征，者于律也，足以造作夫百万"。竟，通"境"。陵，大土山。阪

（bǎn），山坡，斜坡。丘，小土山。隰（xí），低洼地。起，开征。不起十年征，十年不征收赋税。者，通"著"，著录。律，法律。造，招徕。作夫百万，百万农夫。⑤曩（nǎng）：从前。⑥利：使……有利，这里指赐给。⑦与：给予。其所欲：他们想要得到的东西。行：做。其所恶：他们厌恶的事情。⑧山东：指华山或崤山以东。山东之民：这里指三晋的民众。⑨且非直虚言之谓也：此处文字有误，应作"且殂慝之谓"。且（cú），通"徂"，往。慝（dé），同"德"。且慝，归德，指因统治者有德行，民众归附。⑩夫实旷土：此处文字有误，应作"夫实旷虚"。实，充实。旷，旷野。虚，荒地。⑪出：开发。天宝：天然的珍宝。⑫百万：指招来百万民众。事：从事。本：根本的事业，指农战。⑬益：好处。⑭徒：只。不失其所以攻：不丧失用来进攻的力量。⑮患：担忧。⑯兴兵：起兵。伐：攻打。⑰农：务农。⑱成：全，成功。⑲三世：指秦惠文王、秦武王、秦昭襄王三代。服：臣服。⑳故秦：指秦国原有的民众。事敌：从事对敌作战。㉑新民：指新招来的民众。㉒兵虽百宿于外，竟内不失须臾之时：军队虽然长期在外作战，国内也不会片刻耽误农时。宿，住宿。竟，通"境"。须臾，片刻。㉓富：国家富裕。强：兵力强盛。两成之效：两全其美的功业。㉔兵：指用兵。㉕悉：全部。兴：发动。尽：全部。起：起用。㉖论：弄清楚。给：供给。所能给：能够提供的。军卒：兵卒。车：车辆。骑：马匹。㉗令：让。故秦：原有的秦国人。兵：当兵作战。㉘给：供应。刍：草料。食：粮食。㉙围：通"违"。春围其农：春天破坏他们的农耕。㉚夏食其食：夏天去吃他们的粮食。㉛刈（yì）：割，这里指收割下来的粮食。秋取其刈：秋天夺取他们收获的粮食。㉜陈：陈列。冬陈其宝：冬天发掘他们储藏的粮食。㉝大武：强大的武力。摇：动摇。本：根本，指农业。㉞广文：宽厚的文德。安：安抚。嗣：后代。㉟异民：异端之民。诸侯将无异民：指各诸侯国中，没有和秦国不一心的民众。㊱周军之胜：不详。㊲华军之胜：即华阳之战，公元前273年，秦国大将白起于华阳（今河南新郑北）大破赵、魏联军，歼敌十五万。㊳东：向东。东之：向东进军。㊴无益：没有好处。明：明白。㊵犹：还。㊶为：因为。损：损伤。损敌：使敌人受损伤，指削弱敌人。虽然重创敌军，但向东进军攻打三晋并未达到"富强"秦国的功效，因此，前文说"东之无益亦明矣"。㊷草茅之地：未开垦的荒地。徕：招徕，招引。㊸同实：相同的效果。㊹之：他们，指韩、赵、魏三国的民众。粟：粮食。以为粟：让他们生产粮食。㊺反行：指实行与"王吏重爵爱复之说"相反的做法。两登之计：两全其美的计谋。㊻长平之胜：指长平之战，公元前260年，秦国大将白起在长平（今山西省高平市长平村附近）大败赵括率领的赵军，赵括战死，白起坑杀赵军降兵四十万人。长平之战从根本上削弱了当时关东六国中最为强劲的赵国，极大地加速了秦国统一中国的进程。但在全歼赵军的同时，秦军也死亡过半。㊼亡：死亡，丧失。几何：多少。㊽民：指秦国原有的民众。客：指招来的民众。㊾不可数：没有办法计算，形容数量极多。㊿之：指当时投入战争的兵力。(51)费：用。半：一半。(52)弱：使……削弱。晋：指三晋。强：使……强大。(53)若：如同。(54)繇：通“徭”，徭役。(55)官：官府。数钱：几个钱。费：花费。(56)过：超过。(57)知：理解。已：通“矣”，了。(58)犹：通“尤”，尤其。犹多愿：欲望非常大。(59)徒：徒弟。赒（zhōu）：周济，救济。(60)与：给。(61)封：封赏。以求封：用（这些钱）捐买官爵。(62)去：离开。之：到。(63)此：这，指东郭敞。爱：爱惜。无：指还没有得到的东西。(64)故：还。有：拥有的，指东郭敞拥有的徒弟。以先与之有：用已有的东西先给徒弟。(65)爱非其有：吝惜自己还未拥有的东西，指舍不得免除尚未招来的三晋之民的赋税徭役。以失其有：以致失去自己已经占有的东西，指秦国原有的民众在外作战而无法务农。(66)异：不同。爱非其有以亡其徒：吝惜他还没有得到的东西，以致失去他的徒弟。(67)尧、舜：传说中的古代帝王。(68)见称：被称颂。(69)中世：中古时代。汤：商汤王。武：周武王。(70)此三王者：此处文字有误，应作“此四王者”。(71)称：称颂。(72)道：方法，指政治措施。犹不能取用于后：还是不能被后世的统治者采用。(73)复之三世：免除三代的徭役、赋税。尽：尽数获得，指全部被招来。(74)是非王贤立今时，而使后世为王用乎：这样的政策不靠您的贤明在今天确立，而要让后世替您实行吗？是，这，指“复之三世”的政策。非，不是。立，确立。为王用：替大王实行。(75)然则非圣别说而听，圣人难也：此处句读有误，应断为“然则非圣别说，而听圣人难也”，意思是说，不是圣人另有异说，而是难以按照圣人的说法去做。

刑约第十六（阙）

赏刑第十七

【题解】赏，奖赏；刑，刑罚。

本篇是进献给秦王的书奏，作者在文中以"臣"自称，曰"此臣所谓参教也"等等。虽名为"赏刑"，但其所论不限于奖赏和刑罚，还包括教化。文中依次提出了三项政治主张：壹赏、壹刑、壹教。壹赏即统一赏赐，爵禄等赏赐只奖励战功；壹刑即统一刑罚，对于犯罪者，无论亲疏贵贱，一律施以重刑，绝不赦免；壹教即统一教化，用重农重战的思想统一人们的言行，摒除儒家之说。"壹赏"之下，民众拼死作战，与战争所得相比，君主的赏赐并未消耗多少财富；"壹刑"之下，民众因畏惧不敢以身试法，国中便没有受刑罚的人；"壹教"之下，民众自发地积极投身农战，便无需再施行教化。三教之下，"凡主不必废，杀人不为暴，赏人不为仁者"，"圣人以功授官予爵，故贤者不忧，圣人不宥过，不赦刑，故奸无起"，国家便达到无赏、无刑、无教的至高境界。

圣人之为国也①，壹赏②，壹刑③，壹教④。壹赏则兵无敌，壹刑则令行⑤，壹教则下听上⑥。夫明赏不费⑦，明刑不戮⑧，明教不变⑨；而民知于民务⑩，国无异俗⑪。明赏之犹，至于无赏也⑫。明刑之犹，至于无刑也。明教之犹，至于无教也。

[注释] ①为：治。②壹赏：统一赏赐，即爵禄只奖赏给有战功的人。这样，民众作战勇敢，拼死效命，军队就会战无不胜。③壹刑：统一刑罚，即在法律面前，无论亲疏贵贱，只要犯了罪，都施以重刑，以此"禁奸止过"。④壹教：统一

教化，即摒除儒家学说，用重农重战的思想统一人们的言行。⑤令：政令。行：贯彻执行。⑥听：听从。⑦明赏不费：盛明的奖赏并不耗费财物，即下文所说的"善因天下之货，以赏天下之人"。由于赏赐只出于战功，因此，军队勇猛无敌使得天下归服。即使对战功卓著者大加封赏，相对整个天下的财富而言，也谈不上"耗费"。⑧明刑不戮：严明的刑罚无需杀戮，即下文所说的"国无刑民"。刑罚严明且轻罪重罚、株连亲友，那么，民众就不敢以身试法。国家没有受刑罚的民众，也就无需杀戮了。⑨明教不变：昌明的教化使国家良好的政治风气不变，即富贵之门皆出于军功，民众自觉、积极地从事农战，整个国家没有其他风俗。⑩民务：民众应该做的事情。⑪异俗：指排斥重农重战之风的其他社会风气。⑫明赏之犹，至于无赏也：盛明的奖赏发展到极点，就是达到不用施加奖赏的境地。犹，至。无，不用。

所谓壹赏者，利禄官爵抟出于兵①，无有异施也②。夫固知愚③、贵贱、勇怯、贤不肖皆尽其胸臆之知④，竭其股肱之力⑤，出死而为上用也⑥。天下豪杰贤良从之如流水⑦，是故兵无敌而令行于天下，万乘之国不敢苏其兵中原⑧，千乘之国不敢捍城⑨。万乘之国若有苏其兵中原者，战将覆其军⑩；千乘之国若有捍城者，攻将凌其城⑪。战必覆人之军，攻必凌人之城，尽城而有之⑫，尽宾而致⑬，虽厚庆赏，何费匮之有矣⑭？昔汤封于赞茅⑮，文王封于岐周⑯，方百里⑰。汤与桀战于鸣条之野⑱，武王与纣战于牧野之中⑲，大破九军⑳，卒裂土封诸侯㉑，士卒坐陈者里有书社㉒，车休息不乘㉓，从马华山之阳㉔，从牛于农泽㉕，从之老而不收㉖。此汤、武之赏也。故曰：赞茅、岐周之粟㉗，以赏天下之人，不人得一升㉘；以其钱赏天下之人，不人得一钱。故曰：百里之君而封侯，其臣大其旧㉙，自士卒坐陈者里有书社，赏之所加宽于牛马者㉚，何也？善因天下之货㉛，以赏天下之人。故曰：明赏不费。汤、武既破桀、纣㉜，海内无害，天下大定，筑五库㉝，藏五兵㉞，偃武事㉟，行文教，倒载干戈㊱，搢笏作为乐㊲，以申其德㊳。当此时也，赏禄不行而民整齐㊴。故曰：明赏之犹，至于无赏也。

[注释]①抟（zhuān）：同"专"，专一。抟出于兵：只出自于战功，指利禄官爵的赏赐只根据战功颁发。②异：其他的。施：施与。③固：同"故"，所以。知：

聪明的人。愚：愚昧的人。④贤：有德才的人。不肖：没有德才的人。皆：都。尽：
竭尽。胸臆：心怀。尽其胸臆之知：用尽自己心中全部的智慧。⑤竭：竭尽。股肱：
大腿和胳膊的上部，指身体最有力的部位。股肱之力：指全身的力气。⑥出死：拼
死。为上用：为君主效命。⑦从：追随。⑧万乘之国不敢苏其兵中原：拥有上万辆
兵车的大国不敢在战场迎战他的军队。万乘之国，拥有上万辆兵车的国家，春秋时
期指大的诸侯国。苏，通"傃（sù）"，迎，这里指对抗。中原，原野，这里指战
场。⑨千乘之国：拥有一千辆兵车的国家，春秋时期指中等诸侯国。捍：保卫。捍
城：守卫城池。⑩覆：覆灭。战将覆其军：一交战就会全军覆没。⑪凌：登上。攻
将凌其城：一进攻就会被攻下他们的城池。⑫尽城而有之：所有的城池都能占领。
⑬尽宾而致：此处有脱文，应作"尽宾而致之"，意谓，天下的诸侯都宾服而前来
朝贡。宾，宾服。⑭虽厚庆赏，何费匮之有矣：即使对立战功的人给予丰厚的奖
赏，财物也不会消耗不足。厚，使……丰厚。庆赏，奖赏。费，耗费。匮，匮乏。
⑮赞茅：地名，商汤的封地，在今河南省修武县北。封于赞茅：在赞茅建立国家。
⑯文王：周文王。岐周：地名，在今陕西省岐山县。周建国于此，故称"岐周"。
⑰方百里：指土地方圆百里。⑱桀：名癸、履癸，夏朝最后一个帝王，历史上著名
的暴君。鸣条：地名，夏的重镇，具体位置一说在今山西省运城市夏县之西，一说
在今河南洛阳附近，一说在今河南省新乡市封丘县东。⑲武王：周武王。纣：殷帝
辛，名受，后世称商纣王，是商朝最后一个君主。牧野：地名，在今河南省新乡市
境内。武王伐纣时，与商朝军队决战于此。⑳九：虚数，表示数量多。㉑卒：最终。
裂土：划分土地。封：分封。㉒士卒：士兵。陈：通"阵"，阵地。坐陈者：指参
战的人。里：战国时的居民区。社：古代基层行政管理单位，二十五家为一社。书
社：即将社员的名籍以及土地登记在社簿上。里有书社：指回到家乡后拥有登记在
册的土地。㉓车：指战车。乘：乘坐。㉔从：通"纵"，放。阳：指山的南面。
㉕农泽：地名，具体位置不详，一说指弘农之泽，即桃林，其地在今河南省灵宝市
以西、陕西省潼关县以东。㉖从之老而不收：士卒得到的奖赏，至其老死也不收
回。老，衰老。收，收回，指征用。㉗粟：粮食。㉘不人得一升：每人得不到一升。
㉙百里之君而封侯，其臣大其旧：土地方圆百里的商汤王、周武王，却能分封自己
的大臣为诸侯，臣下的封地比汤、武原有的国土还要大。百里之君，拥有方圆百里
封地的君主，这里指商汤王、周武王。封侯，指分封其大臣为诸侯。旧，指商汤王
和周武王原有的封地。㉚加：及，达到。宽于牛马：放宽到牛马，指连牛马也得到
奖赏。㉛善：善于。因：用。货：财物。㉜既：已经。破：打败。㉝筑：修建。五

库：指兵器库、车库、祭器库、乐器库和宴器库。㉞五兵：西周和春秋时期的一组兵器合称，有车兵五兵与步兵五兵之分，步兵五兵指戈、殳、戟、矛、弓矢，车兵五兵为戈 、殳、戟、夷矛、酋矛，后泛指兵器。㉟偃：停止。武事：军事行动。㊱倒载：倒放。干戈：指兵器。倒载干戈：指停战。㊲搢（jìn）：插。笏（hù）：古代大臣朝见君主时所持的手板。搢笏：笏板插在腰间，这里指天子接受诸侯朝见。作为乐：制作了音乐。㊳申：宣扬。德：功德。㊴行：使用。整齐：有秩序，指规矩、守法。

所谓壹刑者，刑无等级①，自卿相、将军以至大夫、庶人②，有不从王令③，犯国禁，乱上制者④，罪死不赦⑤。有功于前，有败于后⑥，不为损刑⑦；有善于前，有过于后，不为亏法⑧。忠臣孝子有过，必以其数断⑨。守法守职之吏有不行王法者⑩，罪死不赦，刑及三族⑪。周官之人知而讦之上者⑫，自免于罪⑬，无贵贱尸袭其官长之官爵田禄⑭。故曰：重刑连其罪⑮，则民不敢试⑯。民不敢试，故无刑也。夫先王之禁⑰，刺杀断人之足⑱，黥人之面⑲，非求伤民也⑳，以禁奸止过也㉑。故禁奸止过莫若重刑㉒。刑重而必得㉓，则民不敢试，故国无刑民。国无刑民，故曰明刑不戮。晋文公将欲明刑以亲百姓㉔，于是合诸侯大夫于侍千宫㉕。颠颉后至㉖，请其罪㉗。君曰㉘：“用事焉㉙。”吏遂断颠颉之脊以殉㉚。晋国之士稽焉皆惧㉛，曰：“颠颉之有宠也㉜，断以殉，而况于我乎？”举兵伐曹五鹿㉝，及反郑之埤㉞，东徵之亩㉟，胜荆人于城濮㊱，三军之士，止之如斩足，行之如流水㊲；三军之士无敢犯禁者㊳。故一假道重轻于颠颉之脊而晋国治㊴。昔者周公旦杀管叔，流霍叔㊵，曰：“犯禁者也。”天下众皆曰：“亲昆弟有过不违㊶，而况疏远乎？”故天下知用刀锯于周庭㊷，而海内治。故曰：明刑之犹，至于无刑也。

［注释］①刑无等级：刑罚没有等级差别，指不区分犯罪者的尊卑贵贱，统一用刑。②庶人：平民。③从：服从。④上制：国君的法制。⑤罪死：判处死刑。⑥败：战败。⑦损：减少。损刑：减轻刑罚。⑧亏法：破坏法律，指减轻刑罚。⑨以：根据。数：指罪行的轻重程度。断：判决。⑩守法守职之吏：掌管法令，担任一定职务的官吏。⑪三族：三种亲属关系，一说为父族、母族、妻族，一说为父

母、兄弟、妻子，一说为父、子、孙。刑及三族：刑罚株连犯罪者的三族。⑫周官之人：犯罪官员周围的人，一说指其同僚。讦（jié）：告发。讦之上：向君主揭发检举。⑬自免于罪：自己免受惩处。⑭无贵贱尸袭其官长之官爵田禄：揭发官长罪行的人，无论其身份贵贱、官职高低，都可以继承被告发官长的官职、爵位、封地和俸禄。无，无论。尸，古代祭祀时代表死者受祭的人。尸袭，继承。其官长，指犯罪的官员。官，官职。爵，爵位。田，封地。禄，俸禄。⑮重刑：加重刑罚。连其罪：株连治罪。⑯试：尝试，这里指以身试法。⑰先王：前代君王，指前代的圣贤之君。禁：禁令，指法令。⑱刺杀断人之足：此处断句不当，应断为"刺杀，断人之足"。断人之足：砍断犯人的脚。⑲黥（qíng）：刑名，亦称墨刑，在人脸上刺字并涂墨。⑳求：要。㉑禁奸：禁止奸邪。止过：阻止犯罪。㉒莫若重刑：没有比使用重刑更好的办法。㉓必得：指必定捉到罪犯。㉔晋文公：姬姓，名重耳，谥号为"文"，春秋五霸之一，公元前636年至公元前628年在位。明刑：严明刑罚。亲百姓：使百姓亲附、顺从。㉕合：召集。侍千宫：宫殿名，具体情况不详。㉖颠颉：人名，晋文公的近臣。后至：迟到。㉗请其罪：请晋文公治他的罪。㉘君：指晋文公。㉙用事焉：按照法令处理。㉚遂：就。断颠颉之脊：砍断了颠颉的脊椎骨，即腰斩了颠颉。殉：示众。㉛稽：议论。㉜有宠：受到国君宠爱。㉝曹：春秋战国时期的诸侯国，在今山东省菏泽、定陶、曹县一带，都于陶丘（今山东省定陶西南），公元前487年为宋国所灭。五鹿：地名，春秋战国时卫国之地，在今河南省濮阳市清丰县。公元前632年，晋文公发兵进攻曹国，向卫国借道未获允许，于是攻占了卫国的五鹿。㉞及：又。反：推倒。郑：国名，姬姓，春秋战国时期的诸侯国，西周末年封于郑（今陕西省渭南市华县东），后迁都新郑（今河南省新郑市），公元前375年为韩国所灭。埤（pí）：通"陴"，城上呈凹凸形的矮墙。反郑之埤：指攻破了郑国的城墙。㉟东徵之亩：此处文字有误，应作"东卫之亩"，意谓，把卫国田间的道路改成东西向。晋文公此举是为了方便晋国的部队向东方进军。东：向东。卫：周王朝的同姓诸侯国之一，姬姓，西周初年都于朝歌（今河南省鹤壁市淇县），后迁都帝丘（今河南省濮阳市西南），公元前241年被秦国迁到野王县（今河南省沁阳市），公元前209年为秦所废。㊱胜：战胜。荆：战国时楚国的别称。荆人：楚国人。城濮：地名，春秋时卫国之邑，在今山东省菏泽市鄄（juàn）城县西南。公元前632年，晋文公在此地大败楚军，史称"城濮之战"。㊲三军之士，止之如斩足，行之如流水：三军将士听到停止的命令，就像被砍断双脚那样一动不动，听到前进的命令，就像流水那样奔腾向前。止，使……停止。斩，断。㊳禁：禁令，法令。㊴假道重轻于颠颉之脊而晋国治：借助于腰斩颠颉这一轻罪重罚的方法使晋国得到治理。假，借助。道，方法。重轻，轻罪重罚。㊵昔者周公旦杀管叔，流霍叔：周公旦，西周时期的政治家、军事家、思想家，姬姓，名旦，亦称叔旦，周武王之弟，因封地在周（今陕西省岐山县北），故称周公或周公旦。管叔，姬姓，名鲜，周武王之弟，因封地在管（今河南省郑州市），故称管叔。霍叔，姓姬，名处，周武王之弟，因封地在霍（今山西省霍州市西南），故称霍叔。周武王死后，其子成王年幼，由周公旦摄政。周武王的兄弟管叔、蔡叔和霍叔等人勾结商纣王之子武庚和徐、奄等东方夷族反叛。周公旦奉命出师平叛，斩杀了管叔、武庚，流放了蔡叔，降霍叔为庶人。㊶昆弟：兄弟。过：罪过。违：避。㊷刀锯：古代刑具，这里指刑罚。周庭：指周王室内部。

　　所谓壹教者，博闻①、辩慧②、信廉③、礼乐④、修行⑤、群党⑥、任誉⑦、清浊不可以富贵⑧，不可以评刑⑨，不可独立私议以陈其上⑩，坚者被⑪，锐者挫⑫，虽曰圣知⑬、巧佞⑭、厚朴⑮，则不能以非功罔上利然⑯。富贵之门，要存战而已矣⑰。彼能战者践富贵之门⑱，强梗焉⑲，有常刑而不赦⑳。是父兄㉑、昆弟、知识㉒、婚姻㉓、合同者皆曰㉔："务之所加，存战而已矣㉕。"夫故当壮者务于战㉖，老弱者务于守㉗；死者不悔，生者务劝㉘。此臣之所谓壹教也。民之欲富贵也共阖棺而后止㉙。而富贵之门必出于兵㉚，是故民闻战而相贺也，起居饮食所歌谣者战也。此臣之所谓"明教之犹，至于无教"也。此臣所谓参教也㉛。

　　[注释]①博闻：见识广博的人。②辩慧：聪慧善辩的人。③信廉：诚实廉洁的人。④礼乐：精通礼制音乐的人。⑤修行：有修养德行的人。⑥群党：聚群结党的人。⑦任誉：相互包庇担保，获得声誉的人。⑧清浊：此处文字有误，应作"请谒"，意谓说情请托的人。⑨评刑：议论刑罚。⑩独：独自。立：创立。私议：个人学说。以陈其上：向国君陈说。⑪坚者被：此处文字有误，应作"坚者破"，意思是说，对那些顽固的人要摧毁他。⑫锐者：指锋芒毕露的人。挫：挫伤。⑬圣知：圣明智慧。⑭巧佞（nìng）：巧言善辩。⑮厚朴：厚道朴实。⑯非功：指没有战功。罔：骗取。上利：君主的利禄。⑰富贵之门，要存战而已矣：通往富贵的途径，只在于荣立战功。存战：累积战功。⑱践富贵之门：踏进富贵的大门。践，登。⑲强

梗：指强硬顽固的人。⑳有常刑：按规定依法惩处。㉑是：这样。父兄：指父亲及叔父、伯父。㉒知识：相知相识的朋友。㉓婚姻：有婚姻关系的亲戚，即儿女亲家。㉔合同者：志同道合的人。㉕务之所加：指所要努力去做的事情。务，追求。加，施加。㉖当壮者：壮年人。务：致力于。㉗守：防守。㉘劝：劝勉。㉙共：相同。阖（hé）：关闭。阖棺而后止：至死方休。㉚兵：战争。㉛参：通"叁"。参教：即叁教，壹赏、壹刑、壹教三种教育。

圣人非能通知万物之要也①。故其治国，举要以致万物②，故寡教而多功③。圣人治国也，易知而难行也④。是故圣人不必加⑤，凡主不必废⑥，杀人不为暴⑦，赏人不为仁者⑧，国法明也⑨。圣人以功授官予爵，故贤者不忧，圣人不宥过⑩，不赦刑⑪，故奸无起⑫。圣人治国也，审壹而已矣⑬。

［注释］①圣人非能通知万物之要也：此处断句有误，应断为"圣人非能通，知万物之要也"。此句意谓，圣人并非通晓一切，而是知道万事万物的要领。通，通晓。要，要领。②举要：抓住要领。致：尽，穷尽。③寡教：教化少，即只施行壹赏、壹刑、壹教三种教育。④易知：容易认识道理。难行：难以践行。⑤加：赞扬。⑥凡主：平庸的君主。废：废黜。⑦杀人不为暴：杀人不算残暴。指杀人乃依法用刑，并非出于君主的暴虐。⑧赏人不为仁：奖赏人不算仁爱。指因功定赏，奖赏并非出于君主的仁爱。⑨明：严明。⑩宥：宽恕。过：罪过。⑪赦：赦免。刑：刑罚。⑫奸：奸邪之人。起：兴起。⑬圣人治国也，审壹而已：圣明的君主治理国家，只考虑统一奖赏、统一刑罚、统一教化的问题。审，深入研究。壹，指壹赏、壹刑、壹教。

画策第十八

【题解】画，谋划；策，策略。

本篇是为君主谋划的治国之策。基于时移世易、顺势而为的基本认识，作者认为，在当时的形势下，只有依靠战争才能称王于天下。因此，必须"举国而责之于兵"，令全民皆兵。与此同时，还要让全国上下的民众都争相奔赴战场，三军将士从令如流。这些，都要以法度和对法度的坚决实行为保障。但在刑赏驱民的问题上，本文更加强调"刑"的方面，主张"刑不善而不赏善"，"不贵义而贵法，法必明，令必行"。此外，作者还鼓励君主自我强大、自我超越："得天下者，先自得者也；能胜强敌者，先自胜者也。"文中大量使用了比喻、排比等修辞手法，使说理形象生动、气势倍增，如"民之见战也，如饿狼之见肉"，"以战去战，虽战可也；以杀去杀，虽杀可也；以刑去刑，虽重刑可也"，"仁者能仁于人，而不能使人仁；义者能爱于人，而不能使人爱"，"黄鹄之飞，一举千里，有必飞之备也。丽丽巨巨，日走千里，有必走之势也。虎豹熊罴鸷而无敌，有必胜之理也"。

昔者昊英之世①，以伐木杀兽②，人民少而木兽多。黄帝之世③，不麛不卵④，官无供备之，民死不得用椁⑤。事不同⑥，皆王者⑦，时异也⑧。神农之世⑨，男耕而食，妇织而衣，刑政不用而治⑩，甲兵不起而王⑪。神农既没⑫，以强胜弱，以众暴寡⑬。故黄帝作为君臣上下之义⑭，父子兄弟之礼⑮，夫妇妃匹之合⑯，内行刀锯⑰，外用甲兵⑱，故时变也⑲。由此观之，神农非高于黄帝也，然其名尊者⑳，以适于时也㉑。故以战去战㉒，虽战可也㉓；以杀去杀㉔，虽杀可也；以刑去刑，虽重刑可也㉕。

［注释］①昊（hào）英：传说中的古代帝王。世：时代。②以伐木杀兽：让民众砍伐树木，捕杀野兽。③黄帝：传说中的古代帝王。④麛（mí）：泛指幼兽。卵：蛋。不麛不卵：不捕杀幼小的野兽，不取食鸟蛋。⑤官无供备之，民死不得用椁：此处断句有误，应作"官无供备之民，死不得用椁"。官，官吏。供备之民，供使唤的仆人。椁，套在棺材外面的大棺材。⑥事不同：指昊英和黄帝做的事情不一样。⑦王：称王。⑧时：时代。异：不同。⑨神农：传说中的古代帝王。⑩刑：刑罚。政：政令。治：治理得好。⑪甲兵：军队。起：兴起。⑫既：已经。没：死亡。⑬暴：残害。⑭作：制定。义：规范。⑮礼：礼仪。⑯妃（pèi）：通"配"，婚配。匹：配偶。合：应当，指婚配原则。⑰内：对内。行：使用。刀锯：刑具，指刑罚。⑱外：对外。⑲故：由于。⑳名：名望。尊：崇高。㉑以：因为。适于时：适应时代的需要。㉒以战去战：用战争消灭战争，指用正义之战消灭"以强胜弱，以众暴寡"的不义之战。㉓战：指发动战争。㉔杀：杀戮。去：去除。㉕重刑：加重刑罚。

昔之能制天下者①，必先制其民者也；能胜强敌者②，必先胜其民者也。故胜民之本在制民③，若冶于金④，陶于土也⑤。本不坚⑥，则如飞鸟禽兽，其孰能制之⑦？民本⑧，法也⑨。故善治民者，塞民以法而名地作矣⑩。名尊地广，以至王者⑪，何故⑫？名卑地削，以至于亡者，何故？战罢者也⑬。不胜而王，不败而亡者，自古及今未尝有也⑭。民勇者战胜，民不勇者战败。能壹民于战者⑮，民勇；不能壹民于战者，民不勇。圣王见王之致于兵也⑯，故举国而责之于兵⑰。入其国，观其治，兵用者强⑱。奚以知民之见用者也⑲？民之见战也⑳，如饿狼之见肉，则民用矣。凡战者，民之所恶也㉑；能使民乐战者王㉒。强国之民，父遗其子㉓，兄遗其弟，妻遗其夫，皆曰："不得㉔，无返㉕。"又曰："失法离令㉖，若死我死㉗。"乡治之行间无所逃，迁徙无所入㉘。入行间之治㉙，连以五㉚，辨之以章㉛，束之以令㉜；拙无所处㉝，罢无所生㉞。是以三军之士从令如流，死而不旋踵㉟。

[注释] ①制：掌管，治理。②胜：制服。③本：根本。④若：如同。冶：冶炼工匠。于：对于。金：金属器具。⑤陶：制陶工匠。⑥本：基础。坚：坚固。⑦孰：谁。⑧民本：指治理民众的根本措施。⑨法：指施行法治。⑩塞民以法而名地作矣：用法治约束民众，堵塞他们在农战以外获得爵禄的途径，君主就可以得到尊贵的名声和广阔的土地。塞，堵住，指制约。塞民以法，用法治制约民众。名，名位。地，土地。作，及、得到。⑪王：称王天下。⑫何故：此处有脱文，"何故"应作"何故？战胜者也"。⑬罢（pí）：败，失败。⑭尝：曾经。⑮壹：专一。壹民于战：使民众专心于作战。⑯王：称王于天下的大业。致：取得。致于兵：从战争中取得。⑰责：要求。举国而责之于兵：指要求全国的民众都当兵。⑱兵用：指军队听命令，肯效力。⑲奚以：何以。知：知道。见用：被役使。⑳战：战争。㉑恶：厌恶。㉒乐：喜好。㉓遗（wèi）：送。㉔得：指斩获敌人的首级。㉕无：通"毋"，不要。返：返家。㉖失：背离。离：违背。失法离令：违犯法令。㉗若：你。㉘乡治之行间无所逃，迁徙无所入：此处断句有误，应断为"乡治之，行间无所逃，迁徙无所入"。此句意谓，乡里惩治这些犯罪行为，罪犯在军队中无处可逃，想迁徙别处，也没有地方安身。行间，行伍之间，指军中。㉙入行间之治：此处文字有衍，应作"行间之治"，意为军队中的管理办法。㉚五：通"伍"，古代最小的军队编制单位，五人为伍。连以五：指每五人编为一伍，实行连坐之法。㉛辨：辨别。章：士卒身上的标志。㉜束：约束。㉝拙：通"趎"，逃跑。处：居。拙无所处：逃跑的人无处容身。㉞罢：失败。罢无所生：失败的人无法生存。㉟踵：脚跟。旋踵：转过脚跟，这里指退却、逃跑。

国之乱也，非其法乱也，非法不用也①。国皆有法，而无使法必行之法②；国皆有禁奸邪刑盗贼之法③，而无使奸邪盗贼必得之法④。为奸邪盗贼者死刑⑤，而奸邪盗贼不止者，不必得⑥。必得而尚有奸邪盗贼者⑦，刑轻也⑧。刑轻者，不得诛也⑨；必得者，刑者众也⑩。故善治者刑不善而不赏善⑪，故不刑而民善⑫。不刑而民善，刑重也⑬。刑重者，民不敢犯⑭，故无刑也。而民莫敢为非⑮，是一国皆善也；故不赏善而民善。赏善之不可也，犹赏不盗⑯。故善治者，使跖可信⑰，而况伯夷乎⑱？不能治者，使伯夷可疑⑲，而况跖乎？势不能为奸⑳，虽跖可信也；势得为奸，虽伯夷可疑也。

[注释] ①非法不用：并非法度被废弃不用。②使法必行之法：使法度必定得到实行的办法。③刑：惩治。④使奸邪盗贼必得之法：使奸邪之人、盗贼必定被捉住的办法。⑤为：做。⑥不必得：不一定被捉到。⑦尚：还。⑧刑轻：刑罚轻。⑨不得诛：没有得到应有的惩罚。⑩刑者：受刑的人。众：多。⑪善治者：善于治理国家的人。刑不善：惩处不法分子。不赏善：不奖赏守法的人。⑫不刑：不用刑罚。民善：民众守法从善。⑬刑重：刑罚重。⑭犯：指犯法。⑮为非：做坏事。⑯犹赏不盗：如同不做盗贼就能获得奖赏一样。⑰跖（zhí）：原名展雄，又名柳下跖、柳展雄，相传为春秋战国之际的奴隶起义领袖，被历代统治者诬为“盗跖”和“桀跖”。⑱伯夷：商末孤竹国国君的长子，与其弟叔齐互让国位，后因不肯吃周朝的粮食而饿死在首阳山，是古代忠信高洁的典范。⑲可疑：有犯罪的嫌疑。⑳势：客观形势。

国或重治①，或重乱。明主在上，所举必贤②，则法可在贤③。法可在贤，则法在下④，不肖不敢为非⑤。是谓重治。不明主在上，所举必不肖，国无明法⑥，不肖者敢为非。是谓重乱。兵或重强⑦，或重弱。民固欲战⑧，又不得不战，是谓重强。民固不欲战，又得无战⑨，是谓重弱。

[注释] ①重（chóng）：更加。重治：治理得好上加好。②举：选拔。贤：有才德的人。③法可在贤：法度能掌握在贤人手中。④法在下：指法度在下面得到贯彻实施，能普及到民众。⑤不肖：没有才德的人。⑥明法：严明的法度。⑦重强：强上加强，更加强大。⑧固：本来。⑨得：能。

明主不滥富贵其臣①。所谓富者，非粟米珠玉也；所谓贵者，非爵位官职也；废法作私爵禄之富贵②。凡人主德行非出人也③，知非出人也④，勇力非过人也⑤；然民虽有圣知⑥，弗敢我谋⑦；勇力⑧，弗敢我杀⑨；虽众⑩，不敢胜其主⑪；虽民至亿万之数，县重赏而民不敢争⑫，行罚而民不敢怨者，法也。国乱者，民多私义⑬；兵弱者，民多私勇⑭。则削国之所以取爵禄者多涂⑮。亡国之欲⑯，贱爵轻禄，不作而食，不战而荣，无爵而尊，无禄而富，无官而长，此之谓奸民。所谓治主，无忠臣；慈父，无孝子；欲无善言，皆以法相司也，命相正也，不能独为非，而莫与人为非⑰。所谓富者，入多而出寡。衣服有制⑱，饮食有节⑲，则出寡矣；女事尽于内⑳，男事尽于外，则入多矣。所谓明者，无所不见㉑，则群臣不敢为奸，百姓不敢为非。是以人主处匡床之上㉒，听丝竹之声㉓，而天下治。所谓明者，使众不得不为㉔；所谓强者，天下胜㉕。天下胜，是故合力㉖。是以勇强不敢为暴㉗，圣知不敢为诈而虚用㉘，兼天下之众㉙，莫敢不为其所好而避其所恶㉚。所谓强者，使勇力不得不为己用㉛。其志足天下，益之；不足天下，说之㉜。恃天下者㉝，天下去之㉞；自恃者㉟，得天下。得天下者，先自得者也㊱；能胜强敌者，先自胜者也㊲。圣人知必然之理㊳，必为之时势㊴，故为必治之政㊵，战必勇之民㊶，行必听之令㊷。是以兵出而无敌，令行而天下服从。黄鹄之飞㊸，一举千里㊹，有必飞之备也㊺。丽丽巨巨㊻，日走千里，有必走之势也㊼。虎豹熊罴鸷而无敌㊽，有必胜之理也。圣人见本然之政㊾，知必然之理，故其制民也如以高下制水㊿，如以燥湿制火[51]。故曰：仁者能仁于人，而不能使人仁；义者能爱于人，而不能使人爱；是以知仁义之不足以治天下也[52]。圣人有必信之性[53]，又有使天下不得不信之法[54]。所谓义者，为人臣忠[55]，为人子孝[56]，少长有礼[57]，男女有别。非其义也[58]，饿不苟食[59]，死不苟生[60]，此乃有法之常也[61]。圣王者不贵义而贵法，法必明，令必行，则已矣。

[注释]①滥：过度。富贵其臣：使他的大臣富贵。②废法作私爵禄之富贵：此处文义不通，疑应作"废法作私之爵禄富贵也"，或作"废法作私，爵禄之，富贵之，滥也"。大意是说，废弃法度，按照自己的私意随意赏赐臣下爵禄，这样的富贵不是真正的富贵。废法，废弃法度。作私，按照私意行事。③凡：大凡。人主：君主。非：并不。出人：高于别人。④知：智慧。⑤勇力：勇气力量。过：超过。⑥圣知：极高的智慧。⑦弗敢我谋：不敢图谋国君。⑧勇力：指虽然有勇气力量。⑨弗敢我杀：不敢杀害君主。⑩众：指人数众多。⑪胜：欺凌。⑫县：同"悬"。⑬私义：以个人利益和私人关系为标准的所谓道义，一说为"私议"，指私家学说。

⑭私勇：为私利争斗的所谓勇敢。⑮则削国之所以取爵禄者多涂：削弱的国家，人们用来获取爵位俸禄的方法有许多途径。涂，通“途”，途径。⑯欲：通“俗”，风俗。⑰所谓治主，无忠臣；慈父，无孝子；欲无善言，皆以法相司也，命相正也，不能独为非，而莫与人为非：此处断句不当，应作“所谓‘治主无忠臣，慈父无孝子’，欲无善言，皆以法相司也，命相正也，不能独为非，而莫与人为非”。治主，善于治国的君主。善言，指所谓善言的说教。皆，都。司，通“伺”，监视。以法相司，用法律相互监督。命，命令。正，纠正。独，单独。不能独为非，人们不能单独做坏事。而莫与人为非，也不能和别人一起做坏事。⑱制：限制。⑲节：节制。⑳女事尽于内：妇女在家中尽力做事。女事，妇女的事情，指纺织、缝纫等。尽，尽力。内，指家中。㉑所谓明者，无所不见：明，指国君的圣明。无所不见，指君主没有看不到的事情。㉒处：在。匡床：安适的床。一说为方正的床。㉓丝：弦乐器。竹：竹制的管乐器。丝竹：泛指音乐。㉔众：民众。不得不为：不得不按法令办事。㉕天下胜：天下被他制服。㉖合力：指聚合天下人的力量。㉗勇强：勇猛强悍的人。为暴：做残暴的事。㉘圣知：智慧极高的人。为诈：做欺诈的事。虚用：指凭借花言巧语，空洞的说教获得任用。㉙兼：尽。㉚为其所好：做国君喜欢的事。避其所恶：回避国君讨厌的事。㉛勇力：勇敢有力的人。㉜其志足天下，益之；不足天下，说之：此处断句有误，应作“其志足，天下益之；不足，天下说之”。此句意谓，国君统一天下的理想如果能够实现，天下的人会辅助他；如果不能实现，天下的人也爱戴他。益，助。说，通“悦”，喜欢。㉝恃：依仗。㉞去：抛弃。㉟自恃：依靠自己。㊱自得：指自己具备得天下的条件。㊲自胜：自己战胜自己。㊳必然之理：指事物发展的定理。㊴为：做。必为之时势：必须顺应的形势。㊵为必治之政：采取一定能把国家治理好的措施。㊶战必勇之民：使用不怕牺牲的民众打仗。㊷行必听之令：下达民众必然服从的命令。㊸黄鹄（hú）：天鹅。㊹举：腾起。一举千里：一起飞就是上千里。㊺备：条件。必飞之备：指一定能飞行千里的翅膀。㊻丽丽巨巨：此处文字有误，可能应作“蛩蛩巨丘”。蛩（qióng）蛩、巨丘，均为传说中的骏马。㊼势：力量。必走之势：一定能日行千里的力量。㊽罴（pí）：熊的一种，也称棕熊、马熊或人熊。鸷（zhì）：凶猛。㊾本然：本来如此。本然之政：符合社会发展内在趋势的政治措施。㊿制民：统治民众。如：像。以高下制水：利用地势的高低控制水流。(51)以燥湿制火：利用材料的干湿度控制火势。(52)仁者能仁于人，而不能使人仁；义者能爱于人，而不能使人爱；是以知仁义之不足以治天下也：那些讲求仁爱的人对人仁慈，但不能使他人自生仁慈之心；那些讲求义的人

能够爱别人，而不能使别人有爱心；由此可知，仁义不能治理好天下。仁于人，对人仁慈。是以，由此可知。(53)必信之性：令天下人信服的品格。(54)法：法令。(55)为人臣忠：做臣子要忠诚。(56)为人子孝：做儿子要孝顺。(57)少长有礼：长幼之间有礼节。(58)非其义也：如果不合乎道义。(59)饿不苟食：就是饿死也不苟且乞食。(60)死不苟生：虽死也不苟且偷生。(61)有法之常：有法之国的正常状况。

境内第十九

【题解】境内，国内。

篇名取自篇首四字。本篇记述了秦国的部分政治及军事制度。如"生者著，死者削"的户口登记制度、"有爵者乞无爵者以为庶子"的家臣服役制度、"五人束薄为伍，一人兆而到其四人"的军队连坐制度；"百将、屯长不得，斩首；得三十三首以上，盈论，百将、屯长赐爵一级""能攻城围邑斩首八千已上则盈论"等军队考核制度、赏罚制度及其核定程序；"五百主，短兵五十人"等军队建制；"国司空訾莫城之广厚之数"等攻城围邑的方法。其中的某些条例，在睡虎地秦简有相关记载。本篇与《垦令》体例类似，均为法令草案。

四境之内①，丈夫女子皆有名于上②，者著③，死者削④。其有爵者乞无爵者以为庶子⑤，级乞一人⑥。其无役事也⑦，其庶子役其大夫⑧，月六日⑨。其役事也，随而养之军⑩。

[注释]①四境之内：指国内。②丈夫：男子。有名于上：在官府的户籍册上登记有名字。③者著：此处有脱文，"者著"应作"生者著"，意思是说，新出生的人登记上去。④削：去除，指注销户籍。⑤其有爵者乞无爵者以为庶子：有爵位的人可以请求让无爵位的人做他的庶子。乞，求。庶子：侍从之臣。⑥级：表示每一级。级乞一人：每一级可以申请一个。⑦役事：指战争。⑧其庶子役其大夫：庶子为他的大夫服役。⑨月六日：每月六天。⑩随：跟随。养：奉养。随而养之军：庶子跟随在军中服侍他的大夫。

爵自一级已下至小夫命曰校徒、操、出公①。爵自二级已上至不更命曰卒②。其战也③，五人来薄为伍④，一人羽而轻其四人⑤，能人得一首则复⑥。夫劳爵，其县过三日有不致士大夫劳爵能⑦。五人一屯长⑧，百人一将⑨。其战，百将屯长不得，斩首得三十三首以上盈论，百将屯长赐爵一级⑩。五百主，短兵五十人⑪；二五百主，将之主，短兵百⑫；千石之令⑬，短兵百人；八百之令⑭，短兵八十人；七百之令，短兵七十人；六百之令，短兵六十人；国封尉⑮，短兵千人；将⑯，短兵四千人。战及死吏⑰，而□短兵⑱，能一首则优⑲。能攻城围邑斩首八千已上则盈论⑳，野战斩首二千则盈谕㉑。吏自操及校以上，大将尽赏行间之吏也㉒。

[注释] ①爵自一级已下至小夫命曰校徒、操、出公：此处文字有误，"出公"应作"公士"。爵，爵位。已，通"以"。小夫，文意不明，可能是军队中最低的官级名。命，命名。校徒、操，文意不明，可能是军中较低的官级名。公士，爵位名，秦二十级爵中的第一级爵位。据《汉书·百官公卿表》，秦的爵位设置"一级曰公士，二上造，三簪袅，四不更，五大夫，六官大夫，七公大夫，八公乘，九五大夫，十左庶长，十一右庶长，十二左更，十三中更，十四右更，十五少上造，十六大上造，十七驷车庶长，十八大庶长，十九关内侯，二十彻侯。"②不更：爵位名，秦二十级爵中的第四级爵位。③其战：打仗的时候。④五人来薄为伍：此处文字有误，"来"应作"束"，意谓，每五人编成一伍，登记在名册上。束，聚集。薄，名册。伍，古代的军队编制，一伍五人。⑤一人羽而轻其四人：此处文字可能有误，疑应作"一人兆而刭其四人"。兆，通"逃"。刭，用刑。刭其四人，惩罚另外四个人。⑥首：首级。得一首：斩获敌人一颗首级。复：恢复，指免除先前的惩罚。⑦夫劳爵，其县过三日有不致士大夫劳爵能：这十七个字与上下文意无关，当为错简所致，应移至下文"将军以不疑致士大夫劳爵"之下。⑧五人一屯长：每五人设置一个屯长。⑨百人一将：每百人设置一个将。⑩其战，百将屯长不得，斩首得三十三首以上盈论，百将屯长赐爵一级：此处断句不当，应断为"其战，百将、屯长不得，斩首；得三十三首以上，盈论，百将、屯长赐爵一级"。不得，指没有得到敌人的首级。盈，满。盈论，达到了朝廷论定的标准。⑪五百主，短兵五十人：统领五百人的军官，配持刀剑之兵五十人。主，长官。短兵，持刀剑等短兵器的士

兵，与持弓箭的士兵相对而言。⑫二五百主，将之主，短兵百：统领一千人的军官，是"将"的长官，配持刀剑之兵一百人。二，两个。将之主，作为"将"级的长官。⑬千石：俸禄每年一千石粮食。令：行政官员。⑭八百：俸禄每年八百石粮食。⑮国封尉：此处文字有衍，应作"国尉"。国尉，官名，掌管兵政。⑯将：指大将。⑰战及死吏：指官员战死。一说此处文字有误，应作"战及死事"。死事，指官员死于战事。⑱而口短兵：此处的缺字一说为"轻"，一说为"剄"，意思均为用刑。⑲能一首则优：此处文字有误，"优"应作"复"。此句意谓，如果能够斩获敌人一颗首级，就免于刑罚。⑳邑：小城镇。已：通"以"。攻城围邑斩首八千已上：在进攻城池、包围城镇的战斗中斩获敌人首级八千颗以上。这是对大将的要求。㉑野战斩首二千则盈谕：此处文字有误，"谕"应作"论"。㉒吏自操及校以上，大将尽赏行间之吏也：此处断句有误，应作"吏自操及校以上大将，尽赏行间之吏也"。此句意谓，从操、校以上到大将，军中所有官吏都给予赏赐。行，队列。

故爵公士也①，就为上造也②。故爵上造，就为簪裹③。就为不更④。故爵为大夫⑤。爵吏而为县尉⑥，则赐虏六加五千六百⑦。爵大夫而为国治⑧，就为大夫⑨。故爵大夫⑩，就为公大夫⑪。就为公乘⑫。就为五大夫⑬，则税邑三百家⑭。故爵五大夫，皆有赐邑三百家，有赐税三百家⑮。爵五大夫，有税邑六百家者受客⑯。大将、御、参皆赐爵三级⑰。故客卿相论盈就正卿⑱。就为大庶长。故大庶长就为左更。故四更也就为大良造⑲。

[注释]①故爵公士：原来的爵位是公士。②就：升任。上造：爵位名，秦二十级爵中的第二级爵位。③簪裹：即簪袅，爵位名，秦二十级爵中的第三级爵位。④不更：爵位名，秦二十级爵中的第四级爵位。一说此处有脱文，"就为不更"应作"故爵簪袅，就为不更"。⑤大夫：爵位名，秦二十级爵中的第五级爵位。⑥爵吏：有爵位的官吏。县尉：官名，掌管一县的军事。⑦虏：奴隶。赐虏六：赏赐六名奴隶。加：另加。五千六百：指五千六百钱。⑧爵大夫而为国治：此处文字有误，"国治"应作"国尉"，意谓，爵位为大夫而担任国尉官职的人。⑨就为大夫：此处文字有脱，应作"就为官大夫"。官大夫，爵位名，秦二十级爵中的第六级爵位。⑩故爵大夫：此处文字有脱，应作"故爵官大夫"。⑪公大夫：爵位名，秦二十级

爵中的第七级爵位。⑫公乘：爵位名，秦二十级爵中的第八级爵位。一说此处有脱文，"就为公乘"应作"故爵公大夫，就为公乘"。⑬五大夫：爵位名，秦二十级爵中的第九级爵位。一说此处有脱文，"就为五大夫"应作"故爵公乘，就为五大夫"。⑭税邑：即食邑，卿大夫的封地。卿大夫以封地的租税为俸禄。税邑三百家：指赏赐三百户的食邑。⑮皆有赐邑三百家，有赐税三百家：赐邑，将土地，连同土地上的人口及税收一同赏赐给臣下。赐税，只将租税的收入赏赐给臣下。⑯受客：接受门客。一说"受客"应作"受客卿"，就任客卿的官位。⑰大将、御、参皆赐爵三级：御，驾驶战车的人。参，即参乘，又作"骖乘"，坐在战车右位担任警卫的人。⑱客卿：秦国官名，其他诸侯国的人在秦国做官，其位为卿，秦以客礼待之，因此称为客卿。相：辅佐，这里指客卿辅佐军政。一说相为相位，指客卿居于相位的。论盈：满足、达到朝廷的规定。正卿：官名，春秋时诸侯国的最高执政大臣兼军事指挥官，权力仅次于国君。⑲就为大庶长。故大庶长就为左更。故四更也就为大良造：大庶长，爵位名，秦二十级爵中的第十八级爵位。左更，爵位名，秦二十级爵中的第十二级爵位。大庶长高于左更，此处文字应有误。四更，可能指秦二十级爵中的第十二级爵位左更，第十三级爵位中更，第十四级爵位右更和第十五级爵位少上造。一说"四更"应作"三更"，即左更、中更、右更。大良造，爵位名，秦二十级爵中的第十六级爵位。有学者认为，"就为大庶长。故大庶长就为左更。故四更也就为大良造"应移至"皆有赐邑三百家"之前，紧接"故爵五大夫"句，并改"大庶长"为"左、右庶长"，且重新断句为"故爵五大夫，就为左、右庶长。故左、右庶长，就为左更。故四更也，就为大良造"。左、右庶长，爵位名，分别为秦二十级爵中的第十、十一级爵位。本篇的这段话文意不明，简文应有严重错乱。前贤注者虽多有疏通，但原文究竟为何，目前尚不得而知。

以战，故暴首三，乃校三日①，将军以不疑致士大夫劳爵②。其县四尉，訾由丞尉③。能得爵首一者④，赏爵一级，益田一顷⑤，益宅九亩，一除庶子一人⑥，乃得人兵官之吏⑦。其狱法⑧：高爵訾下爵级⑨。高爵能，无给有爵人隶仆⑩。爵自二级以上有刑罪则贬⑪，爵自一级以下有刑罪则已⑫，小失死⑬。以上至大夫⑭，其官级一等，其墓树级一树⑮。

[注释] ①以战，故暴首三，乃校三日：此处文字错乱，应作"以战故，暴首三日，乃校"。以，通"已"，结束。暴（pù）首：陈列斩获的敌人首级。校

(jiào)：校验。②不疑：指校验结果表明，其战功确切无疑。致：赐予。劳爵：与功劳相称的爵位，一说为军功爵。③罢其县四尉，訾由丞尉：前文"夫劳爵，其县过三日有不致士大夫劳爵能"应移至此语之前，接于"将军以不疑致士大夫劳爵"之后，"能"应作"罢"，且属下句，应写作"夫劳爵，其县过三日有不致士大夫劳爵，罢其县四尉，訾由丞尉"。罢，罢免。县四尉，文意不详，一说为该县的四个尉官。訾（zī），评议。丞尉，官名，具体不详。訾由丞尉，由丞尉进行评判。④爵首：有爵位者的首级。一说"爵首"应作"甲首"，即甲士的首级。⑤益：增加。⑥除：给予。一除：文意不详，一说为一律赐给；一说为每一级爵位赐给；一说"一"为衍文，当删。⑦乃得入兵官之吏：此处文字有误，"人"应作"入"，意谓，可以担任军队或地方政府中的官员。⑧狱法：刑狱之法。⑨高爵：爵位高的人。訾（zī）：评议，审判。下爵级：文意不详，一说为降低犯罪者的爵级，一说是指爵位低的人。⑩高爵能，无给有爵人隶仆：此处文字有误，"能"应作"罢"。此句意谓，爵位高的人被罢免后，不再给他有爵位者才能享有的仆役。罢，罢免。隶仆，仆役。⑪有刑罪：犯了罪。贬：降级。⑫已：止，这里指取消爵位。⑬小失死：此处文字有误，"小失死"应作"小夫死"，意谓，小夫犯罪就处死。一说"小夫死"应属下句，意谓，小夫死后。⑭以上至大夫：一说指从小夫以上直到大夫，一说为从公士以上直到大夫。⑮其官级一等，其墓树级一树：爵位每高一级，他的墓地上就多种一棵树。级一等，指官级每增高一级。墓树，在墓地上植树，根据死者级别高低规定所植数量。

其攻城围邑也，国司空訾莫城之广厚之数①，国尉分地②，以徒校分积尺而攻之③。为期曰④："先已者⑤，当为最启⑥；后已者，訾为最殿⑦。再訾则废⑧。"内通则积薪⑨，积薪则燔柱⑩。陷队之士面十八人⑪，陷队之士，知疾斗不得⑫，斩首队五人⑬，则陷队之士人赐爵一级。死则一人后⑭，不能死之⑮，千人环⑯。规谏⑰，黥劓于城下⑱。国尉分地，以中卒随之⑲。将军为木壹⑳，与国正监、与王御史参望之㉑。其先入者举为最启㉒，其后入者举为最殿。其陷队也尽其几者㉓，几者不足，乃以欲级益之㉔。

　　［注释］①国司空訾莫城之广厚之数：此处文字有误，"訾莫城"应作"訾其

城"。司空，官名。掌管水利、营建之事。訾（zī），计量。城，指城墙。广厚之数，长度和宽度。②国尉：官名，秦国掌管军政之官。分地：指划分进攻的地段。③徒校：不详，可能为军中负责挖掘工事的人。分：分为。积尺：立方尺。攻：指挖掘。④为期：约定日期。⑤已：完成。⑥启：先锋。⑦訾（zī）：评议，斥责。殿：落后。⑧再訾则废：两次被斥责为殿后者予以罢免。⑨内：指土内。内通：指挖通了到城内的地道。积：堆积。薪：干草。⑩燔（fán）：焚烧。⑪陷队之士：冲锋的战士。面：每一面。⑫知疾斗不得：此处断句不当，应断为"知疾斗，不得"。疾斗，速战速决。不得，指没有得到敌人的首级。⑬斩首队五人：此处断句有误，应断为"斩首。队五人"，"队五人"应属下句。队五人，不详。⑭死：指战死。一人后：指由战死者家中的一个人继承其爵位。⑮死之：指拼死战斗。⑯千人环：不详，一说"环"通"轘"，车裂，指在千人面前车裂。⑰规谏：规劝，指为不能拼死战斗的人求情。⑱黥（qíng）：刑名，亦称墨刑，在人脸上刺字并涂墨。劓（yì）：刑名，割掉鼻子。⑲中卒：中军的兵卒，是三军中的精锐部队。随：跟随。⑳将军为木壹：此处文字有误，"木壹"应作"木台"，指高台。㉑与国正监、与王御史参望之：和国家的正监、和王的御史共同瞭望。正监，官名，掌管监察之事。御史，官名，先秦时期为负责监察的史官。参，一同。㉒入：指入城。㉓几（jì）：通"冀"，希望。尽其几者：全部用自愿申请加入的人。㉔以：用。欲级：想晋级的人。益：补充。

弱民第二十

【题解】弱民，使民众弱，意为削弱民众对法令的抗拒力。

篇名取自篇首文字。本篇论述了强国之道在于"弱民"，即民众服从法令，能为国家所用，不抗法逞强，这样的国家就会强盛。作者认为，"以强去强者弱，以弱去强者强"，要用"使民众弱小的政策"，而不是用"使民众强悍的政策"去除不服从政令的强民。在坚决贯彻法治的大政方针下，文中阐述的"使民众服从法令的弱民政策"有：任奸不用善；利出一孔、奖励农战；以刑罚羞辱民众；清除"六虱"；摒弃空谈仁义；等等。而在治国的方略上，则应该是君主多谋而善变，但国家政策稳定、法度有常。蒙季甫认为，本篇及《说民》是《去强》篇的注文：本篇注释了《去强》的前半部分，《说民》注释了后半部分。诸篇可相互参阅。文中最后一段讲到商鞅死后的史事，且有部分文字与《荀子·议兵》相近。

民弱①，国强；国强，民弱②。故有道之国务在弱民③。朴则强④，淫则弱⑤。弱则轨⑥，淫则越志⑦。弱则有用⑧，越志则强⑨。故曰："以强去强者弱⑩，以弱去强者强⑪。"

[注释]①弱：力少，指民众对法令的抗拒力小。②国强，民弱：此处文字有误，"国强，民弱"应作"民强，国弱"。③有道之国：治理有方的国家。务：致力于。弱民：使民众弱。④朴：指民众朴实。强：指国家强盛。⑤淫：指民众放荡无节制。弱：指国家衰弱。⑥弱：指民弱。轨：守法。⑦越志：放纵，胡作非为。

⑧弱：指民弱。有用：为国所用，指服从法令。⑨强：强悍，指不服从法令。⑩以强去强者弱：用使民众强悍的政策去除不服从政令的强民，国家就会被削弱。以，用。强，前一个"强"字指使民众强悍的政策，即《去强》篇所说的"有礼有乐，有《诗》有《书》，有善有修，有孝有弟，有廉有辩""重赏轻罚"等；后一个"强"字指不服从政令的强悍之民。⑪以弱去强者强：用使民众弱小的政策去除不服从政令的强民，国家就会强盛。弱，指使百姓服从法令的弱民政策。强，前一个"强"字指不服从政令的强民；后一个"强"字指国家强盛。

民善之则亲，利之用则和，用则有任，和则匿，有任乃富于政①。上舍法②，任民之所善③，故奸多④。

[注释]①民善之则亲，利之用则和，用则有任，和则匿，有任乃富于政：民众，谁对他们好他们就亲近谁，谁使他们有利可图他们就与谁同心协力，为谋利而效命就会放任，与人一心就会替人隐瞒过失，民众放任就会妨碍政事。和，附和，指同心协力。任，放任。匿，虚假，指隐瞒过失。富，多于，指妨碍。②上：君主。舍：舍弃。法：法治。③任民之所善：迎合民众所喜欢的"善行"。任，任用。④奸：奸邪之人。

民贫而力富①，力富则淫②，淫则有虱③。故民富而不用④，则使民以食出各必有力⑤，则农不偷⑥。农不偷，六虱无萌⑦。故国富而民治，重强⑧。兵易弱难强⑨，民乐生安佚⑩；死，难；难正⑪。易之则强⑫。事有羞⑬，多奸⑭；寡赏⑮，无失⑯。多奸疑敌，失必利⑰。兵至强⑱，威；事无羞⑲，利。用兵久处利势⑳，必王㉑。故兵行敌之所不敢行㉒，强；事兴敌所羞为㉓，利。

[注释]①力富：有多余的力量，一说为努力致富。②淫：放纵。③虱：虱害，指社会弊病。④不用：指民众不能为国家所用。⑤则使民以食出各必有力：此处疑有脱文，似应作"则使民以食出官爵，各必有力"，意思是说，让民众用粮食捐买官爵，爵位的取得必须依靠他们自己的力量。⑥偷：偷懒。⑦六虱：六种虱害，即下文所说的"曰岁，曰食，曰美，曰好，曰志，曰行"。萌：发生。⑧重：更加。

⑨兵：军队。弱：削弱。强：增强。⑩乐生：贪生。安佚：安于享乐。⑪死，难；难正：民众将勇敢作战、拼死效命看做难事，国家就难以治理。死，为国家拼死效命。正，治理。⑫易之：把死看得容易，指作战勇敢，不怕死。强：指军队强大。⑬事：指战争。事有羞：对战争有羞耻感。⑭奸：指奸邪之人。⑮寡：少。寡赏：指不滥加赏赐，即下文所说的"利出一孔"。⑯失：过失。⑰多奸疑敌，失必利：文意不明，一说应断句为"多奸疑，敌失，必利"，意思是说，奸邪之人恐惧，敌人有过失，必定对我们有利。⑱至：极。⑲事无羞：指对敌作战没有羞耻感。⑳利势：有利的形势。㉑王：称王天下。㉒兵：军队。行：做。敌之所不敢行：敌人不敢做的事。㉓事：指战争。兴：做。敌所羞为：敌人认为可耻的事。

　　法有①，民安其次②；主变③，事能得齐④。国守⑤，安；主操权⑥，利。故主贵多变⑦，国贵少变⑧。

　　[注释] ①法有：法度存在，指国家实行法治。②次：等次。民安其次：民众安于自己的等级地位。③主：君主。变：指多谋善变。④齐：治。事能得齐：政事治理得当。⑤国守：指国家持守法度。⑥主：君主。操：掌握。权：权柄，权术。⑦主贵多变：君主贵在多谋而善于应变。⑧国贵少变：国家贵在稳定而法度有常。

　　利出一孔则国多物①，出十孔则国少物②。守一则治③，守十则乱。治则强，乱则弱。强则物来④，弱则物去⑤。故国致物则强⑥，去物则弱。

　　[注释] ①利出一孔：利禄只出于一个途径，指爵禄的赏赐只出自农战这一渠道。国多物：国家的物资多。②十：虚数，形容多。十孔：多种途径。③守一：指专心从事农战。治：治理得好。④物：物资。来：聚集。⑤去：流散。⑥致：招致。

　　民辱则贵爵①，弱则尊官②，贫则重赏③。以刑治民则乐用④，以赏战民则轻死⑤。故战事兵用曰强⑥。民有私荣则贱列卑官⑦，富则轻赏。治民羞辱以刑战，则战民畏死⑧。事乱而战⑨，故兵农怠而国弱⑩。农商官三者，国之常食官也⑪。农辟地⑫，商物⑬，官法民⑭。三官生虱六⑮，曰岁⑯，曰食⑰，曰美⑱，曰好⑲，曰志⑳，曰行㉑。六者有朴㉒，必削㉓。农有余食㉔，则薄燕于岁㉕。商有淫利㉖，有美好伤器㉗。官设而不用㉘，志行为卒㉙。六虱成俗㉚，兵必大败。

[注释]①辱：指处于屈辱的地位。民辱：民众处于屈辱的地位。贵爵：崇尚爵位。②弱：怯懦。尊官：尊敬官吏。③贫：贫穷。重赏：看重奖赏。④刑：刑罚。乐用：乐于被使用，指听从君主的役使。⑤以赏战民：用赏赐鼓励征战。轻：轻视。轻死：指作战勇敢，不怕死。⑥战事：战争有准备。兵用：军队可用，指军队勇敢善战。⑦私荣：私下的荣誉，指不从事农战而获得社会声誉。贱列：轻视爵位。卑官：鄙视官吏。⑧治民羞辱以刑战，则战民畏死：文意不详，一说此处应断句为"治民羞辱以刑，战则战"，意思是说，治理民众，用刑罚使其知道羞辱，有战争时，他们就会勇敢作战，"民畏死"属下句。⑨事乱：指政事昏乱。⑩怠：怠惰。⑪常食官：用以谋生的常规职业。一说"食"为衍文，"常食官"应作"常官"，即常规职业。⑫辟：开辟。农辟地：农民开垦土地。⑬商物：此处有脱文，"商物"应作"商致物"。致，取得、送达。商致物：商人贩卖货物。⑭法：治理。⑮三官：指"农商官"三种职业。生：产生。虱六：六种虱害。⑯岁：指农民怠惰使年岁歉收。⑰食：指农民因有余粮而大吃大喝。⑱美：指商人牟取暴利，推崇华美的东西。⑲好：指商人贩卖珍奇玩好。⑳志：指官员意志消沉，不肯为国出力。㉑行：指官员利用职权胡作非为。㉒朴：附着。六者有朴：六种虱害有所依附。㉓削：指国家被削弱。㉔余食：余粮。㉕薄：助词，无实意。燕：安。薄燕于岁：终年贪图安逸享乐。㉖淫：过度。淫利：暴利。㉗美好：指华美的奢侈品。伤器：指妨碍实用器物的流通和经营。㉘不用：指不肯为国家出力。㉙卒：众。志行为卒：指标榜高行异志的人众多。㉚成俗：形成风气。

法枉①，治乱②；任善③，言多④。治众⑤，国乱；言多，兵弱。法明⑥，治省⑦；任力⑧，言息⑨。治省，国治；言息，兵强。故治大⑩，国小⑪；治小⑫，国大⑬。

[注释]①枉：歪曲。②治：政治。乱：昏乱。③任善：任用空谈仁义道德的

所谓善人。④言：指空谈。⑤治众：政务繁杂。⑥法明：法度严明。⑦治省：政务简省。⑧任力：崇尚实力。⑨息：止息。⑩治大：指前文所说的"守十"，政治措施宏阔不经。⑪国小：国家弱小。⑫治小：指专心从事农战，整治措施简省。⑬国大：国家强大。

政作民之所恶①，民弱；政作民之所乐②，民强。民弱，国强；民强，国弱。故民之所乐，民强③。民强而强之④，兵重弱⑤。民之所乐，民强。民强而弱之，兵重弱⑥。故以强重弱⑦，弱重强⑧，王⑨。以强政强弱，弱存。以弱政弱强，强去。强存则弱，强去则王。故以强政弱，以弱政强，王也⑩。

[注释] ①作：推行。民之所恶：民众所厌恶的，指农战。②民之所乐：民众所喜欢的，指前文所言的"六虱"。③故民之所乐，民强：所以，民众喜欢的是自身强悍。④民强而强之：民众强悍而政策使他们更强悍。⑤兵：军队。重弱：弱上加弱。⑥民强而弱之，兵重弱：此处文字有误，"兵重弱"应作"兵重强"，意谓，民众强悍而采取弱民的政策使他们转弱，军队就强上加强了。⑦以强重弱：用国家的强加重民众的弱。⑧弱重强：民众的弱加重国家的强。⑨王：称王天下。⑩以强政强弱，弱存。以弱政弱强，强去。强存则弱，强去则王。故以强政弱，以弱政强，王也：此段文字错乱不通，一说应做"以强攻强，强存。以弱攻强，强去。强存则弱，强去则王。故以强攻强，弱；以弱攻强，王也"，意思是说，用使民众强悍的政策治理强悍的民众，强民仍然存在。用弱民的政策治理强悍的民众，强民就会消除。国家存在强民就会衰弱，消除强民就称王于天下。所以，用强民的政策治理强民，国家削弱；用弱民的政策治理强民，就能成就王业。

明主之使其臣也①，用必加于功②，赏必尽其劳③。人主能使其民信此如日月④，则无敌矣。今离娄见秋豪之末⑤，不能明目易人⑥；乌获举千钧之重⑦，不能以多力易人⑧；圣人在体性也⑨，不能以相易也⑩；今当世之用事者⑪，皆欲为上圣⑫，举法之谓也⑬。背法而治⑭，此任重道远而无马牛，济大川而无舡楫也⑮。今夫人众兵强，此帝王之大资也⑯；苟非明法以守之也⑰，与危亡为邻⑱。故明主察法⑲，境内之民无辟淫之心^⑳，游处之壬迫于战阵^㉑，万民疾于耕战^㉒。有以知其然也^㉓？楚国之民，齐疾而均^㉔，速若飘风^㉕。宛钜铁鉇^㉖，利若蜂虿^㉗。胁鲛犀兕^㉘，坚若金石^㉙。江、汉以为池^㉚，汝、颍以为限^㉛，隐以邓林^㉜，缘以方城^㉝。秦师至^㉞，鄢郢举^㉟，若振槁^㊱。唐蔑死于垂沙^㊲，庄蹻发于内^㊳，楚分为五^㊴。地非不大也，民非不众也，甲兵财用非不多也^㊵，战不胜，守不固^㊶，此无法之所生也^㊷。释权衡而操轻重者^㊸。

[注释] ①使：任用。②用：任命。加：赐给。功：功绩。加于功：授予有功绩的人。③尽：竭尽。劳：功劳。④信此如日月：相信这一点如同相信太阳和月亮一样。⑤离娄：传说为黄帝时人，视力极好。见：看见。秋豪：鸟兽在秋天新长出的细毛，指极为细小的东西。末：末梢。⑥不能明目易人：此处有脱文，应作"不能以明目易人"。易，交换。以明目易人，把好视力交换给别人。⑦乌获：秦武王时的大力士。秦武王是商鞅死后秦国的国君。钧：古代重量单位，一钧等于三十斤。千钧：比喻极大的重量。⑧多力：大力气。⑨体性：本性，指特有的品质。⑩相易：给予他人。⑪用事者：执政的人。⑫上圣：伟大的圣人。⑬举：行。举法之谓：是实行法治的原因。⑭背法：背离法度。⑮济：渡。大川：大河。舡（xiāng）：船。楫（jí）：船桨。⑯资：依托，资本。⑰苟：如果。明：严明。守：保持。⑱与危亡为邻：和危亡做邻居，即接近灭亡了。⑲察：明察。⑳辟：通"僻"，邪僻。淫：淫邪。㉑游处之壬迫于战阵：此处文字有误，"游处之壬"应作"游处之士"，指游说和隐居之士。迫，急迫。迫于战阵，迫不及待地上战场。㉒疾：快速，指积极从事。㉓有以知其然：有根据知道是这样的。㉔齐疾：指行动迅捷。均：齐整。㉕速：快速。飘风：旋风。㉖宛（wǎn）：楚国地名，战国时著名的铁产地，在今河南省南阳市。钜铁鉇（shī）：大铁矛。㉗利：锋利。蜂虿（chài）：指蜂尾的刺，蜂和虿都是有毒刺的螫虫。㉘胁：从腋下到肋骨的部分，这里指穿在身上。鲛：鲨鱼。犀：犀牛。兕（sì）：与犀牛类似的一种野兽，一说为雌犀牛。胁鲛犀兕：身穿鲨鱼皮、犀兕皮制成的铠甲。㉙坚：坚固。㉚江：长江。汉：汉水。池：这里指护城河。㉛汝：水名，源出河南鲁山，流经上蔡、汝南等地入淮河。颍：水名，源出河南登封，流经安徽阜阳入淮河。限：界限。㉜隐：隐蔽。邓：古地名，在今河南省邓州市附近。邓林：邓地的山林。㉝方城：春秋时楚国北部的长城。缘：边缘。㉞师：军队。㉟鄢（yān）：地名，春秋时楚国的别都，在今湖北省宜城

市附近。郢（yǐng）：地名，春秋时楚国的都城，在今湖北省荆州市附近。举：拔，攻破。㊱振：抖动。槁：枯叶。㊲唐蔑：一作唐昧，战国时楚国将领。楚怀王二十八年（公元前301年），秦与齐、魏、韩联兵伐楚，战于垂沙，唐蔑兵败被杀。垂沙：地名，在今河南唐河县。㊳庄蹻：战国时楚国人，著名的农民起义领袖，与跖齐名。发于内：在国内起兵造反。唐蔑兵败垂沙之后庄蹻发动起义，攻下郢都，楚国于是四分五裂。㊴分为五：分裂成五块。㊵甲兵：铠甲和兵器。财用：财物。㊶守：防守。㊷无法之所生：没有法度所产生的后果。㊸释：舍弃。权衡：秤。操：掂量。

御盗第二十一（阙）

外内第二十二

【题解】外，指国家的对外政策；内，指国家的对内政策。

本篇从内外政策的角度，重申了重农重战的基本国策。作者将战争归为"外事"，指出"民之外事莫难于战"。若想让民众投身于战争之中，第一，要加重奖赏，让奖赏重到"民见战赏之多则忘死"的地步；第二，加重刑罚，让刑罚重到"见不战之辱则苦生"的地步；第三，堵住空谈、巧辩、游宦、儒学的显扬之途。与此同时，作者将农耕归为"内事"，指出"民之内事莫苦于农"。若想让民众投身于农耕之中，要加重工商业的赋税、提高粮食价格。总括内外政策，作者认为，在国家治理上，君主要让兵、农得利："边利尽归于兵，市利尽归于农。""边利尽归于兵者强，市利尽归于农者富"，这样的国家就可以称王于天下了。

民之外事莫难于战①，故轻法不可以使之②。奚谓轻法③？其赏少而威薄④，淫道不塞之谓也⑤。奚谓淫道？为辩知者贵⑥，游宦者任⑦，文学私名显之谓也⑧。三者不塞，则民不战而事失矣⑨。故其赏少则听者无利也⑩，威薄则犯者无害也⑪。故开淫道而以轻法战之⑫，是谓设鼠而饵以狸也⑬，亦不几乎⑭！故欲战其民者必以重法⑮，赏则必多，威则必严，淫道必塞，为辩知者不贵，游宦者不任，文学私名不显。赏多威严，民见战赏之多则忘死，见不战之辱则苦生⑯。赏使之忘死而威使之苦生，而淫道又塞，以此遇敌⑰，是以百石之弩射飘叶也⑱，何不陷之有哉⑲？

[注释]①外事：对外事务。莫难于战：没有比战争更难的。②使：驱使，指驱使民众去作战。③奚：何，什么。谓：叫做。④赏：奖赏。威薄：指刑罚轻。⑤塞：堵塞。⑥辩知者：善于巧言辩说的人。贵：显贵。⑦游宦者：到处游说，谋求官职的人。任：被任用。⑧文学：精通文献典籍的人，指儒生。私名：有私人名声的人。显：显赫。⑨事：指战争。失：失败。⑩听者：指听从法令的人。利：好处。⑪犯者：指违反法令的人。无害：指没有受到应有的惩罚。⑫开：开启。战之：使民众作战。⑬设鼠：指设置器械诱捕老鼠。饵：诱饵。狸：猫。饵以狸：用猫做诱饵。⑭不几：没有希望。⑮战其民：使民众作战。⑯苦生：以生活为痛苦。⑰遇：迎，迎战。⑱石：古代重量单位，一石相当于一百二十斤。弩：古代兵器，一种利用机械力量射箭的强弓。百石之弩：用很大的力量才能拉开的强弩。⑲何不陷之有：即"有何不陷"，有什么攻不破的。

　　民之内事莫苦于农①，故轻治不可以使之②。奚谓轻治？其农贫而商富，故其食贱者钱重③。食贱则农贫，钱重则商富；末事不禁④，则技巧之人利而游食者众之谓也⑤。故农之用力最苦，而赢利少，不如商贾技巧之人。苟能令商贾技巧之人无繁⑥，则欲国之无富不可得也⑦。故曰：欲农富其国者⑧，境内之食必贵，而不农之征必多⑨，市利之租必重⑩。则民不得无田⑪。无田，不得不易其食⑫。食贵则田者利⑬，田者利则事者众⑭。食贵，籴食不利⑮，而又加重征⑯，则民不得无去其商贾技巧而事地利矣⑰。故民之力尽在于地利矣。

[注释]①内事：对内的事务。莫苦于农：没有比务农更辛苦的。②使：指驱使民众务农。③食：粮食。贱：价格低。重：贵重。钱重：金钱贵，即货币的购买力强，钱更值钱了。④末事：指工商业、手工业。禁：禁止。⑤技巧之人：手艺人。利：得利。游食者：靠巧言游说混饭吃的人。众：多。⑥苟：如果。商贾（gǔ）：商人。繁：多。⑦欲国之无富：想要国家不富裕。不可得：是不可能的。⑧农富其国：依靠农业富国。⑨征：徭役赋税。不农之征：对不从事农业生产者所征收的徭役赋税。⑩市：市场。市利：在市场上获得的利益。租：税。市利之租：商贸税。⑪无田：不种田。⑫易：交易。易其食：购买自己的口粮。⑬田者利：种田的人获

利。⑭事者：指从事农业生产的人。⑮籴（dí）食：买粮食。不利：不合算。⑯加重征：加重赋税。⑰民不得无去其商贾技巧而事地利：民众就不得不放弃商业、手工业而从事农业生产。去，离开。地利，从土地上获利。

　　故为国者①，边利尽归于兵②，市利尽归于农③。边利尽归于兵者强，市利尽归于农者富。故出战而强④，入休而富者王也⑤。

　　[注释] ①为：治理。②边利：边境上获得的利益，指战利品和关口的税收。兵：士兵。③市利：在市场上获得的利益，一说为内事之利。农：农民。④出战：出兵打仗。⑤入休：回国休整，指没有战争。王：称王天下。

君臣第二十三

【题解】君臣，君主和臣民，指二者之间的关系。

篇名取自篇首文字。本篇是进献给秦王的书奏，作者在文中以"臣"自称，曰"臣闻道民之门"等。在君臣关系方面，作者从"古者未有君臣上下之时，民乱而不治"，论证了上下等级差别在治国治民中的必要性和正确性。君主"缘法而治，按功而赏"；五官则严守自己的职分，按法令行事。在君民关系方面，"民之于利也若水于下也，四旁无择也"，君主要充分利用人性的好利，杜绝"瞋目扼腕而语勇者""垂衣裳而谈说者""迟日旷久积劳私门者"无功受禄的现象，令奖赏只出于农战，民众才会勤劳耕作、拼死作战。这两方面的关系，都以法令和对法令的坚决执行为保障。"明主慎法制，言不中法者不听也，行不中法者不高也，事不中法者不为也"，这样的国家政治清明、兵强而主尊，是政治的最高境界。本文的历史观与《开塞》《画策》相同。

古者未有君臣上下之时①，民乱而不治②。是以圣人列贵贱③，制爵位，立名号④，以别君臣上下之义⑤。地广民众万物多，故分五官而守之⑥。民众而奸邪生⑦，故立法制为度量以禁之⑧。是故有君臣之义，五官之分，法制之禁，不可不慎也⑨。处君位而令不行则危⑩，五官分而无常则乱⑪，法制设而私善行则民不畏刑⑫。君尊则令行⑬，官修则有常事⑭，法制明则民畏刑。法制不明而求民之行令也⑮，不可得也。民不从令而求君之尊也，虽尧、舜之知不能以治⑯。

[注释] ①君臣上下：指君臣上下的等级差别。②不治：没有秩序。③是以：因此。列：划分。④立：建立。名号：名称，称号。⑤君臣上下之义：君臣上下的等级关系。⑥分：分别设置。五官：执掌政事的五种高级官职，指司徒、司马、司空、司事、司寇。守：掌管。⑦奸邪：指奸邪的事情。⑧立：设立。法制：法律制度。为：制作。度量：即度量衡。⑨慎：慎重。⑩令不行：命令行不通。⑪常：规律，法则。⑫私善：徇私情的善行。行：通行。⑬君尊：指君主尊贵，有威严。⑭修：整饬。官修：指吏治清明。有常事：指为政有一定之规，依法办事。⑮求：要求。⑯虽：即使。知：智慧。以：用，依靠。不能以治：不能治理得好。

明主之治天下也①，缘法而治②，按功而赏。凡民之所疾战不避死者③，以求爵禄也。明君之治国也，士有斩首捕虏之功④，必其爵足荣也⑤，禄足食也⑥。农不离廛者⑦，足以养二亲⑧，治军事⑨，故军士死节而农民不偷也⑩。今世君不然⑪，释法而以知⑫，背功而以誉⑬，故军士不战而农民流徙⑭。臣闻道民之门⑮，在上所先⑯。故民可令农战⑰，可令游宦⑱，可令学问⑲，在上所与⑳。上以功劳与则民战㉑，上以《诗》、《书》与则民学问㉒。民之于利也若水于下也㉓，四旁无择也㉔。民徒可以得利而为之者㉕，上所与也。瞋目扼腕而语勇者得㉖，垂衣裳而谈说者得㉗，迟日旷久积劳私门者得㉘。尊向三者㉙，无功而皆可以得㉚。民去农战而为之㉛，或谈议而索之㉜，或事便辟而请之㉝，或以勇争之㉞，故农战之民日寡而游食者愈众㉟。则国乱而地削，兵弱而主卑。此其所以然者，释法制而任名誉也㊱。故明主慎法制㊲，言不中法者不听也㊳，行不中法者不高也㊴，事不中法者不为也。言中法，则辩之㊵；行中法，则高之；事中法，则为之。故国治而地广，兵强而主尊。此治之至也㊶。人君者不可不察也。

[注释] ①明主：明君。②缘：循，按照。③疾：急。疾战：积极作战。④斩首：斩获敌人首级。捕虏：捕获俘虏。功：功劳。⑤必其爵足荣：一定让他的爵位足够荣耀。⑥禄足食：俸禄足够食用。⑦廛（chán）：住宅。⑧养：奉养。二亲：即父母。⑨治军事：供给军需物资。⑩死节：为国效死。偷：怠惰。⑪然：这样。⑫释：抛弃。以：用，依靠。知：智慧，指个人的智谋。⑬背：舍弃。誉：声誉，

指虚名。⑭故军士不战而农民流徒：此处文字有误，"流徒"应作"流徙"。流，流失。徙，迁徙。⑮道：通"导"，引导。门：途径。⑯上：君主。先：放在首位。上所先：君主所提倡的。⑰令：使。农战：务农作战。⑱游宦：游说求官。⑲学问：这里指做学问。⑳在上所与：在于君主利用奖赏手段的引导。与：给予，这里指奖赏。㉑以：根据。上以功劳：指国君根据战功进行赏赐。㉒上以《诗》、《书》与则民学问：此处断句不当，应断为"上以《诗》、《书》与，则民学问"。《诗》、《书》，泛指文献典籍，这里指研读文献典籍的水平。学问，指致力于做学问。㉓于：对于。民之于利：指人们对利益的追求。下：向下。㉔四旁：四方。无择：没有选择，这里指不选择方向。㉕徒：白白地，徒然。为：做。㉖瞋（chēn）目：瞪大眼睛，形容发怒的样子。扼腕：用手握住手腕，形容情绪激动。语勇者：指勇武的人。得：获得，指得利。㉗垂衣裳：穿着宽大的衣服，形容无所事事的轻松样子。谈说者：空言谈说的人。㉘迟：久。旷：远。迟日旷久：旷日持久。积：累积。私门：指权贵之家。积劳私门：长期效力于豪门权贵。㉙尊：尊崇。向三者：以上三种人。㉚得：指获得奖赏。㉛去：弃。之：它们，指以上三种人所做的事。㉜谈议：指空谈。索：寻求。㉝事：侍奉。便（pián）辟（bì）：靠献媚奉承、玩弄手腕而得到国君宠信的人。请：求。㉞以：依靠，凭借。勇：勇武。㉟日：一天天。寡：少。游食者：四处游荡混饭吃的人。㊱释：放下，舍弃。任：信任。名誉：名望，这里指虚名。㊲慎：重视。㊳中：符合。听：听信。㊴行：行为。高：推崇。㊵辩之：听信他的辩言。㊶至：极，最。治之至：政治的最高境界。

禁使第二十四

【题解】禁，禁止；使，驱使。

篇名取自篇首文字。本篇是进献给秦王的书奏，作者在文中以"臣"自称，曰"臣以为不然"等。国君用来限制和役使臣下的手段，一为赏；一为罚，但其中还有势和术的问题，这是本文论述的重点。势是客观形势；术是统治手段。在借助势和运用术的方面，作者指出，君主不能依靠官多吏众，使其相互监督和牵制。"吏虽众，同体一也。夫同体一者相不可。"虽然朝廷的官吏众多，而且还设置丞和监这样的监察之官，但丞和监也会想谋取私利，所以，让利益一致的官吏们相互监督还是很难制止和杜绝腐败的。对此，作者以马和马夫作比喻，提出让"利异而害不同者""事合而利异者"相互监督的观点：如果马能说话，马夫的罪恶便无可隐瞒；只有利害关系不同的人，才能有效地相互监督。文章运用了排比、比喻等修辞手法，如"今夫飞蓬遇飘风而行千里，乘风之势也。探渊者知千仞之深，县绳之数也。故托其势者虽远必至，守其数者虽深必得"等，说理透彻、气韵生动。

人主之所以禁使者^①，赏罚也。赏随功^②，罚随罪。故论功察罪不可不审也^③。夫赏高罚下而上无必知其道也，与无道同也^④。凡知道者，势数也^⑤。故先王不恃其强而恃其势^⑥，不恃其信而恃其数^⑦。今夫飞蓬遇飘风而行千里^⑧，乘风之势也^⑨。探渊者知千仞之深^⑩，县绳之数也^⑪。故托其势者虽远必至^⑫，守其数者虽深必得^⑬。今夫幽夜^⑭，山陵之大而离娄不见^⑮；清朝日颛^⑯，则上别飞鸟^⑰，下察秋豪^⑱。故目之见也，托日之势也⑲。得势之至⑳，不参官而洁㉑，陈数而物当㉒。今恃多官众吏㉓，官立丞、监㉔。夫置丞立监者，且以禁人之为利也㉕，而丞、监亦欲为利㉖，则何以相禁㉗。故恃丞、监而治者㉘，仅存之治也㉙。通数者不然也㉚，别其势㉛，难其道㉜。故曰：其势难匿者㉝，虽跖不为非焉㉞。或先王贵势㉟。

[注释]①人主所以禁使者：国君用来限制和役使臣下的手段。禁，禁止。使，驱使。②随：跟随，这里指按照。③审：审慎。④夫赏高罚下而上无必知其道也，与无道同也：国君奖赏功劳、惩罚罪过但不确切知道其中的原则和道理，那和没有原则、道理是一样的。高，指功劳。下，指罪过。道，原则、法度。⑤凡知道者，势数也：凡事懂得法度，就是懂得客观形势和治国方略。势，客观形势、趋势。数，术，即方法、手段。⑥先王：前代君王，指前代的圣贤之君。恃：依靠。⑦信：诚信。⑧飞蓬：多年生草本植物，花似柳絮，随风而飞。飘风：暴风、旋风。⑨乘：凭借。势：力量。⑩探：探测。渊：深潭。仞：古代长度单位，一仞为七尺或八尺。⑪县：同"悬"，垂挂。县绳之数：悬挂绳子测量深度的方法。⑫托：依靠。其势：指暴风的力量。⑬守：掌握。其数：指悬挂绳子测量深度的方法。⑭幽：深。⑮离娄：即离朱，传说为黄帝时人，视力极好。见：看见。⑯清朝（zhāo）：晴朗的早晨。日：太阳。端（tuān）：明亮。⑰上：向上。别：辨别。⑱下：向下。察：分辨。秋豪：鸟兽在秋天新长出的细毛，指极为细小的东西。⑲势：力量，这里指太阳的光芒。⑳至：极致。㉑参：多而杂。参官：指多设官吏以相互监督、牵制。洁：廉洁。㉒陈：施。陈数：施展治国方略。物：事务。当：得当。物当：指政事治理得当。㉓多官众吏：官多吏众。㉔官立丞监：官吏中设置了丞和监。立，设立。丞，官名，应是辅佐正职的官吏。监，官名，监察官。㉕禁：禁止。为利：指牟取私利。㉖亦欲为利：也想牟取私利。㉗何以：以何，依靠什么。㉘恃丞、监而治者：仅仅依靠设丞置监来治理国家。㉙仅存之治：使国家仅仅能够存在的治理方法。㉚通数者：精通治国方略的人。㉛别其势：分别规定官吏各自不同的权限。㉜其道：指"为利"之道。难其道：难以找到牟取私利的途径。㉝匿：隐藏。其势难匿者：其权势难以隐匿私利时。㉞跖（zhí）：原名展雄，又名柳下跖、柳展雄，相传为春秋战国之际的奴隶起义领袖，被历代统治者诬为"盗跖"和"桀跖"。为非：做坏事。㉟或先王贵势：此处文字有误，"或"应作"故"。贵，重视。

或曰：人主执虚后以应①，则物应稽验②，稽验则奸得③。臣以为不然。夫吏专制决事于千里之外④，十二月而计书以定事，以一岁别计而主以一听见所疑焉，不可，蔽员不足⑤。夫物至则目不得不见，言薄则耳不得不闻⑥；故物至则变⑦，言至则论⑧。故治国之制⑨，民不得避罪如目不能以所见遁心⑩。今乱国不然，恃多官众吏⑪。吏虽众，同体一也⑫。夫同体一者相不可⑬。且夫利异而害不同者⑭，先王所以为保也⑮。故至治⑯，夫妻交友不能相为弃恶盖非而不害于亲⑰，民人不能相为隐⑱。上与吏也⑲，事合而利异者也⑳。今夫骀、虞以相监㉑，不可，事合而利异者也㉒。□□□□□□□□□□□□□若使马马能焉㉓，则骀、虞无所逃其恶矣㉔，利异也。利合而恶同者㉕，父不能以问子㉖，君不能以问臣。吏之与吏，利合而恶同也。夫事合而利异者，先王之所以为端也㉗。民之蔽主而不害于盖㉘，贤者不能益㉙，不肖者不能损㉚。故遗贤去知㉛，治之数也㉜。

[注释] ①执：持，用。虚：空，指摒除主观意念。后：落在后面，指不预先考虑，没有主观成见。应：回应，对待。②物：事物。应：受到。稽验：核查。③奸：奸邪，指坏人坏事。得：获得，指被抓住。④专制：独自掌管政务。决事：决断政事。⑤十二月而计书以定事，以一岁别计而主以一听见所疑焉，不可，蔽员不足：此处断句有误，应断作"十二月而计书以定，事以一岁别计而主以一听，见所疑焉，不可蔽，员不足"。此句意谓，每年十二月，送呈国君的民户和财赋账簿已经写定，地方官一年登记、汇报一次，国君一年听取一次，国君即使对其有所怀疑也无法决断，因为证据不足。计书，地方官员向国君呈报的赋税档案。以，通"已"。别，分别。听，听取。蔽，决断。员，物的数量，指证据。⑥薄：通"迫"，靠近。⑦物至则变：事物来到面前就能分辨清楚。变，通"辨"。⑧论：论定。⑨治国：治理得好的国家。制：法制。⑩避罪：掩盖罪行。遁：逃避。如目不能以所见遁心：就像眼睛不能将看到的东西避过心灵一样。⑪恃：依靠。多官众吏：官多吏众。⑫同体一：指利益一致。⑬相不可：指不能够相互监督。⑭利异而害不同：利害关系不同。⑮先王：前代君王，指前代的圣贤之君。保：担保，指连坐。⑯至治：最好的政治。⑰交友：朋友。弃恶盖非：包庇、掩盖罪过。不害于亲：不被亲近的关系所妨碍。⑱隐：指隐瞒罪过。⑲上：国君。⑳事合而利异：做的事情

一致而利益不同。㉑驺（zōu）：古代养马、驾车的官。虞：古代养鸟兽的官。相监：相互监督。㉒事合而利异者也：此处文字有误，"利异"应作"利同"，意谓，他们所做的事情一致而利益也相同。㉓若使马马能焉：此处文字有误，疑作"若使马、焉能言"。焉，小鸟。一说应作"若使马能言"。㉔驺虞无所逃其恶矣：养马和掌管鸟兽的官就无法逃避他们的罪责。㉕利合而恶同：利益一致而罪恶相同。㉖问：责问。㉗端：出发点。㉘民之蔽主而不害于盖：民众蒙蔽国君，而国君却不为其所蔽。蔽，蒙蔽。盖，即蔽。不害于盖，不被蒙蔽。㉙益：增益。㉚损：减损。㉛遗贤去知：抛弃贤人，摒除智者。㉜数：方法。治之数：治理国家的方法。

慎法第二十五

【题解】慎法，意为严格遵守国家法令。

本篇是进献给秦王的书奏，作者在文中以"臣"自称，曰"臣故曰：法任而国治矣"等。朋党是官场的痼疾；农战是世间最艰辛的事情，作者在剖析了当时"凡世莫不以其所以乱者治，故小治而小乱，大治而大乱"的乱象之后指出，君主要处理好这两件国家大事，必须任法而治。造成"小治而小乱，大治而大乱"的原因，在于国家举贤能、任辩慧、进仁义。"世之所谓贤者，言正也"，但正直善良的名声来自他们的党羽。国家任用一个这样的人，臣民就会背叛国君、结党营私。如果仅靠发表空洞的仁义之论，凭借机巧就能获得显荣，那么，就没有人致力于农战。这样的国家必定衰败。因此，文中再次申论了"劫以刑而驱以赏""破胜党任，节去言谈，任法而治矣"的"霸王之道"，陈说"有明主忠臣产于今世而散领其国者，不可以须臾忘于法"的大政方针。

凡世莫不以其所以乱者治①，故小治而小乱②，大治而大乱。人主莫能世治其民③，世无不乱之国。奚谓以其所以乱者治④？夫举贤能⑤，世之所治也⑥，而治之所以乱⑦。世之所谓贤者，言正也⑧；所以为善正也，党也⑨。听其言也，则以为能⑩；问其党⑪，以为然；故贵之不待其有功⑫，诛之不待其有罪也⑬；此其势正使污吏有资而成其奸险⑭，小人有资而施其巧诈⑮。初借吏民奸诈之本⑯，而求端悫其末⑰，禹不能以使十人之众⑱，庸君安能以御一国之民⑲？彼而党与人者⑳，不待我而有成事者也㉑。上举一与民㉒，民倍主位而向私交㉓。民倍主位而向私交，则君弱而臣强。君人者不察也㉔，非侵于诸侯㉕，必劫于百姓㉖。彼言说之势㉗，愚知同学之㉘；士学于言说之人㉙，则民释实事而诵虚词㉚。民释实事而诵虚词，则力少而非多㉛。君人者不察也，以战㉜，必损其将㉝；以守，必卖其城㉞。故有明主忠臣产于今世而散领其国者㉟，不可以须臾忘于法㊱。破胜党任㊲，节去言谈㊳，任法而治矣㊴。使吏非法无以守㊵，则虽巧不得为奸㊶。使民非战无以效其能㊷，则虽险不得为诈㊸。夫以法相治㊹，以数相举者不能相益㊺，訾言者不能相损㊻；民见相誉无益㊼，相管附恶㊽。见訾言无损，习相憎不相害也㊾。夫爱人者不阿，憎人者不害，爱恶各以其正㊿，治之至也[51]。臣故曰：法任而国治矣[52]。

[注释] ①世：当代。莫不：没有不。以：用。所以乱者：导致混乱的做法。治：治理。②小治：小规模治理。③人主：国君。莫：没有谁。世：父子相继为一世。世治：世代统治。④奚：什么。谓：叫做。⑤举：任用。⑥世之所治：现今治理国家的方法。⑦治之所以乱：政治混乱的原因。⑧正：确定。言正：以言语论定。⑨所以为善正也，党也：此处文字有误，应作"所以为善也，党正也"。党，同党。党正，由同党吹捧论定。⑩能：贤能。⑪问：询问。⑫贵：重用。待：等待。⑬诛：惩处。⑭势：情形。污吏：贪官污吏。资：条件。成：完成。奸险：指阴险奸诈的勾当。⑮施：施展。巧：机巧。诈：狡诈。⑯初：一开始。借：给予。本：根源。⑰求：要求。悫（què）：忠厚。末：末端。端悫其末：在其后端正、忠厚。⑱禹：姒姓，夏代的第一个君主，因治水有功，被后世尊称为大禹。以使：以此役使。十人之众：十个人的团体。⑲庸君：平庸的君主。安能：怎能。御：统治。⑳彼：那些。党与人者：和别人结党的人。㉑待：依靠。我：指执政者。成事：办成事情。㉒上：国君。举：任用。一：一人，指结党的人。与：于。㉓倍：通"背"，背离。主位：君主的权位，代指国君。向：倾向。私交：私人交往，结党营私。㉔察：明察。㉕非：不是。侵于诸侯：受到诸侯的侵犯。㉖劫于百姓：被百姓劫持。㉗势：力量。言说之势：巧言辩说的势力。㉘愚：愚昧的人。知：聪明的人。同：共同。㉙士：士人。㉚释：放弃。实事：指农战。诵：念诵。虚词：空洞的言论。㉛力：实力。非：非议。㉜以战：用这样的臣民去打仗。㉝损：损失。㉞卖：出卖。㉟故有明主忠臣产于今世而散领其国者：此处文字有误，"而散领其国者"应作"而欲领其国者"。产，出现。领，统领。㊱须臾：片刻。㊲破：破除。胜：战胜。党：

结党营私。任：相互保举。㊳节：节制。去：去除。言谈：空谈。㊴任法：实行法治。治：治理得好。㊵守：奉行。㊶巧：奸猾。为奸：做坏事。㊷战：作战。效：献出，发挥。能：才能。㊸险：险恶。为诈：诈骗。㊹以：用。相治：治理国家。㊺以数相举者不能相益：此处文字有脱，应作"以数相举，誉者不能相益"。数，规律。以数相举，按规定任用官吏。誉，称誉、吹捧。相益，使其得到好处。㊻訾（zǐ）：诽谤。相损：损害对方。㊼相誉：互相吹捧。㊽相管附恶：此处文字有误，应作"习相爱不相阿"，意谓，形成对相爱者不徇私、不偏袒的风气。习，风气。阿（ē）：徇私、偏袒。㊾相憎：相互憎恨的人。不相害：不相互陷害。㊿正：正当。五一至：极。治之至：政治的最高境界。五二任：使用。

千乘能以守者自存也①，万乘能以战者自完也②，虽桀为主③，不肯诎半辞以下其敌④。外不能战⑤，内不能守⑥，虽尧为主⑦，不能以不臣谐所谓不若之国⑧。自此观之，国之所以重⑨，主之所以尊者⑩，力也⑪。于此二者力本⑫，而世主莫能致力者⑬，何也？使民之所苦者无耕⑭，危者无战⑮。二者⑯，孝子难以为其亲⑰，忠臣难以为其君。今欲驱其众民⑱，与之孝子忠臣之所难⑲，臣以为非劫以刑而驱以赏莫可⑳。而今夫世俗治者莫不释法度而任辩慧㉑，后功力而进仁义㉒，民故不务耕战㉓。彼民不归其力于耕㉔，即食屈于内㉕；不归其节于战㉖，则兵弱于外。入而食屈于内，出而兵弱于外，虽有地万里，带甲百万㉗，与独立平原一贯也㉘。且先王能令其民蹈白刃㉙，被矢石㉚，其民之欲为之㉛，非如学之㉜，所以避害㉝。故吾教令民之欲利者非耕不得㉞，避害者非战不免㉟，境内之民莫不先务耕战而后得其所乐㊱。故地少粟多㊲，民少兵强。能行二者于境内，则霸王之道毕矣㊳。

[注释]①千乘：拥有一千辆兵车的国家，春秋时期指中等诸侯国。守：防守。自存：保全自己。②万乘：拥有上万辆兵车的国家，指大诸侯国。战：征战。自完：巩固自己。③桀：名癸、履癸，夏朝最后一个帝王，历史上著名的暴君。主：君主。④诎（qū）：屈服。诎半辞：说半句屈服的话。下：低于。下其敌：向敌人投降。⑤外：对外。⑥内：对内。⑦尧：传说中的古代帝王，代指明君。⑧不能以不臣谐所谓不若之国：不能不向强暴的国家屈服讲和。臣，臣服。谐，协调，这里指讲和。

若，善。⑨重：被看重。⑩尊：被尊重。⑪力：实力。⑫于：对于。此二者：指国家被看重、君主被尊重。力本：获得实力的根本。⑬世主：当代的君主。莫能：未能。致力：尽力获得。⑭所苦者：感到劳苦的事。无耕：莫过于耕田。⑮危者：感到危险的事。无战：莫过于打仗。⑯二者：指耕田、打仗。⑰为其亲：指为父母亲做耕田、打仗这两件事。⑱驱：驱使。⑲与：给予。与之：交给他们做。孝子忠臣之所难：孝子忠臣难以做到的事。⑳劫：劫持。劫以刑：用刑罚逼迫。驱以赏：以奖赏驱使。莫可：不可。㉑世俗治者：一般的治国者。释：抛弃。任：任用。辩：巧辩。慧：智谋。㉒后：轻视。功力：功劳和实力。进：提倡。㉓故：因此。务：致力于。㉔归：聚集。㉕食：粮食。屈：匮乏。内：指国内。㉖节：气节。㉗带甲：身披铠甲，指战士。㉘独立平原：独自站在平原上，指孤独无助。一贯：一样。㉙先王：前代君王，指前代的圣贤之君。蹈：奔向。白刃：锋利的刀剑。㉚被：迎向。矢：箭。㉛欲：愿意。为：做。㉜非如学之：此处文字疑似有误，"非如学之"应作"非好之"，意思是说，不是他们喜欢这样。㉝所以避害：用来避免刑罚。㉞故吾教令民之欲利者非耕不得：此处断句不当，应断为"故吾教令：民之欲利者非耕不得"。欲利，想要得到利益。耕，耕田。㉟害：指刑罚。㊱务：从事。得其所乐：得到他们喜好的东西。㊲粟：谷子，泛指粮食。㊳霸王之道：称王称霸的途径。毕：完成。

定分第二十六

【题解】定，确定；分，名分。

本篇记述了秦孝公与商鞅君臣二人关于执法和普法等事宜的问答。孝公想让朝廷的法令第二天就传达到全国各地，并严格执行没有任何偏私，问商鞅该如何做，商鞅从法官的设置以及法令的制定、颁布、推广、解释、咨询和保管等方面建议："为法令，置官吏""各主法令之"；"法令皆副置。一副天子之殿中"；"天子置三法官""吏民知法令者，皆问法官"等。商鞅以田野的兔子和市场的兔子做比喻，阐发了名分的重要性。设置专门的法官向民众普及法令，"以法为治""以吏为师"的目的，就是确定名分，从而制止抢夺和纷争。民众人人知法、守法，"万民皆知所避就，避祸就福而皆以自治也"，则天下大治。文中所言的"丞相""以吏为师"等职官和制度是商鞅身后之事，可知本篇并非商鞅所著，应为后人追记。

公问于公孙鞅曰①："法令以当时立之者②，明旦欲使天下之吏民皆明知③，而用之如一而无私④，奈何?"公孙鞅曰：为法令⑤，置官吏朴足以知法令之谓者⑥，以为天下正⑦，则奏天子⑧。天子则各主法令之⑨。皆降⑩，受命发官⑪，各主法令之⑫。民敢忘行主法令之所谓之名，各以其忘之法令名罪之⑬。主法令之吏有迁徒物故⑭，辄使学读法令所谓⑮。为之程式⑯，使日数而知法令之所谓⑰。不中程⑱，为法令以罪之⑲。有敢剟定法令一字以上⑳，罪死不赦㉑。诸官吏及民有问法令之所谓也于主法令之吏㉒，皆各以其故所欲问之法令明告之㉓，各为尺六寸之符㉔，明书年、月、日、时，所问法令之名以告吏民㉕。主法令之吏不告及之罪而法令之所谓也，皆以吏民之所问法令之罪各罪主法令之吏㉖。即以左券予吏之问法令者㉗，主法令之吏谨藏其右券㉘，木押以室藏之㉙，封以法令之长印㉚。即后有物故㉛，以券书从事㉜。法令皆副置㉝。一副天子之殿中㉞。为法令为禁室，有铤钥为禁而以封之㉟。内藏法令㊱。一副禁室中，封以禁印。有擅发禁室印㊲，及入禁室视禁法令㊳，及禁剟一字以上㊴，罪皆死不赦。一岁受法令以禁令㊵。天子置三法官：殿中置一法官，御史置一法官及吏㊶，丞相置一法官。诸侯郡县皆各为置一法官及吏㊷，皆此秦一法官㊸。郡县诸侯一受宝来之法令㊹，学问并所谓㊺。吏民知法令者㊻，皆问法官。故天下之吏民无不知法者。吏明知民知法令也，故吏不敢以非法遇民㊼，民不敢犯法以干法官也㊽。遇民不修法㊾，则问法官㊿，法官即以法之罪告之○51。民即以法官之言正告之吏○52，吏知其如此，故吏不敢以非法遇民，民又不敢犯法。如此，天下之吏民虽有贤良辩慧○53，不能开一言以枉法○54。虽有千金○55，不能以用一铢○56。故知诈贤能者皆作而为善○57，皆务自治奉公○58。

[注释] ①公：秦孝公。②以：在。当时：今天。立：确立。③且：早晨。明知：明白地了解。④用：使用，指执行。如一：一致。无私：没有偏私。⑤为：设置。⑥置：设置。朴：资质。知法令之谓者：通晓法令的人。⑦正：长官。⑧奏：上报。⑨各：分别。主法令之：指让那些通晓法令的人主管法令。⑩降：走下台阶。⑪受命：接受任命。发官：赴任。⑫各主法令之：此处断句有误，"各主法令之"应属下句。⑬民敢忘行主法令之所谓之名，各以其忘之法令名罪之：此处断句有误，"各主法令之"应属本句，为"各主法令之民敢忘行主法令之所谓之名，各以其忘之法令名罪之"。此句意谓，每个主管法令的人，如果有谁胆敢擅自违反他所掌管的法令条文，就用他所违反的法令惩罚他。主，主管。名，条文。罪，惩罚。忘：通"妄"，乱。⑭主法令之吏有迁徙物故：此处文字有误，"迁徒"应作"迁徙"。主法令之吏，掌管法令的官吏。迁徙，调动。物故，死亡。⑮辄：就。使：使之，指接任者。学：学习。读：诵读。法令所谓：法令的内容。⑯为之：给他。程式：规定，这里指做出规定。⑰日数：天数，指在一定期限内。知：通晓。⑱中：合乎。程：期限。不中程：没有在规定期限内完成。

⑲为：制定。罪：惩罚。⑳剟（duō）：删改。㉑罪死：处以死刑。㉒诸：众。问：询问。㉓故：原来。明告之：明白地告诉他们。㉔为：制作。尺六寸：一尺六寸长。符：古代官府的凭证，上刻文字，分为左右两半，验证时将两半相合，以分辨真假。㉕明书年、月、日、时，所问法令之名以告吏民：写明年、月、日、时，将所问法令的内容告诉给询问的官吏和民众。明，明确。书，书写。吏民，指询问法令内容的官吏和民众。㉖主法令之吏不告及之罪而法令之所谓也，皆以吏民之所问法令之罪各罪主法令之吏：此处断句不当，应作“主法令之吏不告，及之罪，而法令之所谓也，皆以吏民之所问法令之罪，各罪主法令之吏”，意谓，如果主管法令的官吏不予告知，等到来询问的民众犯了罪，并且正好犯了他所询问的那一条，就按这条法令的规定，分别惩处主管法令的官吏。㉗即：当时，指答复询问的时候。左券：指“符”的左半片。予：给。吏之问法令者：指询问法令的人。㉘谨：小心地。右券：指“符”的右半片。㉙木押以室藏之：放在木匣里，在内屋保存。押，通“匣”。㉚法令之长：主管法令的长官。㉛物故：指当事人死亡。㉜以：按照。从事：办理。㉝副置：设置副本。㉞一副：一个副本。㉟为法令为禁室，有铤钥为禁而以封之：给法令专设一个禁室，有钥匙，用封条封存起来。铤钥，钥匙。为禁，制作封条。㊱内，通“纳”，收藏。㊲擅：擅自。发：开启。㊳视：这里指偷看。㊴及禁剟一字以上：此处文字有误，“禁剟”应作“剟禁”。剟禁，删改禁令。㊵一岁：每年一次。受：同“授”，颁布。受法令以禁令：按照禁室所藏的禁令颁布法令。㊶御史：官名，掌管文书、记事、监察官吏。吏：这里指法吏。㊷各为：即各为之，指“诸侯、郡、县”。㊸皆此秦一法官：此处文字有误，一说应作“皆比秦一法官”，意谓，诸侯、郡、县法官的设置都比照秦都的法官；一说应作“皆此奉一法官”，意谓，诸侯、郡、县都听命于朝廷中的一个法官。㊹郡县诸侯一受宝来之法令：此处文字有误，一说“宝来之法令”应作“禁室之法令”；一说“宝来之法令”应作“赍来之法令”。受，接受。赍，送。㊺学问并所谓：此处文字有误，“并”应作“其”。学：学习。问：询问。其所谓：法令的内容。㊻吏民知法令者：此处有脱文，应作“吏民欲知法令者”。㊼遇：对待。㊽干：触犯。㊾遇民不修法：指官吏对待民众时，不遵循法令的规定。修，遵循。㊿则问法官：指民众可以向法官询问。(51)法之罪：法令规定的罪名。告之：指告知民众。(52)正告：严正地告诉。正告之吏：警告官吏。(53)辩：善辩。慧：聪明狡诈。(54)开一言以枉法：开口说出一句歪曲法令的话。(55)金：古代货币单位，秦代以二十两为一金。千金：形容十分富有。(56)铢：古代重量单位，

二十四铢为一两。不能以用一铢：指不能用一铢钱去行贿、违法。(57)知诈：聪明，巧诈。作：起来。为善：做好事。(58)务：努力。自治：管理、约束自己。

民愚则易治也，此所生于法令明白易知而必行①。法令者，民之命也②，为治之本也，所以备民也③。为治而去法令④，犹欲无饥而去食也⑤，欲无寒而去衣也，欲东西行也⑥，其不几亦明矣⑦。一兔走⑧，百人逐之⑨，非以兔也⑩。夫卖者满市而盗不敢取⑪，由名分已定也。故名分未定，尧、舜、禹、汤且皆如鹜焉而逐之⑫；名分已定，贫盗不取⑬。今法令不明，其名不定⑭，天下之人得议之⑮，其议人异而无定⑯。人主为法于上，下民议之于下，是法令不定，以下为上也⑰。此所谓名分之不定也。夫名分不定，尧、舜犹将皆折而奸之⑱，而况众人乎？此令奸恶大起⑲，人主夺威势亡国灭社稷之道也⑳。今先圣人为书传之后世㉑，必师受之㉒，乃知所谓之名㉓。不师受之，而人以其心意议之㉔，至死不能知其名与其意㉕。故圣人必为法令置官也置吏也为天下师㉖，所以定名分也㉗。名分定，则大诈贞信㉘，民皆愿悫而各自治也㉙。夫名分定，势治之道也㉚；名分不定，势乱之道也。故势治者不可乱㉛，世乱者不可治㉜。夫世乱而治之㉝，愈乱㉞；势治而治之㉟，则治㊱。故圣王治治不治乱㊲。夫微妙意志之言㊳，上知之所难也㊴。夫不待法令绳墨而无不正者㊵，千万之一也㊶。故圣人以千万治天下㊷。故夫知者而后能知之㊸，不可以为法㊹，民不尽知㊺；贤者而后知之，不可以为法，民不尽贤。故圣人为法，必使之明白易知，名正愚知遍能知之㊻。为置法官，置主法之吏以为天下师，令万民无陷于险危㊼。故圣人立天下而无刑死者㊽，非不刑杀也㊾，行法令明白易知㊿，为置法官吏为之师以道之(51)，知万民皆知所避就(52)，避祸就福而皆以自治也。故明主因治而终治之(53)，故天下大治也。

［注释］①此所生于法令明白易知而必行：这是法令明白易懂而且必须遵从所产生的结果。②民之命：对民众的命令。③备：防备。④去：抛弃。⑤无饥：没有饥饿。去食：抛弃粮食。⑥欲东西行：想到东方却向西走。⑦其不几亦明矣：

其相差甚远是很明显的。几，近。不几，差得远。⑧走：跑。⑨逐：追。⑩非以兔也：此处有脱文，应作“非以兔为可分为百，由名分之未定也”。此句意谓，不是因为可以将兔子分成一百份，而是由于兔子的所有权没有确定。由，由于。名分，利益分配权，这里指物的所有权。⑪满市：挤满市场。盗：盗贼。⑫尧、舜：传说中的古代帝王。禹：姒姓，夏代的第一个君主。汤：即商汤王，商朝的建立者。尧、舜、禹、汤：代指圣主明君。骛：急速奔跑，这里指急速奔跑的马。⑬贫盗不取：此处文字有误，应作“贪盗不取”。贪盗，贪婪的盗贼。⑭名：条目。⑮得：得以。议：评议。⑯人异：人人不同。无定：没有定论。⑰以下为上：指民众代替国君议定法令。⑱折：改道，这里指改变气节。奸：做坏事。⑲起：兴起。⑳人主：国君。夺：失。道：道路。㉑先圣人：古代圣人。为书：著书立说。㉒受：授。师受之：由老师讲授它。㉓名：说法。所谓之名：指书中所讲的内容。㉔心意：想法。㉕至死：到死。㉖故圣人必为法令置官也置吏也为天下师：所以，圣人一定给法令设置法官、设置法吏，做天下人的老师。置，设置。㉗定名分：确定名分。㉘诈：奸诈，这里指奸诈的人。大诈贞信：大诈之人会变得忠贞老实。㉙愿：老实。悫：诚实。各：各自。自治：自己管好自己。㉚势治之道：形势趋于安定的途径。㉛势治者不可乱：形势安定的社会就不会混乱。㉜世乱者不可治：此处文字有误，“世”应作“势”，意谓，形势混乱的社会就不会安定。㉝夫世乱而治之：此处文字有误，“世”应作“势”，意谓，形势混乱再去治理。㉞愈：更加。㉟势治而治之：形势安定再去治理。㊱治：治理得好。㊲治治：在形势趋于安定的情况下治国。治乱：在形势混乱的情况下治国。㊳微妙意志之言：深奥玄妙，只能意会的言论。㊴上知：上等才智的人。难：感到为难，指难以理解。㊵待：依靠。绳墨：木工的墨线，引申为规矩。无不正：完全正确。㊶千万之一：千万分之一。㊷千万：千万人，指大多数。以千万治天下：针对大多数人的情况治理天下。㊸知者而后能知之：智者理解之后别人才能明白的东西，指只有智者才能理解的东西。㊹法：标准。㊺尽知：全是智者。㊻名正愚知遍能知之：此处有衍文，应作“愚知遍能知之”。遍，都。㊼险危：危险。㊽刑死：受刑而死。㊾刑杀：用刑罚杀人。㊿行：推行。(51)道：引导。(52)知万民皆知所避就：此处文字有误，“知万民”应作“使万民”。避，躲避。就，靠近。(53)终：完成。因治而终治之：指凭借民众的自治完成对国家的治理。

六法 （佚文，《群书治要》卷三十六引《商君书·六法篇》一段）

先王当时而立法①，度务而制事②。法宜其时③，则治④。事适其务⑤，故有功。然则法有时而治⑥，事有当而功。今时移而法不变⑦，务易而事以古⑧，是法与时诡⑨，而事与务易也⑩。故法立而乱益⑪，务为而事废⑫。故圣人之治国也，不法古⑬，不循今⑭，当时而立功⑮，在难而能免⑯。今民能变俗矣⑰，而法不易⑱；国形更势矣⑲，而务以古⑳。夫法者，民之治也㉑；务者㉒，事之用也㉓。国失法则危，事失用则不成。故法不当时而务不适用而不危者㉔，未之有也。

[注释] ①先王：前代君王，指前代的圣贤之君。当时：根据时势的变化。②度务：考察当世的要务。制事：制定政务。③宜：适应。时：时势。④治：治理得好。⑤事：指政事。务：指当世的要务。⑥然则法有时而治：有时，适应时势。一说"有时"应作"宜时"。⑦时：时代。移：改变。⑧易：变化。以：从。⑨诡：相悖。⑩易：相异。⑪益：增加。⑫为：实施。废：坏。⑬法：效法。⑭循：遵循。⑮立功：建立功业。⑯在难：处在危难中。免：免除灾难。⑰变：改变。俗：习俗。⑱易：改变。⑲形：状况。更：改变。势：形势。⑳务：政务。㉑民之治也：是用来治理民众的。㉒务：政务。㉓事之用也：是用来办理事情的。㉔适用：适合应用。

附录

《史记》卷六八《商君列传》

　　商君者，卫之诸庶孽公子也①，名鞅，姓公孙氏，其祖本姬姓也。鞅少好刑名之学②，事魏相公叔座为中庶子③。公叔座知其贤，未及进④。会座病⑤，魏惠王亲往问病⑥，曰："公叔病有如不可讳⑦，将柰社稷何⑧？"公叔曰："座之中庶子公孙鞅，年虽少，有奇才，愿王举国而听之⑨。"王嘿然⑩。王且去⑪，座屏人言曰⑫："王即不听用鞅⑬，必杀之，无令出境。"王许诺而去。公叔座召鞅谢曰⑭："今者王问可以为相者，我言若⑮，王色不许我⑯。我方先君后臣⑰，因谓王即弗用鞅⑱，当杀之。王许我。汝可疾去矣⑲，且见禽⑳。"鞅曰："彼王不能用君之言任臣㉑，又安能用君之言杀臣乎？"卒不去㉒。惠王既去，而谓左右曰："公叔病甚㉓，悲乎，欲令寡人以国听公孙鞅也㉔，岂不悖哉㉕！"

　　[注释]①卫：国名，周王朝的同姓诸侯国之一，姬姓，始封君为周武王之弟康叔，西周初年都于朝歌（今河南省鹤壁市淇县），后迁都帝丘（今河南省濮阳市西南），公元前241年被秦国迁到野王县（今河南省沁阳市），公元前209年为秦所废。庶孽：庶子，妾所生的儿子。②少：年少时。好：喜好。刑名：即"以名责实，尊君卑臣，崇上抑下"的意思。刑名之学：指法制权谋之学。③事：事奉。魏：国名，战国七雄之一，姬姓。公元前403年，晋国大夫魏桓子、赵襄子、韩康子三分晋国之后，魏文侯被周天子正式策命为诸侯，建都安邑（今山西省夏县西北），后迁都大梁（今河南省开封市），公元前225年为秦所灭。相：官名，古代辅佐帝王的大臣，后专指宰相。公叔座：人名，也作"公叔痤"，战国时魏国大臣。中庶子：官名，战国时国君、太子、相国的侍从之臣。④进：推荐。⑤会：适逢。

⑥魏惠王：战国时魏国国君，姬姓，魏氏，名罃，也作"婴"，魏武侯之子，公元前369至公元前319年在位，也称梁惠王。⑦有如：如果。不可讳：死亡的委婉说法。⑧柰：同"奈"。社稷：土神和谷神，代指国家。将柰社稷何：国家将怎么办，意思是询问将国政托付何人。⑨举：全。听：随。举国而听之：指将国政全部交给其处理。⑩嘿：同"默"。⑪且：将要。去：离去。⑫屏：屏退。人：其他人。言：说。⑬即：倘若。⑭召：召见。谢：告诉。⑮若：你。⑯色：脸色。许：应允。⑰方：当。先君后臣：指先考虑国君的利益，后考虑臣子。⑱因：因此。谓：告诉。弗用：不用。⑲疾：迅速。⑳禽：通"擒"。见禽：被捉拿。㉑用：因。任：任用。臣：我。㉒卒：终究。㉓病甚：病得很厉害。㉔欲：想要。令：让。寡人：国君的自称。以：将。国：指国政。听公孙鞅：听从公孙鞅，即交给公孙鞅处理。㉕悖：荒谬。

　　公叔既死，公孙鞅闻秦孝公下令国中求贤者①，将修缪公之业②，东复侵地③，乃遂西入秦④，因孝公宠臣景监以求见孝公⑤。孝公既见卫鞅，语事良久⑥，孝公时时睡⑦，弗听⑧。罢而孝公怒景监曰⑨："子之客妄人耳⑩，安足用邪⑪！"景监以让卫鞅⑫。卫鞅曰："吾说公以帝道⑬，其志不开悟矣⑭。"后五日⑮，复求见鞅⑯。鞅复见孝公，益愈⑰，然而未中旨⑱。罢而孝公复让景监，景监亦让鞅。鞅曰："吾说公以王道而未入也⑲。请复见鞅。"鞅复见孝公，孝公善之而未用也⑳。罢而去㉑。孝公谓景监曰："汝客善㉒，可与语矣㉓。"鞅曰："吾说公以霸道㉔，其意欲用之矣。诚复见我㉕，我知之矣㉖。"卫鞅复见孝公。公与语，不自知膝之前于席也㉗。语数日不厌。景监曰："子何以中吾君㉘？吾君之驩甚也㉙。"鞅曰："吾说君以帝王之道比三代㉚，而君曰：'久远，吾不能待㉛。且贤君者，各及其身显名天下，安能邑邑待数十百年以成帝王乎㉜？'故吾以强国之术说君，君大说之耳㉝。然亦难以比德于殷周矣㉞。"

　　[注释] ①闻：听说。秦孝公：战国时秦国国君，秦献公之子，姓嬴，名渠梁，"孝"为其谥号，公元前361年至公元前338年在位，在位期间任用商鞅变法图强。②修：重建。缪公：即秦缪公，一作秦穆公，春秋时秦国国君，嬴姓，名任好。公

元前 659 年至公元前 621 年在位，春秋五霸之一。③东：向东。复：收复。侵地：被侵占的土地。④乃：于是。遂：就。西：向西。⑤因：依靠。景监：秦孝公宠幸的臣子，生卒年不详。⑥事：指政事。良久：很长时间。⑦时时：常常。睡：打瞌睡。⑧弗听：没有听。⑨罢：指事情结束之后。怒：斥责。⑩妄人：虚妄不实的人。⑪邪：同"耶"。⑫以：因此。让：责备。⑬说（shuì）：劝说。帝道：指五帝之道，是理想的治国之道。⑭志：心智。开悟：领会。⑮后五日：五日后。⑯复求见鞅：指景监又请求孝公召见商鞅。⑰益愈：益、愈都是更加的意思，这里指谈得更多。⑱未中旨：不符合君主的意旨。⑲王道：指三王之道，是以仁义统治天下的治国之道。未入：没有听进去。⑳善：认为好。未用：没有采用。㉑去：离开。㉒汝：你的。善：好。㉓与语：即与之语，和他交谈。㉔霸道：指春秋五霸的治国之道。㉕诚：如果。㉖知之：明白。㉗郤：通"膝"。席：座席。不自知郤之前于席：不知不觉在席子上将双膝向商鞅近前移动。㉘子何以中吾君：你用什么话打动了我们国君。㉙驩：同"欢"。㉚比：及、达到。三代：指夏、商、周三代。㉛待：等待。㉜邑邑：同"悒悒"，忧郁压抑的样子。㉝说（yuè）：通"悦"，高兴。㉞比：比量。德：德行。殷、周：殷朝和周朝。

孝公既用卫鞅，鞅欲变法，恐天下议己①。卫鞅曰："疑行无名②，疑事无功。且夫有高人之行者，固见非于世③；有独知之虑者④，必见敖于民⑤。愚者暗于成事⑥，知者见于未萌⑦。民不可与虑始而可与乐成⑧。论至德者不和于俗⑨，成大功者不谋于众⑩。是以圣人苟可以强国⑪，不法其故⑫；苟可以利民，不循其礼⑬。"孝公曰："善。"甘龙曰⑭："不然。圣人不易民而教⑮，知者不变法而治。因民而教⑯，不劳而成功⑰；缘法而治者⑱，吏习而民安之⑲。"卫鞅曰："龙之所言，世俗之言也。常人安于故俗，学者溺于所闻⑳。以此两者居官守法可也㉑，非所与论于法之外也㉒。三代不同礼而王㉓，五伯不同法而霸㉔。智者作法㉕，愚者制焉㉖；贤者更礼㉗，不肖者拘焉㉘。"杜挚曰㉙："利不百㉚，不变法；功不十㉛，不易器㉜。法古无过㉝，循礼无邪㉞。"卫鞅曰："治世不一道㉟，便国不法古㊱。故汤武不循古而王㊲，夏殷不易礼而亡㊳。反古者不可非㊴，而循礼者不足多㊵。"孝公曰："善。"以卫鞅为左庶长㊷，卒定变法之令㊷。

[注释] ①议：议论，非议。②疑行：行动犹豫不决。③固：本来。见：被。④独：独特，独到。虑：思虑，见解。⑤敖：通"謷"，诽谤，诋毁。⑥暗：昏昧，不明了。成事：既成之事。⑦知：同"智"。萌：萌芽，开始。⑧虑：谋划，打算。民不可与虑始：百姓是不可与之谋划创新之事的。⑨论：讲求。至：极，最高。和：附和。⑩成：成就。谋：谋划。⑪苟：如果。⑫法：效法，取法。故：旧，指旧法。⑬循：因循，遵守。礼：这里指旧有的礼制。⑭甘龙：秦孝公的大臣，具体事迹不详。⑮易：改变。民：这里指民俗。⑯因：顺，顺应。⑰劳：劳苦。⑱缘：沿袭。⑲习：熟悉，通晓。⑳溺：沉溺，此处意为拘泥，局限。㉑以：用。两者：两种人。居：处，任。㉒论：讨论。法之外：成法之外的事情，指变法革新。㉓三代：指夏、商、周三个朝代。王（wàng）：动词，称王。㉔五伯：春秋时期先后称霸的五个诸侯，即齐桓公、宋襄公、晋文公、秦穆公和楚庄王，一说为齐桓公、晋文公、楚庄王、吴王阖闾以及越王勾践。霸：称霸。㉕作法：制定法度。㉖制：制约。焉：于此。㉗更：变更。礼：礼制。㉘不肖者：没有德行的人，这里指无所作为之人。拘：拘泥，束缚。㉙杜挚：秦孝公的大臣，具体事迹不详。㉚百：百倍。㉛十：十倍。㉜易：变更。器：指标志名位、爵号的器具。㉝法：效法。过：过错。㉞循：遵循。邪：不正，偏差。㉟道：方法。不一道：不是只有一种方法。㊱便：有利于。㊲汤：即商汤王，商朝的建立者。武：指周武王。㊳夏、殷：即夏朝和殷朝，夏为殷所灭，西周灭亡了殷朝。㊴非：非议。㊵足：值得。多：推崇。㊶左庶长：爵位名，为秦二十级爵中的第十级。㊷卒：终于。

令民为什伍①，而相牧司连坐②。不告奸者腰斩③，告奸者与斩敌首同赏④，匿奸者与降敌同罚⑤。民有二男以上不分异者⑥，倍其赋⑦。有军功者，各以率受上爵⑧；为私斗者，各以轻重被刑大小⑨。僇力本业⑩，耕织致粟帛多者复其身⑪。事末利及怠而贫者⑫，举以为收孥⑬。宗室非有军功论⑭，不得为属籍⑮。明尊卑爵秩等级⑯，各以差次名田宅⑰，臣妾衣服以家次⑱。有功者显荣，无功者虽富无所芬华⑲。

[注释] ①什伍：古代户籍编制，五家为伍，十户为什，相联相保。②牧司：监督，检举。连坐：一人犯法，其家属、亲族、邻居等连带受罚。③告奸：告发奸人。④首：首级。⑤匿：藏匿。⑥二男：指两个成年男子。分异：分家另立门户。

⑦倍其赋：加倍征收他们的赋税。⑧率：标准。上爵：上等爵位。⑨被：施加。⑩僇：通"戮"。僇力：即勠力，尽力。本业：指农业生产。⑪致：交纳。复：免除。复其身：免除自身的徭役。⑫事末利：从事工商业。怠：懒惰。⑬举：全部。孥：通"奴"。收孥：拘捕犯人的妻子，收为官府奴婢。⑭宗室：国君的同族。⑮属籍：宗室谱籍。⑯爵秩：爵禄。⑰差次：等级次序。名：占有。⑱以家次：以各家的爵位等级而定。⑲芬华：荣耀显达。

令既具①，未布②，恐民之不信，已乃立三丈之木于国都市南门③，募民有能徙置北门者予十金④。民怪之，莫敢徙。复曰"能徙者予五十金"。有一人徙之，辄予五十金⑤，以明不欺。卒下令。

[注释]①具：准备就绪。②布：公布。③丈：长度单位。国都：都城。市：市场。④募：招募。徙置：把物件等移放到别处。予：给。金：古代货币单位，秦代以黄金二十两为一金。⑤辄：就。

令行于民期年①，秦民之国都言初令之不便者以千数②。于是太子犯法③。卫鞅曰："法之不行，自上犯之。"将法太子④。太子，君嗣也⑤，不可施刑，刑其傅公子虔⑥，黥其师公孙贾⑦。明日，秦人皆趋令⑧。行之十年，秦民大说⑨，道不拾遗，山无盗贼，家给人足⑩。民勇于公战⑪，怯于私斗，乡邑大治。秦民初言令不便者有来言令便者，卫鞅曰"此皆乱化之民也⑫"，尽迁之于边城。其后民莫敢议令。

[注释]①期年：一周年。②之：第一个之字为动词，意思是"到……去"；第二个之字为助词，意思是"的"。初令：指商鞅的新法。③于是：这时。太子：秦孝公之子，名驷，即后来的秦惠王。④法：依法处置。⑤嗣：君位的继承人。⑥刑：处罚。傅：官名，职掌太子的教育。公子虔：嬴姓，名虔，秦国贵族。⑦黥（qíng）：刑名，亦称墨刑，在人脸上刺字并涂墨。师：官名，职掌太子的教育。公孙贾：秦孝公的大臣。⑧趋：趋向，服从。⑨说（yuè）：通"悦"，喜悦。⑩给（jǐ）：富足。⑪公战：指为国作战。⑫乱：扰乱。化：教化。

于是以鞅为大良造①。将兵围魏安邑②，降之③。居三年④，作为筑冀阙宫庭于咸阳，秦自雍徙都之⑤。而令民父子兄弟同室内息者为禁⑥。而集小（都）乡邑聚为县⑦，置令、丞，凡三十一县⑧。为田开阡陌封疆⑨，而赋税平⑩。平斗桶权衡丈尺⑪。行之四年，公子虔复犯约⑫，劓之⑬。居五年，秦人富强，天子致胙于孝公⑭，诸侯毕贺⑮。

[注释]①大良造：爵位名，据《汉书·百官公卿表》，为秦二十级爵中的第十六级爵位。②将：率领。兵：军队。安邑：地名，魏国早期的都城，在今山西省夏县西北，魏惠王时迁都大梁。③降：降伏。④居：过了。⑤作为筑冀阙宫廷于咸阳，秦自雍徙都之：秦国在咸阳兴建宫殿、冀阙，将都城从雍地迁到咸阳。冀阙，宫廷外的门阙，是公布政令、教令之处。咸阳，地名，秦国都邑，秦孝公十二年（前350）迁都于此，在今陕西省咸阳市东北。雍，秦国早期的都城，在今陕西省宝鸡市凤翔县。⑥而令民父子兄弟同室内息者为禁：下令禁止百姓父子兄弟同居一室，繁衍生息。息，生息。⑦聚：聚集，合并。⑧置：设置。令：县令，官名，为一县的行政长官。丞：县丞，官名，为县令之佐官。⑨为：治理。开：开立。阡陌：田地的边界。封疆：聚土为界。⑩平：均平，齐一。⑪斗：量器名，十升为一斗。桶：量器名，即方形斛，十斗为一斛。权衡：秤。⑫复：又。⑬劓（yì）：刑名，割掉鼻子。⑭天子：指周显王，名扁，周安王之子，周烈王之弟，公元前368年至公元前321年在位。致胙：古时天子祭祀后将祭肉赏赐诸侯，以示礼遇。⑮毕：都。

其明年，齐败魏兵于马陵①，虏其太子申②，杀将军庞涓③。其明年，卫鞅说孝公曰④："秦之与魏，譬若人之有腹心疾⑤，非魏并秦⑥，秦即并魏。何者？魏居领厄之西⑦，都安邑⑧，与秦界河而独擅山东之利⑨。利则西侵秦⑩，病则东收地⑪。今以君之贤圣，国赖以盛。而魏往年大破于齐，诸侯畔之⑫，可因此时伐魏。魏不支秦⑬，必东徙⑭。东徙，秦据河山之固⑮，东乡以制诸侯⑯，此帝王之业也。"孝公以为然，使卫鞅将而伐魏⑰。魏使公子卬将而击之⑱。军既相距⑲，卫鞅遗魏将公子卬书曰⑳："吾始与公子骥㉑，今俱为两国将，不忍相攻，可与公子面相见㉒，盟，乐饮而罢兵㉓，以安秦魏㉔。"魏公子卬以为然。会盟已㉕，饮㉖，而卫鞅伏甲士而袭虏魏公子卬㉗，因攻其军㉘，尽破之以归秦。魏惠王兵数破于齐秦㉙，国内空㉚，日以削㉛，恐㉜，乃使使割河西之地献于秦以和㉝。而魏遂去安邑㉞，徙都大梁㉟。梁惠王曰："寡人恨不用公叔座之言也。"卫鞅既破魏还，秦封之於、商十五邑㊱，号为商君。

[注释] ①齐：国名，春秋五霸、战国七雄之一，姜姓，都营丘（后称临淄，今山东淄博东北）。公元前379年为田齐所代，公元前221年秦灭齐。马陵：地名，在今河南范县西南。公元前341年，田忌、孙膑率领的齐军在此地大破魏军，史称"马陵之战"。②虏：俘获。太子申：魏惠王之太子，马陵之战任魏军主帅，战败被俘。③庞涓：战国初期魏国名将，马陵之战兵败自杀。④说（shuì）：劝说。⑤疾：病。⑥并：吞并。⑦居：位于。领：通"岭"。领厄：山岭险要之处。⑧都：建都。⑨界河：以黄河为界。擅：占有。山东：华山或崤山以东的地区。⑩利：指形势有利。西：向西。⑪病：指形势不利。东：向东。收：占，取。⑫畔：通"叛"，背叛。⑬支：抵挡得住。⑭徙：迁移，这里指撤退。⑮河：指黄河。山：指崤山。⑯乡：同"向"。⑰将：领兵。⑱公子卬：战国初期魏国名将，生卒年不详。⑲距：通"拒"。相距：对峙。⑳遗：送交。书：书信。㉑驩：同"欢"。㉒面：当面。㉓乐饮：畅饮。㉔安：使安定。㉕已：完毕。㉖饮：饮酒。㉗伏：埋伏。甲士：士兵。袭：袭击。虏：俘虏。㉘因：乘势。㉙数：多次。破于齐秦：被齐、秦击败。㉚空：空虚。㉛日：一天天。削：削弱。㉜恐：害怕。㉝使：第一个使的意思是派遣，第二个使的意思是使者。河西之地：黄河以西的地区，指今黄河南段以西，山西、陕西两省交界处。㉞遂：就。去：离开。㉟徙都：迁都。大梁：地名，魏国都邑，在今河南省开封市。㊱於、商：地名，"於"又名於中，在今河南省南阳市西峡县东，"商"在今陕西省商洛市丹凤县。一说"於商"为一地名，即"商"，又称"邬"。一说"於商"为一地区名，又名"商於"，在今河南省南阳市西北部。

商君相秦十年①，宗室贵戚多怨望者②。赵良见商君③。商君曰："鞅之得见也，从孟兰皋④，今鞅请得交⑤，可乎？"赵良曰："仆弗敢愿也⑥。孔丘有言曰：'推贤而戴者进⑦，聚不肖而王者退⑧。'仆不肖，故不敢受命⑨。仆闻之曰：'非其位而居之曰贪位，非其名而有之曰贪名。'仆听君之义⑩，则恐仆贪位贪名也。故不敢闻命⑪。"商君曰："子不说吾治秦与⑫？"赵良曰："反听之谓聪⑬，内视之谓明⑭，自胜之谓强⑮。

虞舜有言曰⑯：‘自卑也尚矣⑰。’君不若道虞舜之道⑱，无为问仆矣⑲。”商君曰：“始秦戎翟之教⑳，父子无别，同室而居。今我更制其教㉑，而为其男女之别，大筑冀阙，营如鲁卫矣㉒。子观我治秦也，孰与五羖大夫贤㉓？”赵良曰：“千羊之皮㉔，不如一狐之掖㉕；千人之诺诺㉖，不如一士之谔谔㉗。武王谔谔以昌㉘，殷纣墨墨以亡㉙。君若不非武王乎㉚，则仆请终日正言而无诛㉛，可乎？”商君曰：“语有之矣㉜，貌言华也，至言实也，苦言药也，甘言疾也㉝。夫子果肯终日正言㉞，鞅之药也。鞅将事子㉟，子又何辞焉㊱！”赵良曰：“夫五羖大夫，荆之鄙人也㊲。闻秦缪公之贤而愿望见㊳，行而无资㊴，自粥于秦客㊵，被褐食牛㊶。期年㊷，缪公知之㊸，举之牛口之下㊹，而加之百姓之上㊺，秦国莫敢望焉㊻。相秦六七年，而东伐郑㊼，三置晋国之君㊽，一救荆国之祸㊾。发教封内㊿，而巴人致贡(51)；施德诸侯，而八戎来服(52)。由余闻之(53)，款关请见(54)。五羖大夫之相秦也，劳不坐乘(55)，暑不张盖(56)，行于国中，不从车乘(57)，不操干戈(58)，功名藏于府库(59)，德行施于后世。五羖大夫死，秦国男女流涕，童子不歌谣，舂者不相杵(60)。此五羖大夫之德也。今君之见秦王也，因嬖人景监以为主(61)，非所以为名也(62)。相秦不以百姓为事，而大筑冀阙，非所以为功也。刑黥太子之师傅，残伤民以骏刑(63)，是积怨畜祸也(64)。教之化民也深于命(65)，民之效上也捷于令(66)。今君又左建外易(67)，非所以为教也。君又南面而称寡人(68)，日绳秦之贵公子(69)。诗曰：‘相鼠有体，人而无礼；人而无礼，何不遄死(70)。’以诗观之，非所以为寿也。公子虔杜门不出已八年矣(71)，君又杀祝欢而黥公孙贾(72)。诗曰：‘得人者兴，失人者崩(73)。’此数事者(74)，非所以得人也。君之出也(75)，后车十数(76)，从车载甲(77)，多力而骈胁者为骖乘(78)，持矛而操闟戟者旁车而趋(79)。此一物不具(80)，君固不出(81)。书曰：‘恃德者昌，恃力者亡(82)。’君之危若朝露，尚将欲延年益寿乎？则何不归十五都(83)，灌园于鄙(84)，劝秦王显岩穴之士(85)，养老存孤，敬父兄，序有功(86)，尊有德(87)，可以少安(88)。君尚将贪商於之富，宠秦国之教(89)，畜百姓之怨，秦王一旦捐宾客而不立朝(90)，秦国之所以收君者(91)，岂其微哉(92)？亡可翘足而待(93)。”商君弗从(94)。

[注释] ①相秦：为秦相。②怨望：怨恨。③赵良：生卒年及事迹不详。④孟兰皋：生卒年及事迹不详。从孟兰皋：经由孟兰皋的介绍。⑤得：能够。交：结交。⑥仆：自身的谦称。弗敢：不敢。愿：奢望。⑦推：推荐。贤：贤人。戴者：受拥戴的人。进：来。⑧聚：聚集。不肖：没有才德的人。王者：杰出者。⑨受命：从命。⑩听：听从。义：想法。⑪闻命：从命。⑫说（yuè）：高兴。与：同"欤"，语气助词，表示反诘语气。⑬反听：能够听取反面意见。⑭内视：自我省察。⑮自胜：克制自己。⑯虞舜：即舜，传说中的古代帝王，国号为虞，故称虞舜。⑰卑：谦卑。尚：尊崇，这里指被尊崇。⑱道：第一个道是动词，意为实行，第二个道是名词，指治理社会的方法和途径。⑲无为：不要。问：询问。⑳始：当初。戎翟：也做"戎狄"，古民族名，西方曰戎，北方曰狄，后泛指古代西部少数民族。教：风俗。㉑更制：更改，改制。㉒营：营建。鲁：国名，周王朝的同姓诸侯国之一，姬姓，始封君为周公旦之子伯禽，都于曲阜（今山东曲阜），公元前256年为楚国所灭。卫：卫国。㉓孰与五羖大夫贤：我和五羖大夫相比，谁更有才德。羖（gǔ），黑色的公羊。五羖大夫，春秋时辅佐秦缪公创建霸业的秦国大夫百里奚，因被秦缪公用五张羊皮从楚国赎回，故号称五羖大夫。㉔千羊之皮：一千张羊皮。㉕狐：狐狸。掖：通"腋"，胳肢窝。㉖诺诺：连声应诺。表示顺从，不违逆。㉗谔谔：直言争辩貌。㉘武王谔谔以昌：周武王令大臣们直言诤谏，因而国家昌盛。武王，周武王。昌，昌盛。㉙殷纣墨墨以亡：殷纣王的大臣们没有人敢于进言，于是国家灭亡。殷纣，殷纣王。墨墨，通"默默"，无言。㉚非：反对。㉛正言：直言。诛：责罚。㉜语有之矣：常言说。㉝貌言华也，至言实也，苦言药也，甘言疾也：美丽动听的言语如同华而不实的花朵，真实中肯的言语就像实实在在的果实，逆耳忠言是治病救人的良药，甜言蜜语好比害人的疾病。貌言，虚伪动听的言语。华，花。至言，真实的言语。实，果实。苦言，逆耳的言语。甘言，甜言蜜语。疾，疾病。㉞夫子：古时对男子的尊称。果：真的。㉟事：侍奉。㊱辞：推辞。㊲荆：国名，楚的别称，芈姓，春秋战国时期的诸侯国，战国七雄之一，先后建都于郢（今湖北省荆州市江陵县西北）、鄀（今湖北省宜城市东南）、陈（今河南省周口市淮阳县）、巨阳（今安徽省阜阳市太和县东南）、寿春（今安徽省六安市寿县），公元前223年为秦国所灭。鄙人：居住在郊野的人。㊳秦缪公：一作秦穆公，春秋时秦国国君，嬴姓，名任好。公元前659年至公元前621年在位，春秋五霸之一。望见：谒见。㊴资：路费。㊵粥：同"鬻"，卖。㊶被（pī）：穿着。褐（hè）：粗布衣。食（sì）：喂养。㊷期（jī）年：一年。㊸缪公：即秦缪公。㊹举：提拔。㊺加：凌驾。

㊻望：通“方”，比较。㊼东伐郑：郑，国名，姬姓，春秋战国时期的诸侯国，西周末年封于郑（今陕西省渭南市华县东），后迁都新郑（今河南省新郑市），公元前375年为韩国所灭。秦缪公三十年（前630）及三十三年（前627）曾两次攻伐郑国。㊽三置晋国之君：三次置立晋国的国君。指秦缪公九年（前651），秦国送晋公子夷吾归国为君，是为晋惠公；秦缪公二十二年（前638），晋公子圉离秦返晋即君位，是为晋怀公；秦缪公二十四年（前636），秦国迎送晋公子重耳回国为君，是为晋文公。㊾一救荆国之祸：一次挽救了楚国北侵的祸乱。指秦缪公二十八年（前632），楚伐宋，秦与晋、齐等国出兵相救，在城濮［今山东省菏泽市鄄（juàn）城县西南］大败楚军。㊿发：施行。教：德教。封内：国内。(51)巴：部族名、国名，周武王灭商后受封为子国，称巴子国。致贡：进贡。(52)八戎：八方之戎，泛指秦国周围的各少数民族部族。服：臣服。(53)由余：一作繇余，其祖先为晋人，因避乱逃到西戎，奉戎王之命出使秦国，后归附秦缪公，助其称霸西戎。(54)款：通“叩”。款关：叩关，敲关门。请见：请求接见。(55)劳：劳累。不坐乘：不坐着乘车。(56)张：打开。(57)从：跟随。车乘：车辆。(58)操：拿。干戈：兵器。(59)府库：国家贮藏文书、财物、兵甲的地方。(60)舂者不相杵：舂米的人因为悲哀喊不出号子声。舂（chōng），把东西放在石臼或钵里捣掉皮壳或捣碎。相杵（chǔ），舂谷时发出的号子声。(61)嬖（bì）人：宠臣。主：推荐人。(62)非所以为名也：不是用来成名的，指不是获得名声的正道。(63)骏：通“峻”。骏刑：严刑。(64)积怨畜祸：集聚怨恨，积累灾祸。(65)教：政教。化民：教化民众。深：超过。命：命令。(66)效：仿效，师法。上：上级。捷：快。令：命令。(67)左建外易：用不正当的手段建立威权，使君权旁落。(68)南面而称寡人：指商鞅受封邑而南面称君。(69)日：每天。绳：约束，限制。秦之贵公子：指秦国的贵族子弟。(70)相鼠有体，人而无礼；人而无礼，何不遄死：诗句见《诗·鄘风·相鼠》，意思是说，老鼠都有肢体，人却没有礼仪；人没有礼仪，为什么不快死。(71)杜门不出：闭门不出。(72)祝欢：秦孝公的大臣，生平事迹不详。(73)得人者兴，失人者崩：诗句不见今本《诗经》，意谓，得人心者兴盛，失人心者灭亡。(74)此数事：这几件事。(75)出：出行。(76)后车十数：后面随从的车辆数以十计。(77)甲：披甲的兵士。(78)多力：力大。骈胁（pián xié）：肌肉健壮，不显肋骨。骖乘（cān chéng）：又作“参乘”，负责警卫的陪乘人员，由武士充任。(79)闟（xì）戟：古兵器名。旁：同“傍”，紧挨。趋：快步走。(80)具：备有。(81)固：必定。(82)恃德者昌，恃力者亡：文句不见今本《尚书》，意谓，依仗德行者昌盛，依仗武力者灭亡。(83)归：交还。十五都：指商鞅封地於、商的十五个邑。(84)灌园：从事田园耕作。鄙：

郊野。㊄显：显扬，这里指重用。岩穴之士：隐居山林的贤能之士。㊅序有功：按功劳排列次序，委任官职。㊆尊有德：尊崇有德之士。㊇少：稍微。㊈宠：尊荣，这里指专擅。⑨捐宾客：弃宾客而去，对居高位者死去的委婉说法。立朝：当朝。⑨收：收捕。⑨微：轻微，或指人数少。⑨翘足：举足，形容时间短暂。⑨弗从：不听从。

　　后五月而秦孝公卒①，太子立②。公子虔之徒告商君欲反③，发吏捕商君④。商君亡至关下⑤，欲舍客舍⑥。客人不知其是商君也⑦，曰："商君之法，舍人无验者坐之⑧。"商君喟然叹曰："嗟乎，为法之敝一至此哉⑨！"去之魏⑩。魏人怨其欺公子卬而破魏师⑪，弗受⑫。商君欲之他国。魏人曰："商君，秦之贼⑬。秦强而贼入魏，弗归⑭，不可。"遂内秦⑮。商君既复入秦，走商邑⑯，与其徒属发邑兵北出击郑⑰。秦发兵攻商君，杀之于郑黾池⑱。秦惠王车裂商君以徇⑲，曰："莫如商鞅反者！"遂灭商君之家。

　　[注释]①后五月：五个月之后。卒：去世。②太子：太子驷，即秦惠王，又称秦惠文王或秦惠文君，嬴姓，名驷，公元前338年至公元前311年在位。立：即位。③徒：这里指同一派系的人。反：谋反。④发：派遣。捕：捉拿。⑤亡：逃。⑥舍：住。客舍：旅店。⑦客人：旅店主人。⑧舍：安排住宿。验：证件，凭证。坐之：指店主与旅客一起被治罪。⑨敝：通"弊"，害处。⑩之：到……去。⑪怨：怨恨。欺：欺骗。破：打败。⑫弗受：不接纳。⑬贼：叛国作乱的人。⑭归：遣返。⑮内（nà）：通"纳"，送入。⑯走：奔赴。⑰徒属：部属。郑：地名，即秦国的郑县，在今陕西省渭南市华县。⑱郑：国名，姬姓，春秋战国时期的诸侯国，西周末年封于郑（今陕西省渭南市华县东），后迁都新郑（今河南省新郑市），公元前375年为韩国所灭，此郑当指韩国。黾池：韩国邑名，在今河南省三门峡市渑池县西。但《史记·六国年表》又云："商君反，死彤地。"彤，秦国邑名，在今陕西省渭南市华县西南。⑲车裂：刑名，用五辆马车将人体撕裂致死，是古时的一种酷刑。徇：示众。

　　太史公曰①：商君，其天资刻薄人也。迹其欲干孝公以帝王术②，挟持浮说③，非其质矣④。且所因由嬖臣⑤，及得用，刑公子虔，欺魏将卬，不师赵良之言⑥，亦足发明商君之少恩矣⑦。余尝读商君开塞耕战书⑧，与其人行事相类。卒受恶名于秦⑨，有以也夫⑩！

[注释] ①太史公：司马迁的自称。②迹：追迹，考查。干：求，求取。③挟持：依仗。浮说：虚浮不实的言谈。④质：本性。⑤因：凭借，依靠。嬖臣：宠臣。⑥师：听从。⑦发明：表明，证明。⑧开塞耕战：今存《商君书》中有《开塞》《农战》两篇。⑨卒：最终。⑩有以：有原因。也夫：语末助词，表示感叹。

后　记

　　本书原为"国学新读本"丛书中的一本，出版于 2012 年。受丛书体例限制，原名《商君书》。此次出版，依据其内容和主旨，更名为《〈商君书〉讲论》，并在注释部分给每篇文章增加了"题解"，文字亦稍有改动。

　　此次出版，受到河南大学历史文化学院学科建设经费的资助，中国社会科学出版社宋燕鹏编审的鼎力相助，中国人民大学国学院宋洪兵教授的指教。宋洁师弟帮忙校对了全书，刁恪师弟核对了上编中的部分引文，硕士研究生原成玉同学核对了下编中的注释。在此一并致谢！

　　2011 年本书初稿完成之后，曾呈送朱绍侯先生审阅，幸得先生首肯并赐予《军功爵制研究》一书。其间的多次耳提面命，至今依然历历在目。先生于 2022 年 7 月 23 日仙逝，享年 96 岁。谨以此书为心香一瓣，向朱绍侯先生致敬！

徐莹

2023 年 10 月